歌舞能の系譜

世阿弥から禅竹へ

三宅晶子

ぺりかん社

はじめに

二〇〇一年に『歌舞能の確立と展開』（ぺりかん社）を刊行してから、随分時が経過した。本書はその続編に位置づけられる。二〇〇一年以来発表してきた歌舞能に関する論文を体系的にまとめ、一冊にしたものである。もともと世阿弥と禅竹の能がどのようなものなのか、それが舞台上でどのように表現され得るのか、成立当初のあり方や、その後の変遷、現代演じうる形、そういったことに興味を持って論じてきたので、自ずと一冊にまとめることが可能となったと考えている。

前書は、歌舞能が如何に確立され展開したかという、大きな流れを明らかにすることに興味を持っており、大成期の能作史というような性格を持っていたが、本書は能作史における中心的存在である世阿弥と禅竹に焦点を当て、作品分析を徹底して、それぞれの人とその時代的特色を明らかにすることに主眼を置いている。

観阿弥・世阿弥時代を能の大成期とし、禅竹の時代は既に守成に入っていると考えるのが一昔前の定説であったが、禅竹時代までを創生期と位置づけられることを明らかにする内容で、全編を貫いていると考えている。

前書をまとめたころにはわかっていなかったが、その後論考を重ねることによって、徐々にわかってきたことがいくつかある。発表順に並べてあるのではないので、多少考えが前後していたり、重複する記述もあるが、わかりにくい部分に少し加筆したり、明らかな間違いなどを訂正したり、引用文を二字下げにして読みやすくするなどの訂正を行っただけで、なるべく発表当時のまま収めることとする。

第一章は全体の序章的な性格をもっている。世阿弥と禅竹について、その特徴を概説するのではなく、世阿弥と禅竹それぞれの個性の違いを、彼らの手掛けた諸作品のなかでも、代表作といっていいような個性的な名作を選び、具体的にその特色を論じ、世阿弥から禅竹へ、何が継承され何が変わったのかを、示そうと考えた。それぞれ限定的な曲に特化して個別に論じている世阿弥と禅竹の特色について、後の各章で改めて体系的に論じ直すという形にしてある。

第二章の一・二節では、現代において演者も観客も「夢幻能」という言葉で類型化して理解してしまっているのに対して、世阿弥の活躍した創生期に作られた能は、各曲が個性的で、場面や演技に固有のリアルな意味が与えられていたことを解明した。一方禅竹は、類型化に挑戦することで、現代にまで至る能のあり方を決定した。その意味で革新性があると同時に、能の歴史の中で、世阿弥と並び称するべき人物であることを証明したのが三節である。

現代類型的に把握され、同じ夢幻能という概念の中で演じられている諸曲が、世阿弥時代にはそれぞれ個別的特色で把握されていたこと、現在と過去という次元の違う世界を、現代人にも十分理解可能な説得力のある関係性を持たせて、描き出しているのが世阿弥であることを明らかにしたいと考えている。

個別性を重んじた世阿弥に対して、禅竹は形式上の共通点から類型的に把握するという方法を用いて、能の普遍性を重視したといえるのではないだろうか。類型的把握によって能を理解し、演じ、鑑賞するという、その後の能の進むべき道を決定したのは禅竹ではないかと考えている。その結論に至るまでの検証と考察を行っているのが本章である。

第三章では、能の詞章、つまり謡として謡われる詞章固有の個性や役割について論じた。

本書での新しい取り組みとして、世阿弥・禅竹における能の詞章（謡）の役割が、現代人の理解するところの固定的な現代語訳的意味の世界とはかけ離れている点に視点を置いたことであろう。豊かな背景を持つ歌語や、古典の世界を背負った言葉は、それだけで多重の意味を担っているが、そのうちのどの意味を能の詞章として生かしているのかという問題である。流動的な意味の世界であるからこそ、能として様々な解釈も可能となり、時代や演者によって全く違う解釈での能を演じることも可能となっている。その仕掛けが、どのようになされているのか、特に現代でも名作として評価の高い世阿弥と禅竹の代表作を中心に、分析している。

この方法は近年和歌のジャンルでも少しずつ注目されるようになってきているが、まだまだ新しい方法論であり、今後はさらにさかんになってくるのではないかと期待している。

本章では特に世阿弥について、敢えて意味を限定せずに、解釈の幅や揺れを許容できる、あるいはそれを楽しむような表現法を用いていることについて論じている。

第四章では、世阿弥の能楽論の内容と実作との関連を、具体的に論じた。能楽論と作品論の融合、能楽論で論じられている事柄が、実際の作品でどのように実現されているのか、ということを明らかにすることが筆者の長年取り組んできた方法である。様々な角度からの論考をまとめてある。三節の「力動風再考」は小論ではあるが、これまでの力動・砕動の考え方を一新できたと自負している。六節「住すること無き世阿弥」は第三章九節「動き出す言葉」の次ぎに収めた方が、意図が分かりやすかったかもしれない。

第五章では、世阿弥とは異なる禅竹の作風について、幾つかの特色を具体的に解明している。内容的には第一章二節「耽美派、禅竹の能」と繋がっている。〈野宮〉は現代では多くの研究者が禅竹作であろうと考えている。筆者もその一人である。真正面から総合的に作品分析を行いたいと思いながら、なかなか上手いアプローチの方法を思いつけず、第一章二節と、本章一節・四節に分散してしまっているのが惜しまれる。その点六節で取り上げた〈姥捨〉は、従来世阿弥かと考えられてきた作品であるが、〈姥捨〉が禅竹作であるとなると、禅竹の世界がこれまで以上に拡がっていくことになるだろう。

＊本書で使用している謡曲本文は、特に断らない場合は岩波日本古典文学大系『謡曲集』（横道萬里雄・表章校注）を使用している。そうでない場合は、段・小段・節・句分けは大系本に準じて整え、読みやすさを考慮して漢字を当てるなどした校訂本文である。世阿弥自筆能本は『世阿弥自筆能本集校訂篇』（表章監修、月曜会編、岩波書店、一九七九年四月）所収の本文を使用している。世阿弥伝書に関しては岩波日本思想大系『世阿弥 禅竹』（表章校注）を使用している。

＊和歌に関しては、八代集はそれぞれの岩波新日本古典文学大系、その他は新編国歌大観（角川書店）を用いている。

歌舞能の系譜——世阿弥から禅竹へ——*目次

カバー図版「洛中名所扇面図絵」四条河原（著者架蔵）

第一章　世阿弥と禅竹

一　言葉の魔術師、世阿弥──〈砧〉──

はじめに

時代によって謡の作られ方や役割は変化しており、歴代の能作者中、最も謡に重点を置いたのは、世阿弥であろう。世阿弥は幼少のころから、貴族的な英才教育を受けた。十二歳で、足利三代将軍義満に見いだされ、貴族たちとの交流が始まったが、そのころには毬も連歌も巧みであった。その豊かな教養と生来の言語感覚が、優れた作詞技術を体得させたのであろう。

世阿弥作の能における謡の重要性と、その特色を、晩年期の名作〈砧〉を取り上げて、論じたい。謡によってどのように観客の想像力が刺激されていくのか、その絡繰りを解き明かすということである。

一〈砧〉の世界

【前場】　訴訟のために上京して三年帰らない夫（前ワキ）のもとから、九州芦屋の留守宅へ、暮れには帰るとの知らせを持って、侍女夕霧（ツレ）が下ってくる。芦屋の妻（前シテ）は、夕霧の都住まいを羨み、鄙の空閨を嘆く。唐土で胡国に囚われた蘇武（前漢・武帝の名臣）を想って妻が打った砧の音が、万里を隔てた蘇武に聞こえたという故事を思い出し、自分も砧を打って秋を過ごす。秋も更けてゆくころ、今年も帰れないという夫からの便りが届き、妻は落胆のあまり死んでしまう。

【後場】　帰郷した夫（後ワキ）は妻の死を悼み、梓弓にかけて妻の霊を呼び出す。夫への執着のあまりに邪淫地獄に堕ちている妻の霊（後シテ）が現れ、なおも止まない夫への思慕と怨恨の情を訴える。やがて夫の供養によって、妻は成仏する。

現代における〈砧〉の評価はすこぶる高い。演者の大半は演じ甲斐のある大曲であると考えているし、観客も特別に良い曲だと感じている人が多いようである。

しかし世阿弥自身は、

かやうの能の味はひは、末の世に知る人有るまじ（『申楽談儀』）

と語っている。末の世には理解されない。世阿弥当時が「末の世」であるというのか、「後代には」という意味なのかはっきりしないが、誰でもが簡単にわかる曲ではないと考えていたことは確かであろう。事実、室町後期から江戸前期にかけて、謡として伝えられてはいたが、能としては上演されなかった。ようやく江戸中期以降復曲され、現在に至っているのである。

女は九州の片田舎で孤閨を守っている。夫のもとからの侍女夕霧の来訪は、一人で保っていた世界を、いとも簡単に崩してしまう。側仕えと留守宅の距離の差に加えて、都と鄙、若と老という、三重に用意されたコンプレックス、それがいかに耐えがたいものであるかは、だれにでも容易に想像できるであろう。夕霧と夫との関係など、詮索する余地もないほどに、プライドは傷つけられる。砧を打つことぐらいしか、今の自分を支える術がないのである。

秋の三か月を、能ではひとまとまりの謡の中で経過させてしまう。世阿弥は、シテに三か月間砧を打たせて、純化された自分の想いの中に埋没させたまま、非現実の世界に住まわせたのである。

　自分の感情を他者にぶつけることもできず、感情の原因となっている当事者に対して、解決するための何らかの行動を起こすこともできない。孤独な現代人ならば誰でも、この自分を守るための非生産的な自虐的行為を、大なり小なり一度ぐらいはしたことが、あるいはそうしてみたいという欲求を持ったことが、あるのではないだろうか。そういう意味でこの曲は、きわめて現代的な孤独を描いているといえる。しかも女は、それ以外何もしないで死んでしまう。そうできるところが美しいのである。だから現代人に人気があるのは当然かも知れない。現実ではそう簡単に死ぬことはできないのであるから。

　それにしても、六〇〇年前の世阿弥は、現代に通じる孤独を見ていたということなのであろうか。

二　謡を聴かせる「砧の段」

〈砧〉は前後場ともに現実世界の物語として構成されている。ただし、前場は、妻が生きている現実時の物語、後場は死後に霊魂となって呼び出される物語で、後シテが異界から登場するという点では、夢幻能形式の曲と同じような形である。ただ、ワキの夢の世界という設定ではなくて、あくまでも現実的時系列処理がされている点に、特色がある。

　前後場いずれも、見せ場は「擣衣」をモチーフに展開する。

「擣衣」（砧を打つこと）は漢詩で好まれた題材だが、日本では『古今和歌六帖』に歌群があり、『和漢朗詠集』『新撰朗詠集』に項目が立てられ、勅撰和歌集では『後拾遺和歌集』以後、歌群が構成される。『古今和歌六帖』『和漢朗詠集』にも所収される紀貫之歌

唐衣擣つ声聞けば月清みまだ寝ぬ人を空に知るかな

などは、早い例であろう。平安中期から重要な歌材となった。いずれも、妻が夫のために、冬支度として衣を打つ砧の音に、様々な情感を聞き取っている。平安末から鎌倉初期の頃、蘇武の故事と擣衣が重ねられ、和歌を中心とする文芸的な世界において好まれたらしい。

『漢書』で有名な蘇武は、遊牧民族の匈奴に十九年間拘束されていた。日本では『平家物語』巻二「蘇武」に、蘇武が旅雁に付けた文が漢王の手元まで届いたと紹介されている。妻子の打った砧の音が届いたというエピソードは、平安末に成立した『和漢朗詠集私注』の「八月十五夜」の注に

織錦機中　已弁相思之字（錦を織る機の中には　すでに相思の字をわきまえ）
擣衣砧上　俄添怨別之声（衣を擣つ砧の上には　俄に怨別の声を添ふ）

蘇武胡地久居以不帰、其妻毎秋擣衣、為以待夫（『石川県立図書館蔵川口文庫善本影印叢書2』）

と紹介されている。

庶民生活の営みでありながら、詩歌の中の擣衣に生活臭はなく、現実からは完全に切り離されて、詩的に美化された人工的な世界が構築されている。擣衣に詩情を感じるには、文学的な教養の裏付けが不可欠なのである。世阿弥はそれに注目している。

『後拾遺和歌集』以後の勅撰集の秋下の巻に「擣衣」を題材とした歌群があり、それらは砧の音と秋の夜の淋しさや恋しい人への想いが重ねられている。特に平安末から鎌倉初期にかけて、秋の夜の侘しく淋しい美しさと、夫を想う妻の心情が重ねられて、叙情性豊かな秀歌が多く詠まれた。『新古今和歌集』秋下には、擣衣を題材とした歌が多数入首しており、新古今時代に特に注目され好まれた歌語であったらしい。「擣衣」とはきわめて文

芸的な世界で形成された特殊な言葉であり、能〈砧〉、特に前場の中心的見せ場である「砧の段」は、その文芸的世界を利用して、作詞されている。

6［サシ］（シテ）面白の折からや、頃しも秋の夕つ方、（地）牡鹿の声も心凄く、見ぬ山風を送り来て、梢はいづれひと葉散る、空すさまじき月影の、軒の忍に映ろひて、（シテ）露の玉垂れかかる身の、思ひを述ぶる夜すがらかな。

［上ノ詠］（地）宮漏高く立つて、風北に巡り。（シテ）隣砧緩く急にして、月西に流る

［哥］（地）蘇武が旅寝は北の国、これは東の空なれば、西より来る秋の風の、吹き送れと、間遠の衣打たうよ。

［上ゲ哥］（地）古里の、軒端の松も心せよ、己が枝々に、嵐の音を残すなよ、今の砧の声添へて、君がそなたに吹けや風。あまりに吹きて松風よ、わが心、通ひて人に見ゆならば、その夢を破るな、破れて後はこの衣、たれか来ても訪ふべき、来て訪ふならばいつまでも、衣は裁ちも替へなん、夏衣、薄き契りは忌ましや、君が命は長き夜の、月にはとても寝られぬに、いざいざ衣打たうよ。

［（クセ）］（地）かの七夕の契りには、ひと夜ばかりの狩り衣、天の川波立ち隔て、逢ふ瀬櫂なき浮き舟の、梶の葉脆き露涙、ふたつの袖や萎るらん、水掛け草ならば、波打ち寄せよ泡沫。（シテ）文月七日の暁や、（地）八月九月、げに正に長き夜、千声萬声の、憂きを人に知らせばや、月の色風の気色、影に置く霜までも、心凄き折節に、砧の音夜嵐、悲しみの声虫の音、交りて落つる露涙、ほろほろはらはらはらと、いづれ砧の音やらん。

古典的な秋の情景を描く［サシ］に続いて、［上ノ詠］は、『新撰朗詠集』所収の具平親王の漢詩をそのまま用いている。漢詩の持つ、響きの品格の高さ、感傷に流されない乾いた叙情が、武士の妻のたたずまいと誇りを暗示

し、感情に埋もれてしまう後半と対照させて、女の内面の幅を示している。

［上ゲ歌］は、「砧の音→音を運ぶ風→風が通ふ→通ふ夢→夢を破る→破れ衣→衣を着る」のように、言葉を連鎖させることによって流れを作り、一種軽快ともいえるリズムを生み出して、砧を打つ仕事歌的な印象を与えている。そして「来て問ふならば」以下の後半は、衣の比喩によって砧を打つ一連の場面に、心情表現を添わせている。この部分は、単なる華麗な作詞技法ではなくて、そのなかに連綿と女心が語られている点が優れている。砧を打ちながら、風を聞き、月を見、それが地謡とシテの演技力によって描写されるとき、観客は砧の女が感じ、見たものと同じ風や月を体験する。それは実景描写ではなく、文芸世界で形成された人工的な風景であり、同時に心象風景でもある。

［クセ］の末尾は、「月の色風の景色、影に置く霜までも、心凄き折節に」と、まず映像性豊かに晩秋の風景を描き出し、次に「砧・夜嵐・悲しみの声・虫の音・露・涙」という具体的な音を取り上げ、最後に「ほろほろはらはらはら」と擬音でまとめて、シテの心の中はもちろん、辺り一面に混然一体化した音が響き渡っているような錯覚を与えて、長い見せ場を終了する。

言葉の響きは統一され、流れるように続いていく。無駄な表現も邪魔なことばもない。〈班女〉の「扇」同様、和歌的古典の世界から「砧」という好素材を得て、謡による心理描写によって一つの場面を成立させているのである。

砧の女がなぜ現代人の共感を呼びやすいのか。以上のような巧みな作詞によって、心象風景と文芸的な美的イメージが一体化させられた、妙に純粋で透明でひたむきで緊張感のある、それだけに淋しい、世阿弥ならではの特別の世界が作り出されていることも大きな要因であろう。世阿弥は「擣衣」の持つ豊かな文芸的世界を利用して、「飽き」に通じる秋の季節感と、砧を打ち続けるシテの心象風景をダブルイメージで描いている。様々な歌語や、歌や漢詩を想起させる言葉の連続は、現代語訳的、散文的な意味の限定を拒否するような象徴的表現である。イメージはすんなり理解できる美文体の謡だが、それらの言葉が背負っている特別の世界を知らないと、どうしてその言葉がそこにあるのか理解できない。一筋縄ではいかない名文だが、それを感じさせないほど巧みに、詞章が作られている。その具体例としては、本書第三章四「〈砧〉に用いられる「水かけ草」」を参照されたい。

江戸中期の復曲作業は、謡だけが存在していて、所作や演出は自由に考案されたので、各流で演出に違いがある。「砧の段」に関しては砧の作り物を出すか出さないか、正面前方に置くか脇座に置くか、シテが一人で打つかツレも伴うか、そのような大きな違いから、細部の所作に至るまで、さまざまである。しかしすべてに共通するのは、「砧の段」を立って舞うことであろう。[〈クセ〉]を定型的な曲舞として舞うばかりか、前半も立ったまま、謡に合わせた所作をする。前場に舞踊的要素を取り入れて、視覚的効果を上げたいための工夫なのだろう。

同じ詞章内容を表現する所作であっても、流儀によって、また解釈によって、かなり印象が違う。同じ曲とは思えない場合さえある。たとえば観世流は軽めで動きが多く、こんなにも華やかで美しい曲柄だったのかと、驚くほどである。「君がそなたに吹けや風」（一四頁傍線部）なども、足拍子を踏みながら、遠くを扇でさして遙かに見やる。この場面の意味としては、女が砧を打つ前に実際に立って動き回っているはずはないのだから、あくまでも心の中の様子を動きとして表してみるという演出であるはずなのに、あたかも女が現実の世界で舞っているような印象になる。一方宝生流は、位が重く、抑制された小さな動きで、エネルギーをなるべく外に発散させないので、外側に現れる動きよりも、シテの内側に籠もる情念のようなものが存在感を主張し、心象風景が描写されている場面のような印象となる。

そのような違いはあるにしても、現代の演出では各流とも、室内で座っているはずの砧を前に、シテ・ツレ二人の女が立っていることになる。この違和感はいかんともしがたく、おそらく世阿弥は、基本的に座ったままで「砧の段」を謡うように作ったと考えられる。この場面はひと秋を自分の心とだけ向き合って、砧を打ち続ける女の姿を描いているのであるから、部分的に上半身を使った写実的所作が入っても良いが、ずっと座ったまま、砧と向き合っていて欲しいところである。たとえば〈松風〉の［クセ］で行平の形見の装束を抱きしめる場面同様である。

シテが動かないことによって、謡独自の描写力が本来の力を発揮するのである。

三　特殊な舞どころ［段哥］

後場は邪淫地獄に堕ちて苦しんでいる姿そのままに後シテが登場する。［段哥］は、三節からなった長い平ノリの謡である。一句八拍の中に、七・五調の十二文字から成る詞章を当てはめていく。それに合わせて写実的な舞を見せる。醜くやせ衰えた姿で、夫に対する恨み辛みを述べる場面であるから、優美な舞とはほど遠い。美しい所作に流れてはいけないし、かといって所作に連続性がなければ、まとまった舞とは見えない。難しい見せ場である。

［中ノリ地］は、一句八拍に十六文字を埋めていく、畳みかけるようなリズムの謡であり、それは〈八島〉〈求塚〉〈鵜〉など、地獄の責め苦や修羅の戦闘場面の描写に用いられる。そのような場面に［段哥］を利用するのは希有な例である。謡と舞の特殊な関係性を明らかにするために、一節毎に区切って、特色を明らかにしつつ、全文を掲げる。

［段哥］【第一節】（地）羊の歩み隙の駒、羊の歩み隙の駒、移り行くなる六つの道の、因果の小車の、火宅の門を出でざれば、巡り巡れども、生き死にの海は離るまじや、あぢきなの憂き世や。

第一節では、輪廻する苦しみを述べているが、「羊の歩み隙の駒」「六つの道」「因果の小車」「火宅の門」「生き死に」など、輪廻の苦しみを述べる慣用句を多用することで、言葉に連続性を持たせ、意味上の流れを作り出している。

【第二節】（シテ）恨みは葛の葉の、（地）恨みは葛の葉の、帰りかねて、執心の面影の、恥づかしや思ひ夫の、二世と契りてもなほ、末の松山千代までと、掛けし頼みは徒波の、あら由なや虚言や、そもかかる人の心か。

第二節では「恨み」と「葛の葉」という縁語の利用に始まり、愛の誓いの言葉として常用される歌枕「末の松山」を詠み込んで、その代表歌

君をおきてあだし心をわが持てば末の松山波も越えなん（『古今和歌集』陸奥歌一〇九三）

を利用して裏切られたことへの憤りを表現する。

【第三節】烏てふ、大嘘鳥も心して、現し人とはたれか言ふ、草木も時を知り、鳥獣も心ありや、げにまこと譬へつる、蘇武は旅雁に文を付け、萬里の南国に至りしも、契りの深き志し、浅からざりしゆゑぞかし、君いかなれば旅枕、夜寒の衣現つとも、夢ともせめてなど、思ひ知らずや恨めしや。

第三節では『俊頼髄脳』でも言及されている「大嘘鳥」を引き合いに出して夫を詰った上で、蘇武の送った文は万里を隔てた妻に届いたのにと、夫の不実を詰る。

地獄の呵責に苦しみながら、夫に向かって必死に訴える場面であるから、所作はごつごつと無骨に途切れている方が、この場に即しているし、そのようにしか動き得ない内容である。しかし、それぞれの節では言葉に関連が持たされたり、縁語や歌の引用なども多く、言葉続きが流れるように配慮されている。にもかかわらず内容に優美さはなく、憂鬱で暗く深刻である。このアンバランスが、一連の舞でありながら舞ではないという、インパ

クトの強い特殊な舞の見せ場を作り出しているのである。

前後場ともにシテの心情描写を見せ場としているが前場は砧を打つ行為に心情を託し、意識は心の深層へと向かっていく。後場は亡者の姿で夫に迫り、感情は外へとほとばしり出る。この能は、前後両場面全く違った手法

写真　宝生流

写真　観世流

夫への恋情と怨恨　宝生流（上　三川泉）では、脇座に座る夫（ワキ）に向かって、舞台中央奥寄りに位置し、左手をやや曲げて内側に出し、面は伏し目がちである。距離を置いて控えめに訴えかける風情である。観世流（下、山本順之）では、もっと舞台前方、脇座に近いところに位置し、手をスーと前に伸ばして、面もキッとワキへ向けている。相手に激しく迫っている様子が顕著である。（写真２点とも吉越立雄撮影）

を使って、言葉による克明な心理描写を試みた曲であるといえよう。

四　二つの「花心」

ところで、〈砧〉には「花心」が二度用いられている。

A7［上ゲ歌］声も枯れ野の虫の音の、乱るる草の花心、風狂じたるここちして、病の床に伏し沈み、終に空しくなりにけり、終に空しくなりにけり。

B12［キリ］法華読誦の力にて、法華読誦の力にて、幽霊正に成仏の、道明らかになりにけり、これも思へば仮そめに、打ちし砧の声のうち、開くる法の花心、菩提の種となりにけり、菩提の種となりにけり。

前場（A）では、晩秋の描写とシテの心象風景が二重写しになって、死に至る様子が表現されている。風が吹き乱れて花を散らすように、心乱れて死に至る。その心が「花心」であり、女心と広く捉えることもできよう。後場（B）では、夫によって法華経読誦の供養を授かった上に、シテ自身の砧を打つ行為の中に、成仏の機縁となる要素があったという内容で、法の花、すなわち法華の心、仏法を求める心を「花心」と表現している。両者は表面上別の意味で使われているが、どちらも退場直前のシテの心のあり方を表現する言葉であり、意図的に繰り返されている。何らかの関連があるにちがいない。

後場の法華の心は、なかなか難しい。シテの打った砧の音に、どうして仏縁があったのか、そんな気配は無いまま、能は進行しているように見える。あまりにも突然、シテは成仏を約束される。一曲全体を通してシテの内面世界が丁寧に描かれているのが特色である。前場では砧を打つ以外のことをせず、ひたすら夫の裏切りに心を悩まし続ける妻である。そんな女の心を、世阿弥は「花心」と呼ぶのである。

辞書的な意味は、

①浮気な心　②花の心、転じて華やかな心（小学館『大日本国語辞典』）

で、①は『古今和歌集』仮名序の「今の世の中、色につき人の心花になりにける」に端を発するのだろう。歌としては、八代集には一例もない。『六百番歌合』で一度使用されているのが目を引くが、ポピュラーな歌語とはいえない。

世阿弥には、

〈右近〉美景に因りて花心、馴れ馴れ初めて眺めん（風雅な心）
〈当麻〉草木国土成仏の、色香に染める花心の、法の潤ひ種添へて（仏縁のある花の心）
〈泰山府君〉何と手折らむ花心（風雅な心）
　　　唯色に染む人、花心に似たれども（風雅な心）

と数回使用例がある。特に〈泰山府君〉の二つ目は、『古今和歌集』仮名序

今の世中、色に付き、人の心、花に成りにけるより、不実なる歌、儚き言のみ出来れば、……

の応用だが、浮気心という否定的な使い方ではなく、肯定的に用いている点注目される。

〈砧〉の場合も、仏縁に通じる女心は単純な恋心ではなく、砧を打つ行為を行った風雅な心を指すのではないだろうか。

シテが砧を打ちたいと言うと、最初ツレは「卑しき者の業」だからと止めようとする。これは庶民の反応である。シテは詩歌の世界に想いを馳せ、夢見心地で砧を打ち続け、死に至る。現実逃避だが、文芸的行為に殉じたともいえる。これこそ花心ではなかろうか。

覚一本『平家物語』敦盛最期は、「狂言綺語の理と言ひながら、遂に讃仏乗の因となるこそ哀れなれ」で締め

くくられている。敦盛が笛を持っていたことが「狂言綺語の理」であり、それが熊谷直実に出家の決意をさせる。和歌・音楽・芸能などを狂言綺語とし、それらが仏縁を結ぶという考え方が当時あった。世阿弥もその方式に則ったのではないだろうか。更に言えば、シテの姿は、能に殉ずる覚悟の世阿弥自身にも見えるのである。

おわりに

世阿弥は謡の役割を最大限に活用して、言葉によって様々なことを表現しようという姿勢が顕著である。一つ一つに豊かな意味の世界が内包されている言葉を意識的に用いることで、背後に豊かなイメージの世界が拡がっている。そのことを意識し、ある時は直接的にわかりやすく投げかけ、ある時は暗示的にニュアンスで示す。押さえなければならないポイントでは、固定的にきっちりと、意味を明確に伝え、演じ手や観客の自由な受け取り方に任せられるところは大胆に放任する。その定まり方と器の大きさが世阿弥の作り出している、言葉の世界のあり方であり、そこに魅力がある。演者は、世阿弥の言葉をしっかりと受け止め、それを大切にしながら演技していけば、自然に一曲の能ができあがるようになっている。

本書では特に第三章において、世阿弥の言葉のあり方について、考察していく。

二　耽美派、禅竹の能――〈野宮〉と〈定家〉――

はじめに

金春禅竹（一四〇五～一四七〇頃）は、足利八代将軍義政時代に活躍した金春座の棟梁であると同時に、世阿弥（一三六三～一四四三?）の娘婿であり、芸道上の後継者である。若い頃から世阿弥の書いた数々の能伝書を読み、世阿弥を尊敬し、世阿弥の教えどおりであることを信条とした。しかしかなり個性的な人物であったらしく、彼の手になる能も能楽論も、世阿弥とはかなり異なっている。

特に現代人に好まれる〈野宮〉と〈定家〉を取り上げ、世阿弥との違いに注意しながら、その特色を分析したい。

一　禅竹的な世界〈野宮〉

禅竹の教養は、当時の能役者としては格段に広く、『源氏物語』なども十分読みこなした上で、自作の能〈玉葛〉〈野宮〉などでは、独自の解釈で人物造型している。

『源氏物語』の六条御息所をシテとする能に〈葵上〉と〈野宮〉がある。近江猿楽の犬王が演じた古曲が〈葵上〉で、生霊となる激しい御息所が描かれている。その〈葵上〉で描かれていない部分を取り上げ、控えめで淋しげな秋草の花のイメージを持たせたのが〈野宮〉である。

〈野宮〉の作者に関する決定的な証拠はないのだが、筆者も含め近年の研究者の多くは、禅竹であろうと考えている。世阿弥を尊敬していた禅竹は、よく世阿弥の作品に学んで、同じような能を作ろうとする傾向があるが、〈野宮〉は〈井筒〉を下敷きにしている。構成はほぼ同じで、前場に本説紹介の物語（［クリ・サシ・クセ］）が置かれ、後場では美しい女が序ノ舞を舞うという見せ場の置き方も同じである。『伊勢物語』『源氏物語』という二大古典を本説としていること、物語の展開と深く関わる作り物として、井筒・鳥居が用いられていることなどを見ても、〈井筒〉を意識していることは明らかであろう。

ところが〈井筒〉と決定的に違う点がある。後シテ登場直後に置かれている、車争いの再現部分である。〈井筒〉では業平の形見の装束を身に付けた後シテが、「人待つ女」とも言われたと言いながら登場するだけで、すぐ舞になるが、〈野宮〉では、長い［掛ケ合］と［歌］によって、賀茂の祭りの車争いでさんざんに打ち負かされた苦い体験が再現される。

驚くことに、この車争いの場にワキが参加しているのである。車の音が近づいてくることに気付いたワキがシテに声を掛けるが、さらに車争いが目前で起こっているのでなければできない介入の仕方をする。

（ワキ）おん車とて人を払ひ、立ち騒ぎたるその中に、（シテ）身は小車のやるかたも、なしと答へて立て置きたる、（ワキ）車の前後に（シテ）ばつと寄りて

待謡では野宿をしつつ夜もすがら弔うと述べていて、一応眠らないつもりのようなのだが、いつの間にかぐっすり眠り込んでしまったのだろう。そうでなければこの関わり方は成り立たない。後場はワキの夢の世界が展開しているということになる。

世阿弥の曲でもワキが夢を見ている設定は多いが、夢中といっても基点はあくまでも現在（ワキの生きている次

元）にあって、そこに霊が登場して物語るというスタイルで貫かれている。〈井筒〉では旅寝するワキの夢中にシテが入り込んで、昔を懐かしみつつ舞を披露し、夜明けと共に夢が覚めるのだが、観客は現在の場で夢を見ているワキの姿を捉えながら、そのワキの夢中を覗き見ているという、二重構造ができあがっている。

ところが〈野宮〉では、旅寝しているワキの姿が後場のどこにも存在しない。後シテが登場する時点で既にワキはシテの妄執の世界に引きずり込まれてしまっており、したがって舞台上では〈井筒〉のような二重構造はなく、シテの世界だけが支配している。終曲部が、夜が明けるでも夢が覚めるでもなく、シテが「火宅の門をや、出でぬらん火宅の門。」という珍しい終わり方になっているのも、そのことを示しているのだろう。

後場におけるワキの存在・役割をぼかすことによって現在の世界が後退し、異次元空間が舞台を支配するので、自在に非現実の世界を展開させることができる。この手法で成功している例に〈田村〉があるが、両曲の関連などは別の機会に取り上げる（本書第二章一「夢と現の間」、二「類型化以前の霊験能」参照）。世阿弥時代にリアルに扱われていた過去と現在という次元の違う世界が、禅竹時代になると、わざと曖昧にぼかした形で処理されるようになる。夢幻能の定型確立後のことなので、その形式に則り、すべて夢中ということで処理することで、どんなことでも容易く実現できてしまう自在さを獲得したのだということなのだろう。

この〈野宮〉の後場に、実際に車を出す演出が古くからあったらしい（『岡家本江戸初期能型付』藤岡道子編　和泉書院　二〇〇七年二月）。下間少進の『童舞抄』では、観世も金春も車は出さないとわざわざ注記しているので、出す発想自体は存在したことが分かる。〈葵上〉も犬王は車に乗って登場したのだから、当初から〈野宮〉でも車を出していたかもしれないと推測することはできる。しかし〈葵上〉とはなるべく違う能にしたいという作者の明確な意図が看取される〈野宮〉であるから、そのような作者の傾向を重視するならば、あえて出さずに想像させる表現法が採用された可能性が高いのではないだろうか。〈葵上〉で当初出されていた車が、かなり早い時期からすっかり出されなくなってしまったのは、出さない〈野宮〉の演出が秀でていたから、それに倣ったということなのだろう。後に目新しい演出を狙って、〈野宮〉の方に車を出す演出が工夫されたということになる。

禅竹は美的感覚の優れた人でもあった。〈野宮〉は衰えていく秋の草花に美を見いだしており、いかにも侘び・寂びを重んじた東山文化形成期に生きた人らしい。〈竜田〉が紅葉の盛りではなく、氷にとじこめられた紅葉の美しさを描いているのも、同様の傾向である。〈芭蕉〉は「月光」「霜」「露」「氷」など色を感じさせない白を重ねて、無常観を「色なき色」の世界として描いている。「色なき色」は『新古今和歌集』成立時代に好まれた色彩感覚の一つであるが、そこから無常を連想するところが、室町的感覚であろう。禅竹は藤原定家に傾倒しており、『新古今和歌集』は特に愛読した歌集であったらしい。禅竹の繊細な美的センスは、新古今的世界に通じる点が多い。

二　〈定家〉の場合

その定家の恋を描いた〈定家〉には、禅竹らしい特色が随所に見られる。

〈定家〉のあらすじを確認しておきたい。

【前場】　旅の僧（ワキ）が藤原定家の旧跡である時雨亭で、不思議な女性（前シテ）と出会う。女は時雨亭の由来など問われるままに語り、今日はある人の命日なので回向してくれと、蔦葛の這い纏わる石塔へと案内する。それは式子内親王の墓で、葛は定家の執心であると、二人の恋について物語り、やがて塚のあたりに姿を消す。

【後場】　僧が回向していると、式子内親王の亡霊（後シテ）が、塚の中で定家葛の呪縛に苦しんだままの姿を現す。僧が仏の加護は草木にまで及ぶと説く薬草喩品を読誦すると、葛はわずかに緩み、式子はよろよろと塚から歩み出る。そして、在りし日を偲びつつ回向報謝の舞を舞うが、やがてまた葛に纏われて、姿も埋もれてしまう。

〈定家〉の最大の魅力は、謡にではなく、設定の良さにあるのではなかろうか。他ならぬ式子内親王の恋、しかも相手は藤原定家である。二人は歌を通じて交流はあったが、身分の違いや、式子の方が十三歳年長であることから、二人の恋は現実的ではない。定家は精魂込めて新古今歌風形成に取り組んだ。歌に自分の全てを賭けていて、どちらかというと融通が利かず気むずかしい印象を与えるような、芸術家肌の歌人である。もっとも九番目の勅撰集である『新勅撰和歌集』を一人で編纂して後は、古典作品の書写や、気楽な連歌を好むようになったようだが。一方式子内親王は、後白河天皇第三皇女で、賀茂の斎院として十年間神に奉仕した。定家の父俊成を和歌の師として、新古今歌壇を代表する女流歌人である。代表歌は、『百人一首』に選ばれていることもあって、『新古今和歌集』恋一　一〇三四の

玉の緒よ耐えなば耐えねながらえば忍ぶることの弱りもぞする

であるが、それも影響してか、浮き世離れした清らかな印象が強く、恋愛の生々しい感情から最も縁遠い感じの人であろう。この新古今を代表する二人の組み合わせは、非常に思いがけないが、同時に妙に納得できるふさわしさがある。この二人の人目を忍ぶ恋、室町時代の貴族たちが考えそうな噂話は、室町時代成立の源氏物語梗概書『源氏大綱』などに見えている。史実とはいえないが、禅竹の創作でもないのである。醜聞めいた噂話を題材に、後述するように恋愛の究極の形を示して、個性的な能が作り上げられている。

清純派の式子が、死んでなお恋の妄執に苦しむという意外性、しかもその姿で舞を舞う。世阿弥は『三道』で次のように述べている。

かやうなる人体（貴人の女体）の種風に、玉の中の玉を得たるがごとくなる事あり。如レ此の貴人妙体の見風の上に、あるひは六条御息所の葵の上に付祟り、夕顔の上の物の怪に取られ、浮舟の憑物などとて、見風の便りある幽花の種、逢ひがたき風得也。

美女の悩める姿は、能の題材として玉の中の玉である。禅竹は師の教えどおり、しかも、世阿弥には想像もつかなかったに違いない面白い能を作り上げたのである。ただ可憐で清らかな美女が舞を舞っても、この曲ほどのインパクトを与えないであろう。ここに禅竹の設定上の工夫がある。

この曲によって禅竹は、能の表現の可能性を拡大したのではなかろうか。本書第一章一「言葉の魔術師世阿弥」で言及したように、世阿弥は謡の役割を最大限に活用して、言葉によって様々なことを表現しようという姿勢が顕著である。だから演者は、世阿弥の言葉を手がかりに、それに従って演技していけば、自然に一曲の能ができあがるようになっている。一方禅竹は、演者の肉体を通じて表現されるもの、言葉で表現されえないものに注目しているのではないだろうか。

三　葛の精の印象

禅竹の能には、世阿弥のようなわかりやすさがない。世阿弥の完成させた形式に則っているために、場面設定の意義づけが不徹底であるせいもある。しかしそれだけでなく、禅竹自ら好んで、曖昧さを残しているようにも思われる。

たとえばシテの人格、シテは式子内親王であるが、そこに定家葛の精のようなイメージが重ねられている。

5［ロンギ］……われこそ式子内親王、これまで見え来れども、まことの姿はかげろふの、石に残す形だに、それとも見えぬ蔦葛、苦しみを助け給へと、言ふかと見えて失せにけり、言ふかと見えて失せにけり。

中入直前の謡であるが、蔦葛に覆い隠されて本当の姿は分からなくなってしまっている石塔へ姿を消す。そして、その中から登場する後シテは、

11［ノリ地］……もとのごとく、這い纏はるるや、定家葛、這い纏はるるや、定家葛の、はかなくも、形は埋もれて、失せにけり。

葛の中から出てきて、葛の中へ帰っていく。それゆえ葛の精のような印象を出すこともできるわけである。その場合には、装束に萌葱色を使用する方法がある。視覚的効果によって、シテの性格を表現するのである。これは非常に有効であって、あくまでも人間らしさを重視して、緋色の大口（袴）にする場合と、シテの存在感に大きな違いが出てくる。

中入直前の謡「かげろふの、石に残す形だに、それとも見えぬ蔦葛」（傍線部）で、塚の作り物を背にして、塚に張り付くような型をする場合がある。下手をすると磔の刑のようになってしまって滑稽だが、あたかも塚の中に溶け込んでいくように見えることがある。謡は「本当の姿は陽炎のように実態がなく、墓印でさえそれとははっきり見えないほど、蔦葛が纏わり付いています」と言っているだけで、その後に続く謡を総合しても、直接的に岩に溶け込んでしまったとは表現していないのだが、そうであってもよいような、そう示唆しているようにもとれる表現にはなっているので、演者の巧みな動きによって、現実に起こりえないことが起こったように見える瞬間である。

終曲部では、後シテは「面無の舞」といいながら舞い続け、やがて夜明け近く、再び定家葛が絡みついて、墓の中に取り込められ、姿ばかりか、石塔までもが葛に埋もれて見えなくなってしまう。最後に定家葛に再び絡み取られていく場面で、絡みつかれる内親王を演じる場合もあるが、一般的には、塚の作り物を出入りしながら、

ぐるぐる廻る演技によって、絡みつく定家葛の様子を見せる。その方が目を引く目立った演技であるので、役者としてはその動きをしたくなるというところもあろうが、全体的に葛の精のような印象を与えられているとすれば、最後に葛の本体が示されるということになって、違和感が起こらない。あくまでも式子内親王の個としての人間性を重んじるか、定家と一体化してしまうような葛の演技に移行するか、どちらでも成り立つところが、この能の特色であろう。どちらにも解釈可能であるというこの特色が、魅力であると同時に、難解さの所以でもある。

四　式子内親王の気持ち

旅の僧の見た夢の中の出来事として作られた曲を夢幻能と呼ぶ。夢幻能形式を完成させたのは世阿弥であり、〈井筒〉は夢幻能形式の能の到達点を示しているとも言いうる作品である。禅竹はこの〈井筒〉を下敷きにして、〈定家〉や〈野宮〉を作っている。しかし細部は様々な点で異なり、特に注目したいのが、舞の段である。

世阿弥は当時流行していた幽玄（貴族的は優雅な美しさ）な能を作るために、貴族の女に舞を舞わせることを思いついた。それが〈井筒〉である。『伊勢物語』を題材に、死後もなお業平を恋し続ける女をシテとして、業平の形見の装束を身につけ、業平のつもりで業平の舞姿をまねるのである。業平は歌の名手であるだけでなく、当時歌舞の菩薩の化現として信仰されていたので、その舞姿をまねるという設定は、抵抗なく受け入れられていたのであろう。だから〈井筒〉における舞の段の意味は明確である。業平を想って、業平に同化することだけを目的とした舞である。

世阿弥は、本来舞とは縁のない貴族の女に舞を舞わせるために、このような手の込んだ手続きを踏んだが、一旦形式が確立してしまえば、それを使用するのに抵抗感はなかったらしい。禅竹作の能では、なぜ式子内親王や六条御息所が舞を舞うのか、〈井筒〉のようには明らかにされていない。舞うのが当然のように舞の場面となる。では、その舞にはどのような意味が込められているのであろう。〈野宮〉の場合、舞直前に

〔詠〕昔を思ふ花の袖。月にと返す気色かな。

とあるから、一応懐旧の舞らしいと推測されるが、『源氏物語』の六条御息所と舞には、接点がない。言葉による明確な説明が必ずある世阿弥の能。しかし禅竹の能では、享受者が作品の世界に踏み込んで、ある種の飛躍をしないと、いろいろなことが見えてこない。舞の場面がなぜそこにあるのか、状況説明は不必要だと考えていたかのようである。ではいったい式子内親王の舞には、どのような意味があるのだろう。

〈定家〉のシテは式子内親王である。しかし曲名が象徴するように、定家の恋を描いているので、本当の主役は定家であるような錯覚を起こしやすい。定家葛となって、シテに纏わり付いているからではない。定家という人の存在感があまりに大きいからである。作者の禅竹にも多少そのきらいがあったのだろう。たとえば前場の〔クセ〕は、シテの語る二人の恋の顚末であるが、後半は、

（シテ）げにや嘆くとも、恋ふとも逢はん道やなき、（地）君葛城の峰の雲と、詠じけん心まで、思へばかかる執心の、定家葛と身はなりて、このおん跡にいつとなく、離れもやらで……

で、傍線部は定家の歌を応用しているし、定家の立場で物語っているような印象になってしまっている。定家がいかに式子を愛したか、その方向から物語は進められているので、式子を軽視しがちになる。現在の舞台を見ていても、定家ばかりが強調されて、肝心の式子がちっとも浮かび上がってこない場合がある。しかしシテはあくまでも式子内親王であるのだし、〔序ノ舞〕は式子が舞うのであるから、演者はシテ自身についての意識をしっかり持つ必要があろう。

では、いったい式子内親王はどう思っていたのか。定家に愛されて迷惑だったのか。死んでなお執心の葛に苦しめられていることから逃れたいのであろうか。前シテは恋物語を

［クリ］（地）忘れぬものをいにしへの、心の奥の信夫山……

（心の奥に隠しているが、恋の思い出は忘れられない）

と語りはじめる。続いて

［サシ］（シテ）いまは玉の緒よ絶えなば絶えねながらへば、（地）忍ぶることの弱るなる、心の秋の花薄、穂に出で初めし契りとて、また離れがれの中となりて、（シテ）昔は物を思はざりし、（地）後の心ぞ果てしもなき。

（いまは命よ、絶えてしまった方がよいのだ。生きていると恋心を隠している気力が弱くなってしまうと心配したとおり、恋が世間に知られはじめると、逢瀬も途絶えがちになり、昔は物想いなどしなかったと感じるほどに、その後の物想いは、際限のないものだった）

と言っているのだから、定家に応えているのである。

互いに愛し愛される存在であったのだ。禅竹はここまでは語っている。しかしなぜ変わり果てた姿をさらして「面無（恥ずかしい）の舞の有様やな」と言いながら、舞うのか。謡の中には、納得のできる答が用意されていない。回向に対する報恩のためとは言うが、僧の薬草喩品読誦は、余りに効き目がなさ過ぎる。いったいなんのためにシテは姿を現して、舞を舞うのか。ここからは、シテの立場に立って、推しはかるしかない。

筆者はこの舞は愛の喜びの舞であると考えている。なぜ醜い姿を現したのか。それは定家葛に取り籠められている姿を見せたいからであり、定家との恋物語を語りたいからである。死んでから恋しい相手の執心の葛に纏われているのは、幸せな状態でなくてなんであろう。式子は葛の呪縛に苦しみながらも、その状態を嫌がってはい

ない。むしろ喜んでいるかのように見えるのである。

この解釈はあまりに現代的であるかもしれない。邪淫地獄の恐ろしさを軽視しているかもしれない。しかしこう考えると、式子内親王の姿は生き生きと浮かび上がってくる。この飛躍の仕方が絶対であるとは思わない。禅竹はどういう感情で舞うのか、何も語ってはいないのであるから。しかし、舞で何を表現するのか、考えずにはいられない曲であることは確かであろう。演者たちは、いったいどのような感情をこの舞に込めるのであろうか。〈定家〉の舞は現在、太鼓の入らない〔序ノ舞〕である。これは現行の舞の中で最も優美で、最もゆっくりの舞である。ところがこの〈定家〉においては、喜多流では足もともおぼつかなく、よろよろと、定家葛に絡められているように舞えという教えがある。舞の意味内容からではなく、技術面からの考案であろう。いかに動くか、演者にとっては常にその戦いであろうから、具体的なテクニックは大切である。同時に内容がしっかり表現されていること。この二つが満たされて、優れた表現となる。観世流では、それほど足遣いには拘らないので、常と同様、流れるような美しいハコビで舞う。美しさを損なわないことが重要だと考えられているのであろうか。宝生流では、もともと観世などに比べると一足一足置いていくようなハコビを基本とするので、この曲ではその重い位に応じてじっくりとハコブことで、自然と葛に纏われて足弱に成った状態が示されることになる。大切なことはその能の位に応じるということであろう。このように、各流で舞の演技に際して、何に重点を置くかが違っているのである。ただ、共通していえることは、ごつごつしたハコビをしていると、舞姿自体が著しく美しさを損なってしまうということである。それを目的にしての意識的なハコビであれば、それが表現力ということだろう。同じ面を使用していても、舞い方で違う面に見えるほどに、ハコビは重要な要素となる。

後シテも面は、「痩女」が一般的だが、「泥眼」という眼の中に金泥が塗ってあって、怒りを含む表情の、神性化された面を使用することもある。美しい「増」を用いることもある。表面的な醜さを和らげて、式子内親王本来のイメージに近づけたいと意図であろうか。これらを選択することによって、演技も印象も随分変化することになる。

おわりに

演者の肉体を通じて訴えかけてくる物の威力は、大きい。それは長年に亘って工夫されてきた型の中に含まれているものもあれば、演者独自の力によって生み出される場合もある。解釈にプラスアルファの余地が残されている禅竹の能はなおさらである。現代は現代らしく、演じ手によって、禅竹の能は描き出す世界を大きく変えるのである。

第二章　創生期の能の魅力

一　夢と現の間

夢幻能は世阿弥によって生み出され、形式が整えられ、次代に継承されて類型化した。その世阿弥作の夢幻能にもいろいろあることについて、以前述べたことがある。[1] 世阿弥作の〈敦盛〉〈檜垣〉は「ワキは夢を見ていないのではないか」、〈八島〉〈融〉は「前場もすでに夢の中ではないのか」ということを指摘した。「前場は現実の場で、後場は夢の中」という現代の夢幻能の概念に通じる形式は、禅竹時代に類型化して以降、定着していったことだろうと考えている。そのときは短編で概略だけ述べたに過ぎないので、本稿ではその観点に基づきつつ、世阿弥時代全体についてもっと詳しく分析し、特色を明らかにしたい。[2]

一　「夢幻能」という用語

「夢幻能」という語は近代の造語で、世阿弥自身はこの言葉を用いていない。江戸期以前の区分は「幽霊能・現在能」であり、ワキが夢を見ている場面なのか、現実なのかは、問題にされてこなかった。西洋的近代化が始まったばかりの明治維新直後には、幽霊能は古くさく、訳のわからない、非科学的なものだと敬遠されていた。そこで「夢幻劇」という言葉を意図的に使用して、その正当性を主張したようである。その実態は、『能楽』創刊当初（明治三十五年（一九〇二）～四十一年辺り）の諸記事に明らかであり、それを継承して佐成謙太郎が「夢幻能」という言葉で広めていったようだが、詳細な紹介は別の機会に譲る。[3]

夢幻能という言葉は、世阿弥の確立した「普通人である旅僧や朝臣の前に、異界の存在が登場して言葉を交わす」という形式を理解するには大変便利である。現代では、演者も観客も区別なく全ての能楽関係者が、夢幻能形式は最初から決まっていて、それに従って作能され、その概念に則って演じられて来たような錯覚に陥っているのではなかろうか。

その概念の無かった、江戸時代以前はどう考えられていたのか。演者はどういう意識だったのか。世阿弥はどのような意識で、能を創っているのか。夢幻能の枠組みを取り外してみると、創生期の能が個々に持っていた個性と魅力が立ち現れてくる。

二　世阿弥時代の夢と現

現在判明している世阿弥時代の曲全てを対象に、異界の存在が登場する曲における、夢と現の描き分け方を調査してみた。世阿弥伝書・『能本三十五番目録』・演能記録に見える曲すべてを対象としている。

各曲、夢・現いずれの世界が展開しているのかを示す言葉を掲げるか、（　）で括って場面設定を簡単に説明した。ゴチック体は『三道』秀作曲である。

①前場は現実、後場は夢中

複式夢幻能の基本形で、この形を元にして、夢幻能の形式が説明される。現実の世界に異界からやってきたシテが、ワキの夢の中に再び現れて、何かを物語る。現実の場がまずあって、その後夢を見るという手順を踏むことによって、異界人との接触というワキの非現実的な体験に、リアリティーを持たせている。後場では現実にはあり得ない世界が大胆に展開するが、それは夢中だからという理屈で、観客を納得させることができる。

阿古屋松（後場は夢であること強調）

浮舟　終曲部　古き事ども夢に現はれ見え給ひ

雲林院（自筆本）（後場は夢であること強調）

箙　待謡　夜もすがら花の木蔭に臥しにけり

　　終曲部　夢覚めてしらしらと夜も明くれば

清経（一場形式、シテは妻の夢枕に立つ）

呉服　前シテ　現に現れ来たりたり

　　中入　丑三つの時過ぎ、暁の空を待ち給へ

　　終曲部　夢の精霊妙幢菩薩も影向なりたる

維盛（後場は夢中で、そこにシテが登場）

西行桜（一場形式、シテは夢中の翁）

　　終曲部　夢は覚めにけり

逆矛　待謡　ここに仮寝の枕より、音楽聞こえ花降りて、異香薫ずる不思議さよ

佐保山　中入　棹投ぐるまの夢の夜の程を待たせ給へや

　　待謡　ここに仮寝の枕より音楽聞こえ花降りて

須磨源氏　待謡　野山の月に旅寝して、心を澄ます磯枕、波にたぐへて音楽の、聞こゆる声ぞ有難き

忠度　中入　夢の告げをも待ち給へ

待謡　夜の花に旅寝　後シテ夢物語申す
終曲部　御身この花の蔭に立ち寄り給ひしを、かく物語り申さんとて日を暮らし留めしなり
難波　後シテ　夢ばし覚まし給ふなよ
船橋（後ツレは成仏、後シテは未だ懺悔）
後シテ　春の夜のひと時、胡蝶の夢の戯れに、いでいで有様見え申さん
布留（後シテ七日の勤行中の夢中に出現）
松浦　待謡（旅寝）終曲部　夢路を覚ますらん

〈阿古屋松〉世阿弥自筆能本
実方（ワキ）が陸奥のある山で出会った老人（前シテ）に、出羽の国の阿古屋松まで道案内されるのが前場で、老人は夕暮れに塩竈明神であると告げて塩竈に帰っていく（中入）。後場の特色は、夢であることを繰り返し確認し、明示していることである。
8［下ゲ哥］仮枕、松の下臥し秋の夜の、……月を共寝の草筵、心を延ぶる気色かな、
10［掛ケ合］（ワキ）不思議やな夢現とも分かざるに、……（シテ）われはこの程陸奥より、おん道しるべ申しつる、翁これまで参りたり、夢ばし覚まし給ふなよ（ワキ）いや夢ばし覚ますなとは、とても夜すがら下臥しの、松吹く風に驚かされて、さらに寝ぬ夜の枕なり（シテ）あら偽りや実方よ、松吹く風に驚かされて、さらに寝ぬとは虚言や
［上ゲ哥］（地）寝ればこそ、驚かすらめ……
13［哥］……（地）松が根の枕して、下臥しも程なく、有明がたの松風、……阿古屋の松の名にし負ふ、木

隠れて失せにけり、〳〵。

二重線部によって、前場が夢ではないことがわかる。そして傍線部がすべて、夢中を示す言葉である。ここまで繰り返し確認する曲は他に例がない。世阿弥は古風な能と語っているが（『申楽談儀』）、後場を夢の場とすることが定着する以前の曲で、その時点では古風になってしまっているが、成立当初は斬新な能だったのであろう。

〈雲林院〉 世阿弥自筆能本

夢告により雲林院に来た公光（ワキ）は、出会った尉（前シテ）から『伊勢物語』の秘伝を告げるから

花の下臥しして夢を待ちてご覧候へ

と言われ、

さらば今夜は木蔭に臥し、別れし夢をまた返さん。

と眠りにつく。後場がその夢中であることは、基経（後シテ）が

そもそもこれはかの后の御兄、……この物語の品々、夢中に現はし見せんとて

と名乗って登場し、

夢路に帰る物語、只今今宵現はして、かの旅人に見せ給へ

と告げ、

雲林院の、花の基経や后と見えしも、夢とこそなりにけれ、皆夢とこそなりにけれ。

で終わることから、明らかである。〈阿古屋松〉同様、夢中に拘っている。

〈松浦〉 世阿弥自筆能本

行脚の僧（ワキ）は、鏡を見せると約束して姿を消した不思議な女（前シテ）のことを思い、「風も更けゆく旅寝かな」と、その場に旅寝することが待謡で明らかにされている。後場は、陸と海の両方を使った、ダイナミッ

クな場面構成がなされている。
【そつそと働きて、鏡を僧に渡す所にて】
９［掛ケ合］……今宵一夜の懺悔を果たし、昔の有様見え申さんと、（僧）言ふかと見れば沖に出づる、唐土船に鬨作る、（佐用姫）声は波路に響き合ひて、（僧）松浦の羽風（佐用姫）灘の潮合、（僧）千鳥（佐用姫）かもめの（僧）立ち立つ（佐用姫）気色に
この後の場面は懺悔物語であると佐用姫（後シテ）は語っているが（傍線部）、ワキはシテから鏡を渡され、沖の船に向かって大声をあげるシテを見ており、両者による同一世界の共有が確認できる。遣唐船の船出・狂乱状態・入水の様子が、仕方話により展開するが、思い出話ではなく、現実のことのように生々しいところが特色である。これは旅僧の夢中という枠組みがしっかりできているからこそ成り立つ世界である点、注目したい。
形見の鏡を身に添へ持ちて【ここにて僧の持ちたる鏡をまた取るべし】↓入水
夜も白しらと明くる松浦の、浦風や夢路を覚ますらん↓夜明けと共に僧の夢は覚める
この場にリアリティーを与え、シテとワキを繋ぐ道具として重要だった鏡も、入水前に佐用姫が取り返しているので、僧が目覚めたときは何も残っていない。後場が夢の場であることが、明確に示されている点、〈阿古屋松〉〈雲林院〉と同様である。
世阿弥自筆本〈布留〉も、前場は化女（前シテ）が御手洗川に現れて、彦山の山伏（ワキ）と言葉を交わす現実の場であるが、後場はワキがご神体の御剣を拝みたいと七日間の勤行を行っている間の、深夜の出来事とされている。
これも汝が法味ゆゑ、夢中に現はれ給ふなり
で明白である。ただしワキが

げに夢中と言ひながら、さながら現の境界かと

思うようなリアルな体験として処理されている。

同じく自筆能本〈難波梅〉も、前場は現実の場で

花の下臥しに待ち給へ

と告げて花守の老人（前シテ）が姿を消し、後場は王仁（後シテ）が

夢ばし覚まし給ふなよ

と告げる。王仁は神格化されているとはいえ、現実の場への出現は設定に無理があろう。夢中にすることで、どんな人物でも容易に登場可能な自由を獲得しているといえる。

自筆能本では、〈江口〉が普賢菩薩の出現という奇跡を、旅の僧が複数で体験する曲であるから例外であるが、それ以外は共通して、夢と現の間が明示されており、特に夢を強調することで現実ではありえない奇瑞や不可思議な出来事を、大胆に展開させている。各曲個性的な夢のあり方を見せるが、大胆な場面設定を可能にするために、方便として夢を利用する新しい試みの形が、自筆能本にはそのまま残っていると言ってもよいかもしれない。自筆能本は現存しないが〈忠度〉では、シテがワキに対して、わざと日暮れを早め、夢を見させたと告げている。世阿弥作の可能性が高い〈呉服〉では、前シテが「現に現れた」と言い、後場の最後に「夢の精霊」とあるので、前場が夢と明示されていることがわかる。

一方〈籠〉〈逆矛〉〈佐保山〉など世阿弥作ではない可能性の高い曲でも、どこかに後場が夢中であることを明示している。かなり類型的な表現が多く、このような形式が定着しつつある状況を示しているといえよう。

また〈西行桜〉や〈清経〉は単式で、西行庵での花見の場や、清経の妻が夫の死の報を聞くなどの現実的な物語が展開する中で、西行や清経の妻が夢を見ると、そこに桜の精や清経の亡霊が現れる。シテの登場しない前半は、

現在能として展開する。

②前後場とも夢中

井筒　前シテ　暁ごとの閼伽の水

当麻　中入　そのいにしへの化尼化女の、夢中に現じ来たれり　待謡（奇瑞）

後シテ　ただいま夢中に現はれたるは、中将姫の精魂なり

終曲部　夢の、夜はほのぼのとぞ、なりにける

融　前場（満月を映す池が実は廃墟の溜まり水）

中入　潮汲後潮曇りに紛れる

松風　終曲部　夜すがら、妄執の夢に、見みゆる

八島　中入　よし常の憂き世の、夢ばし覚まし給ふな

待謡　重ねて夢を待ち居たり

後シテ　夢物語り申すなり

頼政　中入　旅人の、草の枕の夢の中に、姿見えんと来りたり、現とな思ひ給ひそとよ。

待謡　「思ひ寄るべの波枕、扇の芝を片敷きて、夢の契りを待たうよ

〈当麻〉〈八島〉〈頼政〉では、中入の謡で前場が夢中であったと知れるし、後場についても必ず夢であると告げられている。前場までもが夢とするのは、その場面の特殊性が影響しているのであろう。

〈当麻〉は阿弥陀如来と観世音菩薩が化現する。化尼・化女としてではあっても、非現実すぎる出来事なので、

夢中とした方が受け入れられやすい。全曲を通じて曼荼羅の威力で生じた奇跡の世界が描かれている曲であるから、その奇跡性をストレートに表現するには、夢中の設定が適している。

〈八島〉は、誰もいない塩屋に旅僧（ワキ）が勝手に入り込んで眠ってしまったという設定である。「福王流古型付一」（『福王流古伝書集』所収）には

シテ入時、すこしまどろむていヲして、こゝろヲシテゐつけズ候也

とあり、定型化の進んだ時代においても、本曲のワキの特殊性が認識されていることを示している。八島合戦譚が前後場両方で語られる。どこまでが現でどこからは夢と分けず、狭い塩屋の空間に、果てしなく拡がる空と海があり、舟と陸との戦が展開する、まるで覗き絵のような二重構造の面白さがある。

〈頼政〉では、宇治川が前後の場で変貌する。前半では伝統的な歌枕として、月光下の幽玄な情趣を漂わせる宇治であり、後場は戦場のそれである。宇治川の持つ二つの顔を、旅僧が夢の中で見るという設定して、全く異なる世界を併存している「宇治」という歌枕の面白さを余すところなく描き尽くしているのが、修羅能〈頼政〉である点も、修羅能のバリエーションとして興味深い。

これらの曲は全体が夢中であることが明示されているが、〈井筒〉〈融〉はそうではない。しかし両曲ともやはり、前場から夢の間ではないだろうか。

〈井筒〉では里女（前シテ）が、夜明けに毎日手向ける閼伽の水を汲んで登場し、塚に手向ける。前シテは

月も傾く軒端の草……有明の、行くへは西の山なれど、眺めは四方の秋の空（2段［サシ］［上ゲ哥］）

と謡って登場するので、真夜中は過ぎているはずである。旅僧（ワキ）が在原寺に到着したのは夕暮れ時であったかもしれないが、供養している内にいつの間にか夜が深けてしまったのだろう。それでも覚醒状態だとみることは可能だろうが、前シテが井筒の陰に消えた後、ワキは在所の者（アイ）を見つけて声を掛ける。真夜中過ぎ

に在所の者がいること自体おかしなことで、〈八島〉同様、すでに夢の中の出来事なのだろう。

〈融〉の前場については、本章＊「交錯する現在と過去」（五一頁）、及び第三章六「〈融〉の引き歌考」で、ワキの見ている世界とシテの見ている世界にずれが生じているという観点から詳述しているので、ご参照いただければ幸いである。やはり前場は現実の場と断定するには、あまりに複雑で不可思議な世界が交錯している。

〈松風〉は一場構成でいきなり亡霊が登場するが、旅僧（ワキ）いつから夢の世界にいるのかは、よくわからない。無人の塩屋の前で待っていると、松風・村雨（シテ・ツレ）が帰ってくるのは〈八島〉と同様で、やはりそこからすでに夢の中なのだろう。


前場を夢中にする効果は、一種の朧化作用であろう。夢なればこその曖昧さのベールが、構築される世界を美化する。現実性という理屈に縛られることなく、自由に虚構の世界を操って、世阿弥の意図するままに、幽玄な世界を描出させている。①との違いは前場の処理法にある。

③前後場とも覚醒中

敦盛　後場　ワキさては夢にてあるやらん／シテなにしに夢にてあるべきぞ、現の因果をはらさんために、これまで現はれ来りたり

通小町（現在能的処理　場所を移動）

実盛　後場　これほど目のあたりなる姿言葉を、余人はさらに見も聞きもせで

鵺（里人の話に合致するという方法で現実味）

檜垣（ワキは三年居住、シテは毎日出現、移動）

通盛　前シテ　夢か現かお経の声の、嵐に連れてきこゆるぞや

〈敦盛〉角当直隆（写真、吉越研撮影）

求塚（最後までワキが介入）

これらに共通する特色は、僧（ワキ）が供養の一夜を過ごすということにある。そして次の4点も共通する。

①前シテが供養を乞う。
②シテは夕暮れ時に中入りする。
③後シテとワキとの応対の場面で、夢なのか現なのかを確認する場面がある。
④後シテは成仏を願い、懺悔語りをする。

〈敦盛〉の場合は、生前の恨みを晴らすために出現したと語り、戦闘場面の再現は単なる懺悔語りではない。

敵はこれぞと討たんとするに

と、蓮生（ワキ）に刀を振り上げて、討ち掛かるのである。すんでの所で

敵にてはなかりけり

と思いとどまる。ワキの懸命な弔いが効を奏して、仇討ちを止めて成仏が約束される設定なので、ワキは眠るどころではない。

とはいえ、現代の演じ方では、ワキはこの曲固有の設定に対して、特別な演技で対応するわけではない。他曲同様夢中にいるような風情で、存在感を消しているのではないだろうか。「福王流古型付一」（同前四四頁）でも

「あたヲバおんにて……」の時、シテモ、ワキモ、てをあわせ、がツしやうスルシカタモ有リ

と、打ち掛かられた時のことではなく、その後の念仏を両者でする場合もあるとするが、常の演じ方では特別な配慮は記されていない。

〈檜垣〉では、毎日訪れるシテの願いに応じて、ワキは岩戸から白川まで出向いて供養するし、シテも因果の水を汲んで、必死に罪を減じようとする。

〈鵜〉では里人が恐ろしげに語ったとおりの化け物が登場するという手法によって、摩訶不思議な体験がリアリティーを持ち、願いに応じて供養の一夜を過ごす。鵜が海月と共に姿を消して終わり、夜が明けたとか夢が覚めたという言葉はもちろん無い。

〈通盛〉では最初旅僧（ワキ）の読経の声を夢現に聞いた老人（前シテ）だが、

3［掛ケ合］……（ワキ）二人の僧は巌の上、（シテ）漁りの舟は岸の陰、（ワキ）芦火の陰をかりそめに、お経を開き読誦する……

とあって、前シテはワキをはっきり確認するので、ワキとのやりとりの中で、徐々に場のリアリティーが増していく。

これらの曲では、シテの必死の願いに応えるべく、ワキは夜を徹して供養している。その仏力によって、シテは救済されるか否かの瀬戸際にいる様子が描かれている点に特色がある。だから眠っている暇はないし、現実のこととして展開する方が、迫力のある舞台となる。世阿弥の場合、①②のように夢中であれば必ず、どこかにそう明言しているので、その言葉が見られない③は、現実を描いているのだろうと推測できる。しかしその状態が夢中で無いとも断言できない。④のように、後代にはわざと曖昧にする作風も多く見られるようになり、演者も観客も「前場は現実・後場は夢中」が約束事だという前提で取り組むとなると、③もその形式に当てはめること

は可能である。
本稿で確認したいのは、後代の常識にとらわれず、詞章だけを読めば、③は夢中とどこにも書いていないということである。

④曖昧な場合

重衡　待謡夢のごとくに仮枕、傾く月の夜もすがら、かの重衡のおん跡を、逆縁ながら弔ふとや

朝長　（前場現在能　後場観音懺法の場　ワキは夢か現か疑う）

〈重衡〉（笠卒塔婆）では、春日野が修羅道さながらの火の海になるが、あまりにダイナミックで、その分現実味は薄い。重衡の霊（後シテ）は深刻な苦しみの救済を願うが、待謡も曖昧で、夢中のこととしてもよいような印象を与えている。

世阿弥は夢現の間を明確にするが、世阿弥以外や、後代の作品には、曖昧な曲が多い。

小塩・龍田・玉葛・田村・定家・天鼓・東北・知章・錦木・野宮・芭蕉・仏原・松虫・三輪等多くは金春禅竹作である点注目される。複式夢幻能の枠組みを利用して、意図的に曖昧な設定にすることによって、朧化による美化・幽玄化をねらった作風を示し、明らかに世阿弥とは違った作能法である。

⑤奇跡の体験

その他、神託や宝の授受などによって、神などと交渉がある場合も、夢中という設定は取らない。誌面の関係上、関連曲だけ掲載して詳述はしない。

海人・鵜飼・右近・鵜羽・江口・老松・姥捨・合浦・猩々・泰山府君・高砂・野守・箱崎・富士山・放生川・御裳濯・室君・山姥・弓八幡・養老・吉野琴等

おわりに

世阿弥の作品には、夢・幻か、現実かの書き分けがある。夢の場合は非現実的な面白さが強調されており、現実の場合はそのリアルさに感動させる意図が読み取れる。夢中の場面は、夢であることを強調する傾向が強い。リアリティーをどう与えるかで、夢中がよいか、現実がよいかを選択しているのである。それだけ夢に世阿弥は拘っているとも言える。

供養の場か否かを区別することはすなわち、現実感の確認作業に他ならない。これは何でも夢中という枠組みで捉えるという認識のあり方を拒むものであり、同時に現実的・実社会的なリアリティーを要求する。一方夢中である場合は、実社会との関係性を持たせない。特異性・異常性を強調する。あるいは幽玄性を強調する。

この幽玄性の強調が、次世代に受け入れられる。夢中らしいが供養もするというどっちつかずの作風を示し、個別性に拘らないで、するりと枠組みに使用し、定型的・慣用的表現によって、幽玄性濃厚な能が生み出される。次世代（禅竹時代）はいろいろな意味で定型化の時代だが、夢幻能形式もこの時期に固定化されたのであろう。上流階級の女をシテとする〈定家〉〈野宮〉など、夢なのか現実なのかわからない方が、舞の段など設定しやすい。上流階級の女に舞を舞わせるために、夢幻能形式を利用したということも可能であろう。世阿弥とは狙っているところが違うのである。

このような傾向が一般的になると、演者も類型的に作品を把握し演じるようになる。世阿弥の作品が、一括的に考えられるようになる要因である。前述した〈敦盛〉はその好例であろう。

この時代を通過して、能は象徴化の道をたどり始める。

世阿弥は枠組みで能をとらえたりしない。もっと個別的で、それだけリアリティーを重視していた。次世代を通過して、世阿弥の個性的個別的作法が見えにくくなっていった。特に近代以降、枠組みは観客・研究者にとって便利な手がかりであり、それが演者にも影響を与えている。例えば観世寿夫は、「ワキの役を通じて、舞台全体を幻想の世界へとひきこんでしまう[4]」と述べている。

西洋的近代化を目指した明治期に、意図的に作られた「夢幻能」という言葉で世阿弥の能を縛ることなく、個々の作品の個性と対峙すると、様々な演じ方の可能性が見えてくる。

注

（1）「夢幻能の個性」・「夢幻能の類型化」（国立能楽堂二六二・二六三号　二〇〇五年六・七月）

（2）本稿は「夢幻能再考」（能楽学会第八回大会、二〇〇九年三月）を元にしている。

（3）田代慶一郎は『夢幻能』（朝日選書　一九九四年六月刊）の中で、「ラジオが生んだ新造語」であり、佐成謙太郎が、大正一五年（一九二六）一一月二八日の「国文学ラジオ講座」における講義が最初と認定している。用語の使用はそうかもしれないが、それ以前に、「夢幻劇」という言葉を用いて、説明する習慣ができていたらしい。
如水生「通俗能談」における「夢幻劇」の使用が、夢幻能に通じる概念の初出（『能楽』明治三八年（一九〇五）一・二月号）かと考えられる。大正末年頃までは「夢幻劇」を用いて夢幻能形式を説明することがもっぱらであった。

（4）「夢幻能と中世の心」（『国文学　解釈と鑑賞』一九七七年八月　『観世寿夫著作集』第四巻所収）

＊　交錯する現在と過去〈融〉

夢幻能の前場は、ワキの生きている現在の場に、過去の人物であるシテがやって来るという設定なので、現在と過去が密接な関係を持っている。〈融〉では、河原の院という特殊な空間が舞台として選ばれているので、通常よりもさらに複雑で面白い「場」の問題が存在する。

旅の僧（ワキ）が河原の院を訪れるところからこの能は始まる。その場に、仲秋の名月が煌々と照らす中を、汐汲みの老人（前シテ）が登場する。素直に見ていればそう思える。前シテ登場の段の謡は、

2［サシ］……心も澄める水の面に、照る月並を数ふれば、今宵ぞ秋の最中なる、げにや移せば塩竈の、月も都の最中かな。

と、塩竈の風景を移した都での月見を謡っているのである。人口に膾炙した源順の歌（『拾遺和歌集』秋、一七一傍線部）を引用しており、歌に引きずられながら謡を聞いてしまう。月はかなり高く昇っており、澄み渡った池にも満月が映っている。ところがこの時現在の世界では、まだ月は出ていない。それどころか池は淀み濁って、月影を映せるような状態ではない。現在の場と前シテの見ている世界にずれがあるのだ。やがて実際に月が出、シテが物語りする中で、そのずれが明らかにされていく。まるでミステリーのような展開である。

「〈融〉の引き歌考」（『文学』二〇〇二年九・一〇月号、本書第三章六所収）を執筆した時から、世界のずれには気付いていたが、引き歌の処理法に原因があり、世阿弥が未熟だったからかとも考え、結論を明確に出せなかった記憶がある。世阿弥の意図は何か、という観点からしか考えていなかったのだ。能は生き物だから、作者の手を離れ、時代によって、演者によって、観客によって、様々な解釈がなされ、どんな風に理解されてもかまわないと、今は考えている。テクストから何が読み取れるのか。大事なことはそれだけなのだ。

ワキとシテが同じ風景を見ている必要はないし、観客は河原の院が荒廃したことを知っていても、舞台に刺激されれば、美しい河原の院へと瞬間移動すればよい。さらに遠く、陸奥千賀の塩竈の景色が見える場合もある。〈融〉の謡には、様々な意味が仕込まれており、それに気づくと、想像力は際限なく羽ばたいていく。月の出を「賈島の推敲の詩の中に居るようだ」と感じたワキが、シテとともに過去の世界を見ていると感じてもよいし、現実の景色だと解釈することも出来る。場が固定的ではなく、曖昧で流動的に出来ているのだ。

ただし一箇所だけ、シテが確実に現在を見ている時がある。荒廃した河原の院の現実を見て泣き崩れる場面である。４段、塩釜の浦の風景を写した贅沢三昧の暮らしぶりと、その後の荒廃の様子を物語った後、

[哥]（地）げにや眺むれば、月のみ満てる塩竈の、うら淋しくも荒れ果つる、後の世までも塩染みて、老いの波も返るやらん、あら昔恋しや。

[上ゲ哥]（地）恋しや恋しやと、慕へども嘆けども、かひも渚の浦千鳥、音をのみ泣くばかりなり、音をのみ泣くばかりなり。

慟哭ともとれる強い感情表現である。一瞬だけ覚醒して、まざまざと現実を見てしまったためと考えると、この唐突さが腑に落ちる。

そして一転して続く名所教えは、スポットライトが当たるように、次々と名所旧跡が浮かび上がる。面白い見せ場だが、あまり実感が伴わない。二人ともに月光のマジックによって、非現実的空間に行ってしまったのだろう。だからその後もワキは、汲めないはずの池でシテが汐を汲み汐曇りに紛れるのを、茫然と見送る。

〈融〉の前場は、過去と現在、現実と非現実が入り組んでおり、能楽堂という人工的で無機的な空間では、演者の力と観客の想像力で、どのようにも具現化できる面白さがある。では屋外の能舞台ではどうなのだろう。実社会と有機的につながった開放的な空間では、思いもかけない別の意味が立ち現れてくるに違いない。

昼間に演じて、興ざめということはないのだろうか。〈融〉は夜の魅力、そして月に照らされた世界の魅力を余すところなく描いている。室町・江戸期を通じて人気曲だったが、私は人工照明に馴れ過ぎているので、自然光での演能を上手く想像できない。人々はどのように見ていたのだろう。夜の闇も月光も身近だったのだし、現代人とは違った鑑賞の仕方だったに違いない。

＊　言葉では表されない事柄〈浮舟〉

〈浮舟〉は『申楽談儀』に、「素人横尾元久という人の作、節は世子付く」とある『源氏物語』を本説とした「源氏能」（『源氏物語』を利用した能の略称）である。

室町前期、『源氏物語』は和歌・連歌を嗜む貴族階級の人々の間で急速に広まり、源氏学を継承する特別は家の者でなくても、手軽に楽しめる参考書の類いが出現する。世阿弥も源氏能を作ることに意欲的だったが、先輩格の近江猿楽犬王が演じた〈葵上〉のように、粗筋や巻名を利用する以上の方法は、なかなか困難であったらしい。〈浮舟〉は『源氏物語』本文を良く理解していたらしい横尾に作詞を依頼し、世阿弥がそれを能に仕立てたのであろう。詞章には能としておかしなところが散見するのだが、物語の世界は的確に表現されている。

金春禅竹が〈浮舟〉を下敷きにして〈玉葛〉を作った。後世の評価は後発の〈玉葛〉に遅れをとっているが、源氏能の中でも狂乱する女君を描くオリジナル作品であるという点で、能作史・文学・演劇研究的には、興味の尽きない重要な作品である。

私が最も注目しているのは〔カケリ〕である。〔カケリ〕は、現在では狂乱状態を示す定型的な動きだが、古くは曲に応じて様々な写実的な働キ事が演じられた部分である。〈浮舟〉は、入水に至るまでとその結果が説明される長い謡の中央部分に置かれている。ということは入水の様子は〔カケリ〕部分で演じられたということであろうか。これに関しては「世阿弥は『源氏物語』を読んでいたか」（本書第三章一）に論じたので、そちらを参照されたい）。「浮舟」と言えば「入水」というくらい強烈な印象があるが、実は『源氏物語』本文では、入水したのか直前で気を失ったのか明らかにされておらず、後代の解釈も両説ある。この問題箇所を扱いつつ、言葉では明確に表現していないのが能〈浮舟〉なのである。さすが原典に忠実に作られているとも言えよう。浮舟の入水シーンが語られていないことによって、〔カケリ〕が単に狂乱状態を表現しているのか、入水を表現しているのか、具体的演技は演者次第、観客の見方次第なのである。

これ以外にも〈浮舟〉には、ちょっと気になる面白い点がある。

最初に登場するワキ（旅の僧）は、初瀬から都に上る途中で宇治の里に立ち寄るのだが、

1〔名ノリ〕（ワキ）かやうに候ふ者は諸国一見の僧にて候、この程は初瀬に候ひしが、これより都に上らばやと思ひ候

〔上ゲ哥〕（ワキ）初瀬山、夕越え暮れし宿もはや、夕越え暮れし宿もはや、檜原のよそに三輪の山、しるしの杉も立ち別かれ、嵐と共に楢の葉の。暫し休らふ程もなく、狛のわたりや足早み、宇治の里にも着きにけり、宇治の里にも着きにけり。

と、「初瀬山、夕越え暮れし宿もはや」と、夕方初瀬山を超えて、泊まった宿を遠目に見ている。その後はどこにも宿を取ることなく嵐の吹く奈良も越えて、一気に宇治まで足を伸ばしたようだ。初瀬から宇治まで五〇キロ強の道程だから、諸国行脚の僧なら可能なのだろうが、その後前シテ（女舟人、浮舟の亡霊）と出会って物語を聞き、その足で比叡山西麓の小野まで三〇キロ強を歩き、野宿して夜通し供養するのだから、丸二日不眠不休である。当時はできて当然だったのだろうか。ワキがこんな強靱な人だとは、非現実的な空間で演じられる現代の能

では、全然気にされていない事柄だろう。

次に不思議なのが、ワキとシテはどこで話をしているのかということである。宇治川を芝舟でやって来たシテが下舟するとは一度も語られない。宇治の里近い宇治川は川幅が広く水量が豊かだから、川原に出なければ会話はできないだろうし、急な流れの中で舟を止めておくのは難しいから、接岸して下舟したのではないか。説明は無いが、当然そのような演技をしていたに違いない。現代の通常の演出では舟を出さず、場所的なリアリティーを感じさせない配慮がなされているが、最近舟を出す演出が増え、そうなるとどうしても、二人の位置関係が気になる。

もしかしたら前場も夢の中で、一晩中歩き続けて宇治川に到着したワキが、白昼夢を見たのかもしれない。世阿弥当時は、現実と非現実の境が今よりも曖昧で、もっと自在な捉え方ができたのかもしれない。

＊　夜の明ける瞬間〈西行桜〉

〈西行桜〉は『申楽談儀』にいう「西行の能」に相当すると考えられる。花見客（ワキ連）達が押しかけて迷惑げな西行（ワキ）は、

花見んと群れつつ人の来るのみぞあたら桜の咎にはありける

という歌を詠じる。客達と花の下で仮寝する西行の夢中に、老桜木の精（シテ）が出現して、「すべては心次第で、花に咎はないはず」と非難する。納得した西行を前に、シテは桜の名所尽くしの舞曲舞を舞う。

楽しい夢も夜明けとともに覚めるのだが、〔序ノ舞〕をはさみ、前後で夜が明けることを惜しむ気持ちが濃厚に示されている。惜しんでいるのが夢を見ている西行なのか、夢中にいる桜の精なのか判然としないが、現代的

に捉えるならば、西行の夢の中なのだから、全てが西行の感覚ということになる。

11［詠］（シテ）すはや数添ふ時の鼓。（地）後夜の鐘の音響きぞ添ふ。

［□］（シテ）あら名残惜しの夜遊やな、惜しむべし惜しむべし、得がたきは時、逢ひがたきは友なるべし、

春宵一刻値千金、花に清香月に陰。

［（ワカ）］（シテ）春の夜の

〔序ノ舞〕

［ワカ］（シテ）春の夜の、花の影より明け初めて。……

12［ノリ地］（シテ）待て暫し待て暫し、夜はまだ深きぞ、（地）白むは花の、影なりけり、よそはまだ小倉の、山陰に残る夜桜の、花の枕の

［哥］（シテ）夢は覚めにけり、……

夜明け前に行われる勤行の鐘の音が響いてきて（傍線部）、西行は半分覚醒状態でその音を聞く。それを受けて「あら名残惜し」とシテが謡うが、これは西行の気持ちでもある。「得難きは時」は『淮南子』に見える諺的な慣用句だが、対句のように続く「逢ひ難きは友」（点線部）は固有の表現らしく、西行に向かってシテが特に呼びかける言葉となっている。雑音でしかない花見客たちとの応対と違い、桜と一対一で交流することを願う西行の心の内を、シテが代弁しているような言葉となっている。そして人口に膾炙している蘇軾の詩句「春宵一刻……」（波線部）を引用することで、一刻を惜しむほど美しく気持ちの良い春の宵が、印象づけられている。

続いて〔序ノ舞〕を挟んで「花の影より明け初めて……」（二重線部）がある。夜が明ける前に、僅かな光に反応してまず白い物が存在感を持ち始める様子に注目した表現である。〈八島〉の「春の夜の波より明けて」と共通する感覚で、これについては以前に指摘したことがある（『歌舞能の確立と展開』ぺりかん社　二〇〇一年二月、所収）。

時の推移に従って変化する世界、夜から昼へ、夢から現へと、異次元移動する瞬間である。その境界では、白い色から変化を始めるという受け止め方をしている。『玉葉集』あたりになると出てくる表現だが、世阿弥の好んだ、短時間で変化に富む春の夜明けの特色なのだろう。

〈西行桜〉では、静止状態にあった夜の闇が動き出した夜明け前という短い時間設定の中で、〔序ノ舞〕が舞われる。世阿弥時代はもっと簡単な舞だったかもしれないが、現在は太鼓入りとはいえ、たっぷりした舞である。類型的な夢幻能は、旅の僧が過去の人物と出会い、その場で旅寝して、夢中にその人物が出現して昔語りをし、夜明けと共に僧の夢が覚める。〈融〉がその典型であろう。仲秋の名月の夜を舞台として、前場で月の出を迎え、宵の口に中入、夜半に後シテが登場し、夜明けで終曲に至る。

多くの場合後場は真夜中に設定されているが、夜明けに設定する曲も、全く存在しないわけではない。世阿弥原作と考えられる〈富士山〉や、世阿弥晩年の「応永三十四（一四二七）年演能番組」所収曲〈仏原〉は、後場が明け方から始まる。これらの曲の存在に鑑みれば、〈西行桜〉で舞の段が夜明け直前の短い時間に設定されていても、おかしくはないのだろう。

以前指摘したことのある〈道成寺〉の乱拍子（「能の現代㉙〈道成寺〉昼と夜の間（あわい）」『花もよ』第29号、二〇一七年一月）が、昼と夜の間の一瞬をスローモーションで現したような設定であるのと同様である。夢幻能形式もさることながら、実時間に関わりなく時間の流れを操作する様々な手法が、世阿弥時代からすでに試みられているのである。

二　類型化以前の霊験能――〈田村〉を中心に――

「能の現代　⑥〈田村〉天も花に酔へりや」（『花もよ』第6号　二〇一三年三月）において、〈田村〉は修羅能として作られたのではなく、清水寺創建の立役者坂上田村麿がシテとして登場して語り手役を務める、清水観音の霊験能として作られたのではないかと指摘した。『能本三十五番目録』に「タムラ」と記される〈田村〉は、金春禅竹の『五音三曲集』に詞章が掲載されているので、その奥書の一四六〇年以前には成立している。現在では〈箙〉〈八島〉とともに勝修羅に分類され、室町末には「祝言の修羅」（『八帖花伝書』）と呼ばれていた。江戸期に刊行された観世流・宝生流の五番綴謡本中最も流布したものは、その第一冊目に神能〈高砂〉・修羅能〈田村〉が収められている。戦勝祈願の法楽にはもってこいの曲なので、室町・江戸期を通じて特別な修羅能として重んじられてきたのであろう。修羅能に分類されるが、作者がそのつもりで作ったかどうか不明である。武人の亡霊がシテで、修羅能と同じような扮装をし、戦の物語が取り入れられているから、便宜的に分類された可能性もある。

以上のようなことを要点のみ概略しただけなので、改めて取り上げ、世阿弥から禅竹へと続く、幽玄的歌舞能が次々生み出されていた時代の能のあり方について、考察したい。既存の能を曲柄というような類型概念によって分類して演じ、鑑賞する時代になると、個々の能が創られた時点で持っていた個性が薄められ、画一化されていくようになる。〈田村〉はその典型例であろう。

『能本三十五番目録』には霊験能と言いうる曲がいくつか存在する。脇能物〈弓八幡〉〈放生川〉〈御裳濯〉〈松尾〉の他にも、〈当麻〉〈立田〉は準脇能的な能であるし、〈江口〉〈軒端梅〉は普賢菩薩や歌舞の菩薩が化現する能で、その意味で霊験性のある作品である。〈室君〉も同様である。脇能物・修羅物・鬘物などというジャンルにとらわれずに、人間界には存在しないはずの神仏や鬼、幽霊をどのように登場させて、霊験・奇特、あるいは不思議な出来事を舞台化しているのかを読み解いてみたい。

一　〈田村〉の特色

〈田村〉の基本情報を先ずまとめておきたい。

＊『五音三曲集』所収

奥書の一四六〇年以前に成立している。『能本三十五番目録』は、いつ誰によって記された、どういう性格の伝書であるか、不確実な点が多いので、本稿では、所収曲の成立下限を示す根拠として使用しない。

＊〈八島〉〈箙〉とともに勝修羅と呼ばれる。

江戸期以後は修羅能として演じられてきたが、成立当初の分類意識ではない。

＊前後場二つの［クセ］（清水寺縁起・坂上田村麻呂の逆賊退治）を持つ。

＊前シテ＝童子、舞台＝花盛りの清水寺境内

＊印象的な中入り

少し離れたところにある田村堂まで下って、堂に入って行く様子を、作り物を用いずに、橋掛りの距離感をうまく利用して表現する。

＊ワキの待謡　旅寝しつつ読誦

8［上ゲ歌］夜もすがら、散るや桜の蔭に寝て、〳〵、花も妙なる法の場、迷はぬ月の夜とともに、この御

経を読誦する、〳〵。（使用本文は小学館新編日本古典文学全集『謡曲集1』）

世阿弥時代の夢幻能の場合、後場は供養の場で、ワキの僧は寝もやらずに念仏を唱えているという設定になっているか、逆に夢の世界であることが明確に記されていて、夜明けと共に僧は目覚める。夢幻能形式であるからといって、必ずしも後場が夢の場だと決まっているわけではないのである（本書第二章一「夢と現の間」参照）。ところが、〈田村〉の場合、桜の蔭に寝て、御経を読誦する（傍線部）とあるので、まるで眠りながら経を読んでいるような、曖昧な設定になっている。待謡など、後場のためのつなぎのような物で、意味などどうでもよいというような、形式的な処理のようである。

＊後場　千手観音が出現して鬼神を退治する様子がダイナミックに展開する

坂上田村麿の亡霊がシテで、逆賊征伐の物語が［中ノリ地］において再現されるが、実際には千手観音が出現して、鬼神をあっという間に射殺してしまうという内容である。

12［中ノリ地］（地謡）……鬼神は、黒雲鉄火を降らしつつ、数千騎に身を変じて、山のごとくに見えたるところに、（シテ）あれを見よ不思議やな、（地）〳〵、味方の軍兵の旗の上に、千手観音の、光を放つて虚空に飛行し、千の御手ごとに、大悲の弓には、智恵の矢をはめて、一度放せば千の矢先、雨霰と降りかかつて、鬼神の上に、乱れ落つれば、ことごとく矢先にかかつて、鬼神は残らず討たれにけり……これ観音の仏力なり。

読経の場とか夢の場という枠組みが消されて、スペクタクルが眼前に展開する。後シテ登場の場面では、シテは読経への感謝の言葉を口にしており、仏力の威力を讃えるために奇特を見せるという枠組みを整えてはいるのだが、注目したいのは、その奇特再現の見せ場において、読経の場という現実世界は姿を消してしまっており、観客は観音の奇跡の様を目の当たりにし、現実感を持って理屈抜きの世界が展開していることである。ワキの見ている夢の世界を覗いていているのだと解釈することはできるだろうが、そうだとすれば読経していていつの間にか眠ってしまったのだろうか。何でも夢中のことにすれば、どんな非現実的なことでも起こせるという方便のようである。

二　複式夢幻能形式と〈田村〉

〈田村〉は複式夢幻能形式の能ではあるが、世阿弥の確立したそれとは、かなり異なった作風を示している。複式夢幻能の特色として重要な事の一つに、現実の場（現在）と本説世界の場（過去）が二重構造になっていることがある。その両者をどう結ぶか、以前に〈弓八幡〉〈井筒〉〈頼政〉〈船橋〉を用いて分析したことがある（拙稿「世阿弥の夢幻能における本説取りの手法」『能研究と評論』11号、一九八三年八月、『歌舞能の確立と展開』所収）。詳しくはそちらを参照していただくとして、共通する特色をポイントだけ簡単にまとめてみる。

①現在と過去を行きつ戻りつする構成
②現在と過去の往来自由な人物をシテとする
③本説世界に縁のある場所を現実の場として設定
④現在と過去に関わる二重の意味を持たせた詞章作り

前述の如く、後場が夢中の場合と、そうでない場合があるなどを始めとして、世阿弥作の能であっても、個々で細部に違いはある。ここに示したのは典型例であり、あくまでも原則論である。しかし、二重構造とそれを支えるための四つの仕掛けに関しては、複式夢幻能としての基本条件であるということは可能であろう。

そして〈田村〉後場は、二重構造になっていない。夢・現の枠組みを消滅させることによって、非現実的な面白さを可能にしているとも言いうるのであり、厳密には複式夢幻能の作法から外れているのである。観音の出現と鬼神退治という奇跡の具現化は、武家社会にうまく適応し、戦勝祈願の能にもっとも相応しいという評価が定まって、勝修羅という新しい分類概念が付加されたのであろう。
複式夢幻能形式をとりながら、厳密には夢幻能とは言いがたい〈田村〉のルーツを辿ること、〈田村〉が生まれるに至った系譜をあきらかにし、勝修羅としてではなく、能作史上に〈田村〉を位置づけ直してみたい。『能本三十五番目録』所収曲であるということを念頭に置けば、それはつまり、世阿弥時代の能作状況を再検討することになる。

三　〈田村〉に近い作風の能の後場

世阿弥時代に存在したことが明らかな曲の内、〈田村〉と共通するような後場の作法を見せる曲がいくつか存在する。

〈布留〉

世阿弥自筆能本の現存する〈布留〉は、ワキの山伏が七日間の勤行中の夢中に、後シテ布留明神が出現する。この場合は、夢中であると明言されている。

9［掛ケ合］……（神）これも汝が法味ゆゑ、夢中に現はれ給ふなり　（山伏）げに夢中とは言ひながら、さながら現の境界かと、……

【舞楽の体なるべし。太鼓打つべし】

10［中ノリ地］（神）思ひ出でたり神代の古事、（同音）……面影映る酒水の舟に、件の大蛇蟠れるを、尊十握の剣を抜きて、寸々に斬り給へば、……国土豊かに安全なるも、ただこの利剣の恩徳なり、あらありがたやと戴きまつる、光も輝くや、影より白みて烏羽玉の、夜はほのぼのと朱の玉垣、夜はほのぼのと朱の玉の戸、押し開きて御殿の内に、剣は納まり給ひけり、剣は納まり給ひけり。

自筆能本には「女体の神体、剣に絹を四尺ばかり付けて持ちて出づべし。布に留る姿なるべし。」と注記されているが、後シテの布留明神は剣と同一体のように設定されている。［中ノリ地］では、その剣を振るって、須佐之男の大蛇退治の様子を見せる。まさに神話の再現で有り、そのなかで剣の威徳が今に示されるのである。

本説である神代の物語を再現するに際して、夢中という設定は、どんな非現実的な出来事でも観客を納得させることができる便利な枠組みであろう。それを利用して、女神がただ昔の物語を語り、祝福の舞を舞うのではなく、まるで現実の出来事のように生々しく、神話が目前で展開するのである。この臨場感は、〈田村〉と似ている。

〈布留〉と近似するのが〈逆矛〉である。応永三十四年演能番組に十二次郎が演じたとしてその名が見えるので、世阿弥時代に存在したことが明白である。ワキは仮寝の夢に奇瑞をみる。脇能物として観世流のみ現行曲であり、後場には天女と滝祭りの神が登場する。天女舞の登場はは江戸期の改作であろう。古くは鬼神体の荒ぶる神が御矛を持って登場したようである。『舞芸六輪次第』では鬼の能に分類されている。

おに、半切・大口・かりきぬ・はっぴ、ほこを持也。わきハ大臣也。

キリでは［ノリ地］を使って、伊弉諾伊弉冊の国造りの様子が再現される。

〈鵜羽〉

『三道』女体例曲の〈鵜羽〉は、『申楽談儀』で世阿弥作と明言されている。ワキは古くは恵心僧都だったらしい（『舞芸六輪次第』）。

7［上ゲ歌］……この松陰に旅寝して、風も嘯くとらの時、神の告げをも待ちて見ん、〳〵。（弘治三年奥書観世元頼本）

世阿弥作の神能の場合、ワキは夢の世界においてではなく、現実の場で本当に神が出現する奇跡を体験することになっているが、〈鵜羽〉では、待謡に旅寝して夢告を待つとあるように、元来後場は夢の場として設定されていたのではないだろうか。

『三道』例曲の女体神能ながら、後場の見せ場は個性的である。最後にワキの供養を願う仏教系天女舞の能がまず作られ、それを女体神能へ改作されたらしい（竹本幹夫氏「天女舞の研究」『能楽研究』四号　一九七八年七月　『観阿弥・世阿弥時代の能楽』所収）。シテの豊玉姫が舞う天女舞が、本来は経を持って登場し、ワキの僧に経を渡してから舞い出す、抽象的な舞であったか否かはさておき、ここで注目したいのは、他の世阿弥作天女舞系の能にくらべて、スケールの大きな、神話的スペクタクル的場面に設定されていることである。

9【舞】

［ノリ地］干珠を海に沈むれば、〳〵、さすや潮も干潟となつて、寄せ来る波も、浦風に、吹き返されて、遠干潟、千里はさながら、雪を敷いて、浜の真砂は平々たり。

【舞】

［ノリ地］さてまた満珠を、潮干に置けば、……満ち干きの玉、かほどに妙なる、宝なれども、ただ願はしきは、聖人の、直なる心の、真如の玉を、授け給へや、授け給へと、願ひも深き、海となつて、そのまま波にぞ、入りにける、〳〵。

ワキに対して、実際に潮を満ち引きさせて、満干の玉の威力を見せている場面である。夢の場という設定にすることによって、大胆な見せ場がたやすく設定可能となっている。

〈松浦〉

世阿弥自筆能本〈松浦〉においては、

7［オキゴト］初めより、不思議なりつる海人少女、かの佐用姫の幽霊かや、いざや今宵は浦に臥して、教への如くもしはまた、かの神鏡をも拝むやと

［上ゲ哥］夜もすがら、月も真澄の水鏡、月も真澄の水鏡、影を映すや松浦川、風も更けゆく旅寝かな、風も更けゆく旅寝かな。

夢中という枠組みを明示することによって、夢を見ているワキの居る現在と物語世界の二重構造が、印象づけられている。

夢中である後場では。まず鏡に男体が映る。シテの佐用姫の亡霊は、鏡をワキに渡し、狂乱の演技を見せ、その後鏡を取り返し、入水する。

9［掛ケ合］（僧）不思議やな、この神鏡を拝すれば、向かふ面は映らずして、さもなまめける男体の、……る……

（佐用姫）今宵一夜の懺悔を果たし、昔の有様見え申さんと、（僧）言ふかと見れば沖に出づる、唐土船に関作

［中ノリ地］（佐用姫）そのまま狂乱となって、（同音）……形見の鏡を身に添へ持ちて、……焦れ出でて、鏡

をば胸に抱き、身をば波間に捨て舟の、上よりかつぱと身を投げて、千尋の庭に沈むと見えしが、夜も白らと明くる松浦の、浦風や夢路を覚ますらん、浦風や夢を覚ますらん。

懺悔語りの設定だが、海と陸両方に展開する本説の世界がダイナミックに展開しているという特色がある。夢中であることをよいことに、大胆な場面構成を施している。

これらの曲には、夢中という枠組みを利用して、大胆に本説（過去）の物語が描き出されるという共通する特色がある。剣・矛・珠・鏡等、物語の核となる品（持ち物）が、過去と現在をつなぐ役割を果たしている点にも、注意すべきであろう。この品を用いた演技が、個性的な見せ場構成を可能にしているのである。これらの曲では、

現在と過去の二重構造の原則は守られているが、夢の世界の存在が大きい。

世阿弥関係の曲としては、他に世阿弥自筆能本の〈雲林院〉では、夢中に二条の后・基経などが登場し、伊勢物語の秘伝が展開する。同じく自筆能本の〈阿古屋松〉でも、夢中で昔の舞が再現される。また、『申楽談儀』にその名が見える〈維盛〉では、親子・主従の出会いの物語の中で、夢中に維盛の亡霊が登場。修羅を再現させている。夢中という枠組みを利用することによって、如何に自由自在に容易に、見せ場の設定が可能となっているかが見て取れる。世阿弥時代にはそのような手法が確立しているといえよう。


〈野守〉

世阿弥晩年の作と考えられている〈野守〉では、少し異なった手法が用いられている。後場でワキは奇特を見るという設定で、その意味では神能的な処理がされている。地獄の鬼神が登場し、鏡に諸相を映し出してみせる様を表現する。人間世界ではありえないような不思議な出来事が、現実の場で展開するのである。


7［□］（ワキ）かかる奇特を見ることも、これ行徳のゆゑなりと、思ふ心をたよりにて、鬼神の住みける塚の前にて、肝胆を砕き折りけり、われ年行の劫を積める、その法力のまことあらば、鬼神のみやうちやう現はして、われに奇特を見せ給へ、南無帰依仏。

8［ノリ地］（地）鬼神に横道、曇りもなき、野守の鏡は、現はれたり。

9［掛ケ合］（ワキ）恐ろしや打ち火輝く鏡の面に、映る鬼神の眼の光、面を向くべき様ぞなき（シテ）恐れ給はば帰らんとて、鬼神は塚に入らんとすれば（ワキ）暫らく鬼神待ち給へ、……（シテ）重ねて数珠を（ワキ）おし揉んで……

〔舞働〕

［ノリ地］（シテ）東方、降三世明王も、この鏡に映り、……（地）天を映せば、（シテ）非想、非々想天ま

で隈なく、（地）さてまた大地を、かがみ見れば、（シテ）まづ地獄道、（地）……すはや地獄に、帰るぞとて、大地をかっぱと、踏み鳴らし、大地をかっぱと、踏み破つて、奈落の底にぞ、入りにける。

鏡に映る世界を見せるという設定によって、夢中という枠組を用いず、現実の場において奇特を描き出している。ワキは現実の世界にいて、鬼神に積極的に関与しているし、鬼神は鏡を用いた個性的な演技で［ノリ地］を舞う。恐ろしいはずの地獄の鬼による、優美さを伴った特殊な舞の見せ場を作り出すことに成功しているのである。換言すれば、現在の場において、鏡の中に全世界が映るという変形的な二重構造である。

〈老松〉〈高砂〉〈弓八幡〉〈養老〉など『三道』老体秀曲例は、脇能対応の能として、祝言性・歌舞中心・形式を整えた素直な作風を示している。神能の特色は、夢幻能形式を取る場合であっても、ワキは夢を見ているわけではなく、現実の世界で奇瑞を体験するという設定で、だからこそ目出度いのだが、各曲それぞれ個性的な構成である。それに比べると、『能本三十五番目録』所収曲である〈佐保山〉〈松尾〉〈御裳濯〉などは、類型化した神能で、世阿弥の確立したオリジナル形式を真似て、安直にコピーした次世代の作品である可能性が高い。応永三十七年の上演記録を持つ〈佐保山〉が既にその特色を有するのは注目される。

四　修羅の演技

〈敦盛〉〈清経〉〈実盛〉〈忠度〉〈通盛〉〈頼政〉など、『三道』軍体秀曲例の場合、後場は何れも懺悔語り、戦語りをするという視点を明確に持って展開する。現代の場にいて、過去の物語を再現するという方法が徹底されており、現実の場を消し去ることはない。その意味で完璧な二重構造をとっている。それは〈船橋〉などの妄執物も同様である。ワキが夢を見ているか夜もすがら供養しているかは、個々の曲で異なっている。

〈八島〉

例えば〈八島〉の場合、ワキは前後場とも夢中におり、前後場にそれぞれ戦語りの見せ場が存在する。そして最後の見せ場に置かれる修羅の戦いは、特殊な二重構造を示している。

11［中ノリ地］（地）その舟戦今ははや、その舟戦今ははや、閻浮に帰る生き死にの、海山一同に震動して、舟よりは鬨の声、（シテ）陸には波の楯、（地）月に白むは（シテ）剣の光、（地）潮に映るは、（シテ）兜の星の影、（地）水や空、空行くもまた雲の波の、討ち合ひ刺し違ふる、舟戦の駆け退き、浮き沈むとせしほどに、春の夜の波より明けて、敵と見えしは群れ居る鷗、鬨の声と聞こえしは、浦風なりけり高松の、浦風なりけり高松の、朝嵐とぞなりにける。

修羅の世界での戦いの有様が、現実世界では自然現象としか見えないのである。［中ノリ地］は、修羅・人間両方の世界を客観的に見通すという視点で作詞されており、ワキは夢中で修羅の戦いを見ているのだし、観客は両世界を同時に覗き見ているような錯覚にとらわれるような仕掛けが施されている。

〈笠卒都婆〉（重衡）

『中楽談儀』に「重衡」として引用される〈笠卒都婆〉は、いろいろな点で非世阿弥的な作品だが、夢なのか現なのか曖昧な点も、世阿弥的ではない特色の一つである。

7［上ゲ哥］（ワキ）夢のごとくに仮枕、夢のごとくに仮枕、傾く月の夜もすがら、かの重衡のおん跡を、逆縁ながら弔ふとかや、逆縁ながら弔ふとかや。

眠って夢を見ながら弔いをするような、中途半端でおざなりな待謡であり、前述の〈田村〉と類似している点に注意したい。

［語リ］［クセ］は、懺悔語りとして語られている。そして、［カケリ］後は、ワキと共に飛火野を焼く火を見

る。それは修羅の戦の有様である。

10〔カケリ〕

［□］（シテ）あら恨めしやたまたま閻浮の夜遊に帰り……また瞋恚の起こるぞや。

［掛ケ合］（シテ）あれご覧ぜよ旅人よ（ワキ）げにげに見れば東方より、ともし火あまた数見えたり、あれはいかなるともし火やらん……

［中ノリ地］（地）野守りはなきか出でて見よ、野守りはなきか出でて見よ、今いく程ぞ修羅の夜戦、……瞋恚の炎　焼き狩りと見えつるは、（シテ）武蔵野を焼きし飛ぶ火の影、（地）野守りが水を照らせしは、（シテ）鏡に映る胸の炎、刃の切先を磨きしは、（地）すは一とうの剣の光、（シテ）刺し違へ斬り払ふ、（地）炎は剣の雨と降つて、春日野の草薙や、……村雲の剣もかくやらんと、見えて飛ぶ火の数々に、山河を動かす修羅道の、山河を動かす修羅道の、苦しみの数は重衡が、瞋恚を助けて賜び給へ、瞋恚を助けて賜び給へ。

〈八島〉と違い、修羅の戦の具体的有様が目前に展開する。あたりから現実の世界は姿を消し、修羅の世界が立ち現れてくるきっかけは、飛火野の照らすともし火で、ワキも共にそれを見ている（傍線部）。それはいつの間にか修羅の夜戦で燃える瞋恚の炎と化してしまう。ワキはその場にいて何をするとも示されておらず、シテと共に修羅の苦患を体験しているようにも、見える。ワキの立ち位置であるはずの現在の場を消滅させて、修羅の世界に一元化することによって、修羅道の生々しい臨場感が強調されている。

修羅能ではないが〈求塚〉の場合も、［中ノリ地］を中心に、地獄の世界が具体的に描写され展開する点で、〈笠卒都婆〉と近い点はある。前述した〈野宮〉にも同様の特色が見られることは注目すべきであろう（二四・二五頁参照）。夢を見ているワキが居るという枠組の中で後場を展開させる世阿弥との違いがそこにある。

10……［掛ケ合］（シテ）のうのうおん僧、この苦しみをばなにとか助け給ふべき（ワキ）げに苦しみの時来ると、言ひもあへねば塚の上に、火焔ひと群飛び覆ひて、(シテ)光は飛魄の鬼となつて、(ワキ)笞を振り上げ追つ立つれば、(シテ)行かんとすれば前は海、(ワキ)うしろは火焔、……

しかし大きく異なっているのは、後場が弔いの場としてはっきり提示されており、ワキは地獄の有様を見るのだが、あくまでも地獄で苦しむシテを救済するためにその場におり、苦しむシテを見ているという立場が明確になっている。それによって、地獄の世界と現在の場の二重構造は、完全に保たれているのである。

世阿弥の場合、複式夢幻能における後場構成は、どこかに現実世界を示すベクトルが働いている。〈布留〉〈松浦〉などのように、摩訶不思議で非現実的な世界をまざまざと現出させるためには、夢中という便利な設定を用いる。ワキは夢を見ているからこそ、現実ではあり得ないようなことが体験できるが、夢であることを観客にはきっちり示して、現実世界から切り離されないように、注意が払われている。そこに、世阿弥特有のリアリティーが存在するのだろう。

反対に神能のように実体験であることに価値がある場合、現世利益、御代の祝福を目的とする場合は、現実世界において異常現象が起こるようになっている。この世での不思議な体験であるからこそ、価値があるのであり、夢を見ていたのでは、ありがたみは半減するであろう。この原則を守るために、様々な設定上の工夫が見られる。

このような枠組み作りによって、どう理解すればよいかがわかりやすい能が生み出されているのである。

世阿弥以後、世阿弥の作法をまねた、類型的な作品が多数登場した。それらの存在によって、分野的意識が確立し、分類概念が固定化する。

一方、枠組みを曖昧にすることで、別の価値が出てくる場合がある。その成功例が〈田村〉であり、〈笠卒都婆〉であろう。〈田村〉は観音の奇特を見せる霊験能であり、〈笠卒都婆〉は修羅の苦患を見せる妄執物だが、どちらもワキがどのように関わっているのかぼかされ、それによって現在の世界が後退して、不思議な出来事が展開する異次元空間が舞台を支配してしまう。それが魅力となっている点で、共通している。

〈田村〉は世阿弥的作品ではないが、では誰の作か。にわかに判断はつかない。金春禅竹の場合、［中ノリ地］を用いて、戦闘シーンを作る例が他に存在せず、断定しがたい。〈笠卒都婆〉との共通性は重視すべきであろう。オリジナル作品を生み出さすエネルギーに満ちあふれていた世阿弥時代を経て、次の時代は、秀作を繰り返し演じる中で、作品世界を深め、広げ、何を訴えたい能であるのかをその時代に応じて明確に表現する技法を工夫する段階を迎える。『申楽談儀』において、世阿弥が演技の工夫、演出上の工夫にたゆまぬ努力をせよと力説しているのは、世阿弥を超える新しい能を生み出せないであろう元能に対して、生き残っていくためのアドバイスであると同時に、能における保守の時代を迎えることを想定しての助言ともいえるであろう。本稿で取り上げた世阿弥の作品には、オリジナルであることの個性と、狙い通りの表現を勝ち取るための試行錯誤が見られ、同時に観客が納得できる場面や状況作りが丁寧に施されている。

それに対して、〈田村〉や〈笠卒都婆〉の場合、類型表現を使うことの効果を理解した上で、うまくそれを活用し、類型に則ることによって状況を朧化させ、それによって大胆な絵空事の世界を展開させることに成功しているのである。そこには作者の明確な意図を看取できる。後の時代の類型意識とは次元の違う、創生期の能の一つのあり方を示している。作者は誰か。〈野宮〉との共通点にも考慮しつつ、さらに検討していく必要がある。

〈笠卒都婆〉は近年復曲されてはいるが、五流の所演曲としては廃曲となってしまったし、〈田村〉は勝修羅などという、作者とは無関係のジャンルに分類されてしまった。

三　禅竹のもたらした能の革新性

はじめに

金春禅竹作の能の作品研究は、筆者にとって長年の中心的研究テーマであった。主として現在能に関しては、心理劇的な能の作劇法や、汎幽玄論という側面からの論考を幾つか発表した。[1]その発展的継承として、次に目指したのが、夢幻能の体系的考察である。

＊「金春禅竹の能――夢幻能を中心に――」（芸能誌研究会例会　一九九二年四月一〇日）

＊「禅竹の夢幻能」（月曜会例会　一九九二年五月一四日）

右のように一九九二年に二つの研究発表を続けて行い、すぐにもまとめたいと考えていたのだが、作品の特定が難しく、結局論文化を断念した。それから約四半世紀が経過してしまった。

二〇〇〇年代に入って、能の作品研究を手掛ける人が増加し、禅竹関連の個々の作品分析は飛躍的に進んだといえるであろう。しかし困難さは変わらず、「禅竹作能考」というような全体を論じたものは、発表されていない。世阿弥忌セミナーのテーマ研究の機会を頂戴して、筆者自身の研究的総括としていつかはやっておかなければならないと考えていた禅竹の能の特色について考察したい。今回の目的は全体を概観することにあり、個々の作品について詳しく言及する余裕はないので、先行研究に関しては、参考として二〇〇〇年代（二〇一五年まで）

のものを九〇・九一頁に一覧した。網羅を目指したが、記載漏れのある場合はご寛恕願いたい。

一　禅竹作の能の範囲

研究発表した当時にも、まず行ったことは、禅竹作の能の範囲を確定するという作業であった。今回もその時の資料を手直しして、四つの観点から調査・考察すべき能の候補曲を明らかにしておきたい。世阿弥のように禅竹自身が自分の作品に関して直接何か言っているわけではないので、まずはこの方法で作品群を特定するのが確実な方法であると考えている。

①作者付　金春禅竹作

『能本作者註文』[2]

矢立賀茂・芭蕉・虎送・小塩・西行桜・鐘馗・雨月・定家・小督・葵の上・玉鬘・千寿重衡・楊貴妃・源太夫・龍田・白髭・西王母・六浦

『自家伝抄』[3]

楊貴妃・定家・蛙・和布刈・芭蕉・玉葛・富士太鼓・賀茂物ぐるひ・松虫・塵山・木引・鶴若・志賀忠度・葛城賀茂・盲沙汰・矢立賀茂・忠信・桜葉・鐘馗・野々宮・庭鳥・敷地・清重・早鞆・源氏供養・葵・かぐやひめ・当願暮頭・空也・谷行・八幡・西住

『享保六年書上』（金春八左衛門分）[4]

加茂・芭蕉・江口・西行桜・照君・葵上・源太夫・立田・千寿・山姥・竹生島・黒塚・芦刈・熊坂・楊貴妃・小督・雨月・小塩・源氏供養・放下僧・大会・谷行・鐘馗

右之分、十代已然、式部太夫秦氏信禅竹作り申候。幷能全体禅竹仕組候。

『能本作者註文』は観世信光・長俊に関して第一級の作者付であるが、禅竹に関しても信頼度はかなり高い。『申楽談儀』に犬王所演であることが記され、かつ『五音』所収曲である〈葵上〉以外は尊重すべきであろう。『享保六年書上』に関しては、『能本作者註文』と共通する曲が多く、その点では尊重すべき作者付であるが、〈葵上〉の外にも〈江口〉〈山姥〉〈芦刈〉など世阿弥時代の作品が含まれているし、単独で禅竹作としている場合は、傍証がなければ、採用しがたい。『自家伝抄』に関しては、廃曲も多く、傍証が必要な曲が多いが、一応参考にしてもよいと考えられる。

②世阿弥・禅竹・禅鳳等の伝書に言及されている事柄

③演能記録　禅竹時代の能一覧（九〇・九二～九五頁）参照

④内部徴証

①～④によって、禅竹作と認定して良い曲・ほぼ確実な曲・可能性のある曲をまとめてみる。

A　①により禅竹作と認定して良い曲

＊『能本作者註文』『享保六年書上』『自家伝抄』三本に禅竹作とされる曲

賀茂・鐘馗・楊貴妃

＊『能本作者註文』『享保六年書上』二本に禅竹作とされる曲

雨月・小塩・源太夫・小督・西行桜？・千寿・龍田・芭蕉

＊『能本作者註文』『自家伝抄』二本に禅竹作とされる曲

玉葛・定家

B　②④によりほぼ確実に禅竹作と考えられる曲

姨捨・大原御幸・杜若・野宮・熊野

Ａ Ｂより禅竹作と考えてよさそうな曲、**計一七曲**（〈西行桜〉を除く）

Ｃ　①により禅竹作の可能性がある曲

＊『能本作者註文』一本に禅竹作とされる曲

白髭・西王母・虎送・六浦

計四曲

Ｄ　特定困難な問題曲

世阿弥伝書に登場せず、しかも個性的な秀曲で、禅竹時代の演能記録が存在したり、『能本三十五番目録』所収曲、金春禅鳳関係の伝書に登場するなどの曲がある。それ以外の確かな外部徴証が見当たらない。それらを誰が作ったと判定するかによって、能作史が変わってしまうような問題作であるが、作者に関する見解は分かれている。

＊元雅・禅竹作の可能性を指摘されている曲

景清・邯鄲・俊寛・天鼓

＊世阿弥的な夢幻能であるために、世阿弥か禅竹かで判断が分かれる曲

佐保山・仏原・西行桜（『能本作者註文』と『享保六年書上』で禅竹作とするが、ここに該当する）

＊その他、判定如何で、禅竹の作者像が大きく変わる問題曲

善知鳥・采女・春日龍神・葛城・源氏供養・誓願寺・田村・東北・富士太鼓・藤戸・放下僧・松尾・松虫・御裳濯・三輪・夕顔

計二三曲

この二三曲の扱いが最も重要であり且つ、難しい。

Ｅ　その他『自家伝抄』関係

かぐやひめ・葛城賀茂・賀茂物狂・蛙・木引・清重・空也・西住・桜葉・志賀忠度・敷地・忠信・太刀掘・谷行・鶴若・当願暮頭・庭鳥・早鞆・和布刈・盲沙汰・八幡

『自家伝抄』のみが禅竹作と伝える曲の場合、遠い曲も多く、これだけで禅竹作と信じる根拠は何も無い。太字の曲は注目されている曲で、それらを中心に、個々の作品研究を重ねることで、何か見えてくることがあるかも知れないが、現時点では参考程度に留めておきたい。

「表　禅竹時代の能一覧」（九二－九五頁）に掲載した能が、①～④に該当する全曲である。観阿弥・世阿弥・元雅など別の作者の手になることが判明している作品は除いてある。これらを見渡すことで禅竹時代として言えることは多いが、それがすなわち禅竹の個性とは言えないところに難しさがある。Ｄに該当する二三曲、禅竹時代を代表するような個性的な作品を、どう能作史の中に位置づけるかとの関連で、考えていくべきであろう。

二　禅竹的世界

既発表の論考を元に、Ａ～Ｃに分類した作品から読み取れる禅竹の個性を簡単にまとめてみる。該当する曲名は「〈　〉」で括った。根拠を示しての論証の体は取らず、三章を論じる前提として、必要上概観するに留める。参考としてＤに分類した能で該当する場合も「〔　〕」を付して掲げた。「〈　〉」と「〔　〕」の使い分けは以下同様である。

(1)　古典摂取の独自性

世阿弥に倣って禅竹も古典重視の傾向が濃厚だが、世阿弥と異なる特性も見受けられる。『源氏物語』の場合は、自分自身で本文を読みこなした上で、独自の解釈を施して作能している。〈玉葛〉〈野宮〉が該当する。

『平家物語』の場合は、世阿弥は積極的に修羅能作成のために利用したが、禅竹は現在能の題材として、新たな歌舞能のジャンルの開発に成功している。〈小督〉〈千寿〉〈熊野〉などがそれで、〈景清〉〈俊寛〉〈藤戸〉も同様の傾向であり、これらを加えて禅竹時代として広く捉えると、現在能のあり方が世阿弥時代とは明らかに違った新境地へと進化していることがわかる。

『伊勢物語』の場合は、鎌倉・室町前期の古注の世界と、室町中期に見られるようになる旧注をどう使い分けるかという点で、禅竹らしさが窺える。〈雲林院（改作）〉〈小塩〉〈杜若〉がそれに該当する。

(2)　新古今的美意識

藤原定家に私淑し、新古今歌風を良く学んでいたことが推察される禅竹であるが、新古今的な美意識が反映している作品が多く存在する。〈芭蕉〉〈葛城〉では「無色の色」、〈龍田〉では「氷に閉じこめられた紅葉」、〈姨捨〉では「月」、桜の美を追究した〈小塩〉。曖昧模糊とした桜のイメージを追求している〈小塩〉とは明らかに違う美を追究している〈西行桜〉は、やはり世阿弥作である可能性の方が高いのではないだろうか。〈玉葛〉の「乱れ髪」、〈佐保山〉の「霞の衣」なども、特徴的で禅竹らしさが見てとれる。

その他和歌的技法との関連では、独特の歌語意識が見られること、引き歌の方法の特色、華麗な序詞などでも世阿弥とは異なる特色が見られるが、ここではその指摘のみに留める。

(3)　夢幻能の定型化への歩み

世阿弥が確立した夢幻能は、形式的に良く整備されて、どの曲も大凡同じ形式の元に作られているが、内容的にはそれぞれ異なっていて、オリジナルな存在としての個性を有している。次の三章で詳述するが、禅竹は女舞物の定型化を促進したと考えられる。〈姨捨〉〈定家〉〈野宮〉〈芭蕉〉などが該当する。

また、夢幻能のシテに植物のイメージが重ねられており、人間の霊でありながら、あたかも草木の精であるかのような二重写しの人物造型がなされていることが多い。

〈小塩〉　桜　　〈定家〉　定家葛
〈杜若〉　杜若　〈野宮〉　秋草の花
〈龍田〉　紅葉　〈芭蕉〉　芭蕉

世阿弥も〈高砂〉や〈老松〉では松の精を神格化して登場させたり、〈右近〉では桜の精のような女神が登場するが、人間性を保ちながら植物で象徴するという手法は、禅竹独自のものがある。

(4)　現在的夢幻能・霊験能ジャンルの開拓

〈鐘馗〉・〔田村〕〔春日龍神〕〔三輪〕〔和布刈〕など、Dに分類した曲の多い特色であるが、禅竹時代の傾向として、世阿弥の好んだ夢幻能・現在能形式とは別のジャンル立てが、特に霊験能で顕著に見られる。ここに禅竹がどのくらい関わっていたのかは興味深い点である。

(5)　切り組物

これもDに属する曲に多く見られる。切り組は古くから見せ場に利用されていたが、世阿弥は修羅能において、戦闘シーンを一人二役で舞踊的に見せる方法を創作したので、敵味方が入り乱れて戦う切り組物を重視していなかった。禅竹時代に切り組物が再評価されたということであろう。

三　類型化の促進

世阿弥が創作した夢幻能形式の能が、それぞれ固有の意味を持ち、個性的に作られていることについては、本書第二章一「夢と現の間」、二「類型化以前の霊験能――〈田村〉を中心に――」を参照されたい。本章で論じるのは、それが定型化され、類型が複数作られる時代が禅竹時代であるという点である。「類型的」というとオリジナリティーに欠けたつまらない作品という意味に受け取られがちである。世阿弥没後に類型的な夢幻能が多く登場することを、能が「守勢」に至ったというマイナス評価をしていた時代が長かった。しかし、能という演劇において類型化は、保守ではなく革新であるというニュアンスを込め、類型化の意味について考察したい。

優れた作品ができると、そのコピー的駄作ができる。例えば世阿弥の修羅能形式を真似て〈知章〉が作られている。世阿弥時代の能本も現存している〈知章〉は、世阿弥の修羅能を形式だけ踏襲して適当に詞章を作成しているために、オリジナリティーが無く、訴えてくるものも希薄である。これは、〈知章〉が、修羅能のコピー作品だからである。一方、「類型化」というのは、一つの種類の作品、例えば「夢幻能」形式の能が、全て同じ傾向を持つ場合を言う。コピーと類型は別の概念である。

単なるコピーが重なり、やがて類型的把握が生まれることもある。だからこの二つの明確な区別は難しいが、重要なことは、その後の能楽史の中で、「夢幻能の類型化」ということが大きな意味を持っていたことである。その主要な仕掛け人が禅竹であることを確認したい。そのために類型意識の最もわかりやすい現象として、夢幻能において「夢」をどう扱っているのかということを確認したい。

(1)　夢幻能形式における夢のあり方

現在演じられている「複式夢幻能」では
　前場＝ワキが不思議な人物と出会う
　後場＝夢中でその人と再会する
演者も観客もこのパターンで認識している。この類型化の意識は、いつから存在するのであろうか。
　既に指摘したとおり（本書第二章一「夢と現の間」）、世阿弥の作品では、夢と現の境が明確になっている。シテの亡霊とワキの関係が曲によって異なっている。後場は夢の中の出来事という設定は、世阿弥の作品にも多く見られるが、どの作品においてもそれが強調されているか、あるいは誤解の無いように示されている。前場も夢ということもある（〈八島〉等）。
　これに対して、禅竹作の夢幻能はいかがであろうか。

【禅竹作と明らかな作品の場合】


〈定家〉

　7［上ゲ哥］（ワキ・ワキ連）夕べも過ぐる月影の、夕べも過ぐる月影の、松風更けて物凄き、草の蔭なる露の身を。念ひの珠の数々に、弔ふ縁は有難や、弔ふ縁は有難や。……

　8［ノリ地］……夜の契りの、夢のうちにと……

　式子内親王の亡霊が、定家葛の苦痛からの救済を願う。僧は夜もすがら熱心に読経し、やがて薬草喩品の手向けによって葛が緩み、その隙からシテが立ち現れる。具体的な二人の接触を見せ場に据えるから、後場は〈檜垣〉〈敦盛〉など同様、現実的処理がなされているだろうと推測されるが、傍線部のように、夢だったのだと知らされる。だから救済もされず元に戻っても、後味の悪さは残らない。

〈小塩〉

花見にやってきた男（ワキ）が、在原業平すなわち小塩明神の霊と出会う。ワキは猶も奇特を見ようと待っている。

11［ノリ地］……この下ながら、まどろめば、桜に結べる、夢か現か、世人定めよ……（天理図書館蔵遊音抄）

傍線部のように、眠っているのだが、『伊勢物語』の歌を巧みに応用して（二重線部）、夢現の間を彷徨うような曖昧な状態を上手く醸し出している。ちなみに世阿弥の作品では、神との出会いを扱う曲の場合、ワキは夢を見てはいない。〈高砂〉のような純粋脇能はもちろん、鬼神が奇瑞を見せる〈野守〉などでもそれは同様である。

〈芭蕉〉

7［上ゲ哥］（ワキ）ただこれ法の奇特ぞと、ただこれ法の奇特ぞと、思へばいとど夜もすがら、月も妙なる法の場、風の芭蕉や伝ふらん、風の芭蕉や伝ふらん。

9［掛ケ合］（ワキ）寝られねば枕ともなき松が根の、現はれ出づる姿を見れば……

僧は草庵で夜通し読経している体であるのに、後シテの芭蕉の精が姿を現したのを見て、傍線部のように、いつの間にか横になり、寝られないと思っている内に、眠ってしまったらしい。具体性を持たせないことで、特異な美しい体験をより純化させる効果があろう。

〈玉葛〉

7［上ゲ哥］（ワキ）照らさざらめや日の光、照らさざらめや日の光、大慈大悲の誓ひある、法のともし火明きらかに、亡き影いざや弔はん、亡き影いざや弔はん。

9［中ノリ地］……影も由なや恥づかしやと、この妄執を翻す、心は真如の玉葛、心は真如の玉葛、長き夢路は覚めにけり。

傍線部は、玉葛の迷いが覚めたことと、僧の夢が覚めたことの二重の意味が込められている。明確に語られてはいないが、前場は現実のことらしい。後場は通夜している内に眠ってしまうのである。

これらの曲を見ると、パターン化されてはいるが、「弔う内に眠ってしまった」という状況設定は明らかにされている。ここまでで判明した禅竹的手法を整理しておく。

禅竹的手法　パターン化の法則に則る
　　　　　　ややこしい状況説明の省略
　　　　　　大胆な見せ場の歌舞の設定

この三つが挙げられる。

次に『申楽談儀』で世阿弥が言及している〈姨捨〉を見てみたい。禅竹が二十代前半に手掛けた作品であろうと考えている（本書第五章六「〈姨捨〉の作者」）。

〈姨捨〉（野坂家蔵金春禅鳳八郎本転写三番綴本「野坂本」と略す）

8［掛ケ合］（ワキ）不思議やなはや更過る月の夜に、白衣の女人あらはれたるは。夢か現かおほつかな（シテ）夢とはなとや夕暮れに、現れ出し昔の姿、恥かしなから来りたり……

旅人は夜もすがら名月を眺める設定である。夜明けと共に立ち去り、老女は一人残される。この曲の場合は、夢中のできごととはしていないのである。後年になると禅竹らしい朧化手法で特異な状況を易々と作り出すようになるが、二十代前半、世阿弥の指導を受けつつ作能していたころの作品であるから、状況設定を明確にするという、世阿弥の好みが反映されていて、興味深い。

【類型意識濃厚な夢幻能】

もっと手続きがお座なりで、型どおり定型に則ったに過ぎない曲も存在する。

〈龍田〉（野坂本）

6［上ゲ歌］（ワキ・ワキ連）神の御前に通夜をして、〱、ありつる告を待たむとて、袖を片敷き臥しにけり、〱。

龍田明神の奇瑞を夢の中で見る設定らしいが、明示されてはいない。通夜をしているのに仮寝するとは、どういうことなのだろう。世阿弥の作品ではあり得ない杜撰さである。

〈六浦〉（野坂本）

5［上ゲ歌］（ワキ・ワキ連）所から、心に叶ふ称名の、〱、御法の声も松風も、やは更け過ぐる秋の夜の、月澄み渡る庭の面、寝られんものか面白や、〱。

6［サシ］（シテ）あら有難の御法ひやな、妙なる値遇の縁に引かれて、二度ここに来たりたり、夢ばし覚まし給ふなよ。

いかにも眠っていないようなのに、夢中の設定である。シテは仏果を得たい望みを持っているが、世阿弥の法則でいけば、眠っている僧の供養では仏果は得られない。

〔田村〕（天理図書館蔵遊音抄）

8［上ゲ歌］（ワキ）夜もすがら、散るや桜の蔭に居て（観世「寝て」）、〱、花も妙なる法の場（観世流「道」）、迷はぬ月の夜とともに、かの（観世流「この」）おん経を読誦する、〱。

〔東北〕（遊音抄）〔田村〕とほぼ同形

6［上ゲ歌］夜もすがら、軒端の梅の陰に居て、〱、花も妙なる法の道、迷はぬ月の夜とともに、このおん経を読誦する、〱。

〔松虫〕

7［上ゲ哥］（ワキ）松風寒きこの原の、松風寒きこの原の、草の仮寝の床に、み法をなして夜もすがら、かの跡弔ふぞ有難き、かの跡弔ふぞ有難き。

このような矛盾した内容の類型的待謡を持つ曲は、後場の設定も曖昧で、なんとなく奇瑞や亡霊の成仏が、夢とも現とも付かないような中で展開する。そのことが作品の価値を下げているとは言えない場合も多いが、世阿弥の次世代の曲という時期との関わりから見ると、興味深い。

〔仏原〕は応永三四年能番組に登場するので、世阿弥時代の作品である。待謡が〔松虫〕とほぼ同じで、旅寝しつつ弔うという類型的な内容である。後場は

〔仏原〕（野坂本）

8［サシ］あらありがたのおん経やな、はや暁にも成つらん、遠寺の鐘も幽かに響き、月落ちかかる山かづらの、嵐激しき仮り寝の床に、夢ばし覚まし給ふなよ。

9［ノリ地］……（地）夢の中間は、（シテ）この世の内ぞや、（地）鐘も響き、（シテ）鳥も鳴く、（地）夜半の中なる、夢幻の、一炊の中ぞ、仏もあるまじ、まして人間も。……

傍線部で夢中であることを明示しているが、二重線部でこの世も夢幻であると展開し、仏ではない亡霊の仏御前の舞が、成仏への第一歩になるのだとまとめて、個性的な終曲部となっている。世阿弥関係の曲ならではの工夫と言えようか。

このように通観すると、類型化は禅竹時代に行われていることがわかる。単に時代の流れなのかもしれない。しかし禅竹は類型化を積極的に活用している。禅竹作と認定できる曲の多くが、「禅竹的手法」（八二頁）によって、いかにも類型的な処理を行いつつ、そこに世阿弥時代とは異なる個性を作り出していた。類型化を促進させ

ることによって、新しい作風を生み出したことは革新的といえるのではなかろうか。

(2)　舞の意味の曖昧化

世阿弥の確立した形式を利用し、類型化意識を活用して効果を上げる仕掛けの一つに、舞の意味の曖昧化がある。

世阿弥の演技論は、写実的物まね論的演技の枠から出ることはなかったと考えられる。その好例が舞の場面作りにある。世阿弥作の曲の場合、舞の場面は常に客観的理由付けがなされており、表現される内容は、常に物まね的で、外面的な描写による演技で成立している。[5] 禅竹はその意識から解放されているらしい。

〈姨捨・杜若・千寿・定家・野宮・芭蕉・六浦・楊貴妃〉・〈采女・誓願寺・二人静・仏原・夕顔〉

これらは禅竹時代に関係がある女舞を舞う曲である。このうち傍線を付した曲は現在能である。「舞うべき必然性のある人体」という世阿弥的な物まね論の枠組みを離れて、どんな人物にも、どんな舞でも舞わせることができている。一曲の構成上、当然舞うべき場面であるというとらえ方がなされているのであろう。上流貴族の女に舞を舞わせることに苦労した世阿弥と比べて、舞うのが当然とばかり、〈定家〉では式子内親王が、〈野宮〉では六条御息所が、舞を舞うのである。類型化意識の確立が背景にあるからこそ可能になった手法であろう。

今回は女舞について言及したが、男舞・神舞などでも同様のことが言えよう。

(3)　本説的背景説明の省略＝間狂言の活用

これも以前指摘したことだが、[6] 禅竹作の夢幻能には、本説の物語が具体的に説明されていない場合が多い。〈芭蕉〉〈小塩〉〈姨捨〉〈玉葛〉などで顕著であるが、〈定家〉の場合も「禅鳳自筆本」の巻末に次のように記されている。

　此定家かつらと申事は、在所の者いみようにつけたるやうにあひにも申候。

間狂言で説明しないと、定家葛がどういう物かわからないことを示している。〈雨月〉の場合、

> 前ジテが神の化身かどうか、アイの説明なしには確認できないし、後ジテも宮人の立場の言葉と神自身の言葉が、やや雑然と混じている。そのあいまいさが禅竹的だとも言えようか。後ジテを神自身の扮装で演じる仕方と宮人姿で演じる仕方に分かれているのも、台本が不徹底だからである。（前後別人と考えることも可能か？）[7]

という指摘がある。〈龍田〉では、龍田の紅葉の諸相に力点が置かれ、滝祭の神についての説明は少ない。〈葛城〉でも同様である。

　禅竹、あるいは当時の観客には当然のことで、説明の必要性を感じていないのであろうか。そういうことがあり得ないとは言えないが、具体的でわかりやすい本説紹介を専らとする世阿弥作の能と違って、意図的にストーリー性が排除されているのではなかろうか。「どこの誰が何をどうした」というような物語の枠組みを押さえることに、興味が無いということなのかもしれない。間狂言の役割を重視して、散文的な説明は間狂言に任せることによって、内容の重複の回避にもなる。描きたいことは説明的な物語紹介ではなく、和歌的世界を背景にした美的印象なのであろう。

　類型化することによって、決まりの手順通りに場面が展開することを、演者も観客も理解していれば、煩わしい状況説明や場面解説の必要度は小さくなるのである。

四　類型化の意味するところ

【類似作品の量産】

類型化の効果として第一は、類似作品を簡単に大量に作ることが可能となることであろう。平均的できばえで成立してしまう。一曲のみでみれば説明不足であっても、類型という概念を知っていれば、約束事の範囲内で理解し演じることも鑑賞することもできる。

【能のあり方の変化】

類型的な作品が多数作られるようになると、演技方法も個別の演技から類型的演技へという変化が訪れる。類型的な役割の固定化も生じる。そしてさらには世阿弥以前の個性的な作品も等し並みに捉える傾向が生じるのである。既成作品を個別的に把握して個々の曲の個性を追求することから、型の充実・精神性・肉体の訓練・音楽の工夫などへの方向転換がなされるようになる。創生期の能のあり方と明らかに異なる表現法、考え方を決定づける方向転換が、類型化を意識するときに始まる。

世阿弥の物まね論的枠組みの中におけるオリジナルな能制作から、類型化への方向転換の要に禅竹がいたことによって、その後の能のあり方が幽玄的歌舞能としての特色をより強化したのではないだろうか。三章で扱った禅竹作の能の特色は、世阿弥の確立した形式に従うことで、状況説明的な部分を省略している。散文的な部分が少なくなり、演じられる歌舞の意味は曖昧になるが、形式的には世阿弥に従っているので、あるべきところにあるべき歌舞が置かれるという約束に従って、演者は演じ、観客は見る、という演能形式が確立する。それが類型化の始まりであろう。

世阿弥は伝えたいことをすべて言葉で表現し尽くすことを目指していたかの如くであるが、禅竹はなるべく語らないで想像させる方法を採用しているようである。両者の代表作を比較すると、その特色が明確化する。禅竹の表現法は、説明的な言葉を可能な限り排除して余情を重んじた、新古今的な表現法に近い。定家に私淑していた禅竹ならではの表現法であると言える。それは別の言い方をすれば、演技を通じて表現する幅が世阿弥よりも拡大化されているということであろう。たとえば、〈邯鄲〉的表現法の登場などにも通じるものがある。〈邯鄲〉は作者を特定し難い作品であるが、禅竹の『歌舞髄脳記』に初めて登場する能である。

いわゆる「夢幻能形式」は、能の最大のジャンルであり、いかにも能らしいという認識で後世に理解されている。しかし世阿弥が創作したオリジナルの能は、それぞれに魅力的で個性的である一面、表現したい世界をきっちりと描くには、厳密な構成と丁寧な状況説明を必要としたし、見る側はそれを正確に理解する必要があり、かなり難しい事であったに違いない。類型的把握により単純化されると、没個性で似たり寄ったりの凡作が量産されるようになるが、一方でそれによって一般化されて、誰にでも演じやすく理解しやすくなり、「能と言えば夢幻能形式は当然」という大前提で把握する、暗黙のルールができあがったのである。その仕掛け人が禅竹なのであろう。

注

（1）『歌舞能の確立と展開』「Ⅱ　元雅・禅竹の時代」（ぺりかん社　二〇〇一年二月）にまとめて掲載。

（2）増補国語国文学研究史大成『謡曲狂言』（三省堂　一九七七年一二月）。

（3）『能　研究と評論』8号（西野春雄氏　一九七九年一〇月）。

（4）庶民文化資料集成『第三巻　能』（表章氏　三一書房　一九七八年六月）。

（5）世阿弥作の能の舞の段には必ず具体的な意味付けがあり、なぜ舞われるのか説明が明確にできることに関しては、山中玲子氏に「女体能における「世阿弥風」の確立――〈松風〉の果たした役割――」(『能　研究と評論』15号　一九八六年五月)、「世阿弥の女体幽霊能と［ワカ受ケ］の機能」(『国語と国文学』74巻11号　一九九七年一一月)など一連のご論考があり、後にご著書『能の演出　その形成と変容』(中世文学研究叢書6　若草書房　一九九八年八月)に所収されている。筆者は、禅竹作の女能の舞が、なぜ舞われるのか説明されていないことから逆照射するように世阿弥を考えたのだが、山中氏も早くから世阿弥に関して同様の論考を発表しておられる。

(6)「小塩の間狂言」(『銕仙』389　一九九一年三月　『歌舞能の確立と展開』(注1)所収)。

(7)岩波日本古典文学大系『謡曲集下』雨月備考。

2001.2·5	樹下　文隆	「《楊貴妃》雑記 —[次第]からいささか《邯鄲》《小塩》に及ぶ—」	『金剛』56－2・5
2000.12	宮本　圭造	「作品研究〈邯鄲〉」	『観世』66－12

禅竹時代の能一覧（92 － 94頁に対応）

『能本作者註文』金春禅竹作　（三省堂国語国文学研究史大成『謡曲狂言』）
矢立賀茂・芭蕉・虎送・小塩・西行桜・鐘馗・雨月・定家・小督・葵の上・玉鬘・千寿重衡・楊貴妃・源太夫・龍田・白髭・西王母・六浦　以上十八番
（一覧表にすべて所収）

『自家伝抄』（『能　研究と評論』8号）
（曲名省略、一覧表にすべて所収）

『享保六年書上』金春八左衛門（庶民文化資料集成『第三巻　能』）
加茂・芭蕉・江口・西行桜・昭君・葵上・源太夫・立田・千寿・山姥・竹生島・黒塚・芦刈・熊坂・楊貴妃・小督・雨月・小塩・源氏供養・放下僧・大会・谷行・鐘馗
右之分、十代已然、式部太夫秦氏信禅竹作り申候。并能全体禅竹仕組候。
（〈江口〉以外の曲名、一覧表に所収）

演能記録

応永34観	1427.2.10（大乗院日記目録、尋尊記紙背文書）
永享1観	1429.5.3（建内記他）
永享4矢	1432.3.14・15（看聞御記）
享徳1春	1452.2.10（春日拝殿方諸日記）
享徳1剛	1452.2.12（春日拝殿方諸日記）
享徳1観	1452.2.13（春日拝殿方諸日記）
寛正5観	1464.4.5·7·10（糺河原勧進猿楽記他） 11.9（蔭涼軒日録）
寛正6観 寛正6剛 寛正6宝 寛正6春	1465.2.28・3.9・9.25・9.28（親元日記他）
文正1観	1466.2.25（飯尾宅御成記他）

能本35番　目録）能本三十五番目録（岩波書店『世阿弥自筆能本集』）

太字　『能本作者註文』に禅竹とするもの
太字＊　内部徴証より、ほぼ禅竹作と認定できるもの
※　問題作

注：①　作者が禅竹でないことが明白な場合は原則てきには省略
②　演能記録は初出のもの

金春禅竹関係論文目録 【作品研究】2000年代 2016.4

（参照『能楽研究』研究展望（2012年まで）、国文学研究資料館国文学論文目録データベース（2013年まで））

年月	著者	論文名	掲載誌
2015.5	樹下　好美	「〈佐保山〉の構想—ワキ藤原俊家流と醍醐寺理性院の周辺—」	『能と狂言』13
2015.5	天野　文雄	「『応永三十四年能番組』所見の《仏原》の作者—禅竹の六輪一露説との関係をめぐって—」	『能と狂言』13
2014.5	味方　健	「能本《姨捨》の作者」	『論究日本文學』100
2013.10	三宅　晶子	「金春禅竹の能小考—〈定家〉と百人一首・〈姨捨〉の作者—」	『国語と国文学』90－10
2012.7	井上　愛	「玉葛の自意識の葛藤—キリの「蛍」の表現から—」	『銕仙』616
2011.11	阿部　泰郎	「『春日龍神』の背景—貞慶の唱導をめぐりて—」	『銕仙』607
2011.4	樹下　好美	「作品研究〈鐘馗〉—禅林からの新風—」	『観世』78－4
20011.3	周　　重雷	「禅竹作における風流性—龍神物を中心に—」	『日本文学論叢』40
2011.3	味方　健	「能《熊野》の主題と芸態構造—能の作品研究・作者研究・実技研究の綜合体の提唱—」	『楽劇楽』18
2011.1	小田　幸子	「作品研究〈皇帝〉—治世を守護する鬼神—」	『観世』78－1
2010.5	天野　文雄	「禅竹序説—禅竹作品の「趣向」「背景」「主題」「情調」をめぐる素描的概観—」	『演劇学論集』50
2010.5	大谷　節子	「能「杜若」の構造—禅竹の方法—」	『伊勢物語　享受の展開』
2010.3	周　　重雷	「雨の音を聴く」美意識—金春禅竹『文正元年和歌』についての一考察—」	『日本文学論叢』39
2009.11	井上　愛	「「ものすごし」小考」	『銕仙』585
2009.10	周　　重雷	「幽玄から枯淡へ—〈西行桜〉と〈芭蕉〉の曲趣をめぐって—	『法政大学大学院紀要』63
2009.3	周　　重雷	「水色—心とのイメージの連続—［クリ］［サシ］［クセ］に見る禅竹の特色—性	『法政大学大学院紀要』62
2008.12.	今井　孝子	「謡曲『定家』の歌結び考」	『論究日本文学』89
2008.2	佐伯　真一	「万華鏡の中の建礼門院」	『銕仙』565
2007.12	金　　賢旭	「修験の世界観と「葛城」の女神」	『銕仙』563
2007.5	落合　博志	「能と和歌—《姨捨》と姥捨山の和歌について」	『国文学解釈と鑑賞』912
2007.3	柏木　寧子	「石と化して在ること—謡曲「姨捨」の一読解—」	『山口大学哲学研究』14
2007.2	井上　愛	「番外曲〈反魂香〉試論」	『国文目白』46
2006.12	松沢　佳菜	「謡曲『邯鄲』小考—遊仙枕説との関わりを中心に—」	『同志社国文学』65
2006.9	三多田文恵	「謡曲『芭蕉』の成立とその背景」	『中國學論集』43
2006.3	三多田文恵	「『白楽天』の成立とその背景」	『中國學論集』42
2006.3	三多田文恵	「『唐船』の成立とその背景」	『中國學論集』43
2006.2	井上　愛	「〈野宮〉の六条御息所像試論」	『国文目白』45
2005.10	松岡　心平	「源氏物語を読む金春禅竹」	『ZEAMI—中世の芸術と文化』3
2005.3	山下　宏明	「萌いづるも枯るるも同じ野辺の草—『祇王』から『仏原』へ—」	『愛知淑徳大学論集』30
2003.7	三宅　晶子	「六条御息所の変貌」	『文学』4－4
2003.7	石井　倫子	「解体する「家」とその再生—〈愛染川〉の世界を中心に」	『日本文学』52－7
2003.6	三宅　晶子	「一条兼良と金春禅竹」	『中世文学』48
2002.11	田中　貴子	「作品研究〈葛城〉」	『観世』69－11
2002.6	増田　繁夫	「作品研究〈野宮〉」	『観世』68－6
2001.12	樹下　文隆	「謡曲《蛙》の構想—詠蛙文芸上の位置付けと金春禅竹作の可能性について—」	『愛文』37
2001.10	植木　朝子	「『花車』考—能・小歌・意匠の交響—」	『国語国文』70－10
2001.3	小田　幸子	「『邯鄲』演出とその歴史」	『観世』67－3

曲名（通行名）	能本作者註文	自家伝抄	享保６年書上	演能記録	伝書（禅鳳以前）	別名他
元服曽我				永享４矢		曽我五郎元服
源氏供養※		但異作	○	寛正５観	反古裏の書・禅鳳雑談	むらさきしきぶ
源太夫	○		○		五音下（曲舞）	
空也		○			申楽談儀	空也上人
護法				寛正５観		名取老女
小督	○		○		反古裏の書	
小林				享徳１剛		奥州氏清
維盛					能本35番目録	
西行桜※	○		○		歌舞髄脳記・毛端・反古裏の書・禅鳳雑談	
西住		○				×さいぢう
逆矛				応永34観		（十二次郎）
桜間		○				桜葉
佐々木				享徳１剛		磨墨生食
貞任				享徳１剛		
実方				文正１観	五音三曲集	
佐保山※				応永34観	歌舞髄脳記・五音三曲集・毛端私珍抄	佐保姫（十郎）
志賀忠度		宝生所望				
敷地物狂		宝性所望		永享４矢		しき地・薦物狂
樒天狗				寛正５観		樒ヶ原
重衡				永享４矢		笠卒塔婆
石橋				寛正６観		獅子
舎利				寛正５観		
酒呑童子				応永34観		（十二次郎）
俊寛※					歌舞髄脳記	
鐘馗	○	○	○	享徳１春	禅鳳雑談	鐘馗大臣
猩々				応永34観	禅鳳雑談	（十二次郎）
白髭	曲マイハ昔ヨリ在之				歌舞髄脳記・禅鳳雑談	
シロトリ					能本35番目録	×
住吉物狂					能本35番目録	
西王母	○				禅鳳雑談	
誓願寺				寛正５観		
摂待				寛正５観		
千寿	○		○		反古裏の書・禅鳳雑談・能本35番目録	千寿重衡
大会			○			
泰山府君				永享４矢	三道・歌舞髄脳記	続桜事・泰山もく
大般若				永享４矢		三蔵法師
高安				享徳１剛		高安の女

表　禅竹時代の能一覧

曲名（通行名）	能本作者註文	自家伝抄	享保６年書上	演能記録	伝書（禅鳳以前）	別名他
飛鳥川				文正元観		
安宅				寛正６観		
不逢森					五音三曲集	反魂森
碇潜		○				早鞆
一谷先陣				永享１観		
岩舟				文正元観	禅鳳雑談	
雨月	○		○		禅鳳雑談	
善知鳥※				寛正６観	反古裏の書・禅鳳雑談	烏頭
采女※					反古裏の書・禅鳳雑談	
浦島				寛正６宝		
雲林院（改作）					歌舞髄脳記・能本35番目録	
箙				応永34観	禅鳳雑談	
烏帽子折				永享４矢		九郎判官東下向
おゝに				文正１観		×
小塩	○		○	寛正６春	毛端私珍抄・反古裏の書・禅鳳雑談	小原野花見
大蛇				寛正６観		出雲トツカ
姨捨＊					申楽談儀	
大原御幸＊					歌舞髄脳記	
杜若＊				寛正５観	反古裏の書・禅鳳雑談	
かぐやひめ		○				竹取
景清※				文正１観		
香椎				文正１観		磯童
春日龍神※				寛正６観		明恵上人
葛城※				寛正６観	禅鳳雑談	
葛城賀茂		宝生所望				代主
合浦				永享４矢		
賀茂	但奥ハ宝生	宝性所望	○		歌舞髄脳記	矢立かも
賀茂物狂		○				
蛙		春満かたへ				
邯鄲※				寛正５観	歌舞髄脳記・反古裏の書・禅鳳雑談	路世伊
咸陽宮				永享１観		始皇帝
木引き善光寺		大蔵所望				木びき
清重		宝性所望				
熊坂			○			
熊手斬				寛正６剛		クマンキリ
鞍馬天狗				寛正５観		
黒塚			○	寛正６観		安達原

曲名（通行名）	能本作者註文	自家伝抄	享保６年書上	演能記録	伝書（禅鳳以前）	別名他
二見浦				寛正６剛		
二人静				寛正５観	禅鳳雑談？（吉野静）	二人閑
仏頭山				寛正６観		×
放下僧			○	寛正５観	禅鳳雑談	
星				享徳１観		漢高祖
星の宮				寛正６宝		×
仏原※				応永 34 観		（三郎）
松尾※					能本 35 番目録	
松山鏡				応永 34 観		松山（三郎）
松虫		観世又三郎所望				
みすゞ				永享４矢		×
三山				寛正６観		
御裳濯※				享徳１観	能本 35 番目録	伊勢の御田
三輪※				寛正６観	禅鳳雑談	
六浦	○				禅鳳雑談	
和布刈		宝性所望				
盲沙汰		観世又三郎所望				
八幡弓		○			禅鳳雑談	八幡
夕顔※				寛正６観		
熊野＊					歌舞髄脳記･五音十体･反古裏の書・禅鳳雑談	
夜討曽我				寛正６宝		討ち入り曽我
楊貴妃	○	七郎かたへ	○		禅鳳雑談	
吉野				寛正６春		
吉野西行					歌舞髄脳記・能本 35 番目録	×
籠太鼓				文正１観	反古裏の書・禅鳳雑談	

曲名（通行名）	能本作者註文	自家伝抄	享保６年書上	演能記録	伝書（禅鳳以前）	別名他
忠信		宝性所望		応永 34 観		（十二次郎）
太刀掘		○				あをい・太刀掘葵
龍田	○		○		禅鳳雑談・能本 35 番目録	
谷行		○	○			
玉葛	○	細川殿所望			反古裏の書・禅鳳雑談	
玉水				永享 4 矢	申楽談儀・能本 35 番目録	井出玉水
田村※				文正 1 観	五音三曲集・能本 35 番目録	
檀風				寛正 6 観		
竹生島			○			
調伏曽我				寛正 5 観		箱王曽我
ちり山		金剛所望				×
鶴若		宝性所望				
鶴次郎				寛正 6 観		
定家	○	但異作			反古裏の書・禅鳳雑談	
天鼓※				寛正 6 観	反古裏の書	
当願暮頭		○			禅鳳雑談	
唐船					能本 35 番目録	牛曳
東北※					反古裏の書·禅鳳雑談·能本 35 番目録	軒端梅
朝長				享徳 1 春	歌舞髄脳記·禅鳳雑談·能本 35 番目録	進朝長
虎送	○			応永 34 観		曽我虎（三郎）
長柄				享徳 1 剛		長柄の橋
泣不動				享徳 1 観		
錦木				享徳 1 春	歌舞髄脳記	
二度懸				寛正 6 春		梶原二度ノカケ
鶏龍田		但異作				庭鳥（初雪？）
濡衣					歌舞髄脳記	
野宮＊		異作		寛正 6 観	歌舞髄脳記・反古裏の書・禅鳳雑談	野々宮
白楽天				寛正 5 観		
芭蕉	○	観世又三郎所望	○		反古裏の書・禅鳳雑談	
治親				寛正 6 観		
伏木曽我				寛正 6 観		
富士太鼓※		金剛太夫所望			禅鳳雑談	
藤戸※					反古裏の書・禅鳳雑談	
伏屋					能本 35 番目録	木賊？

第三章　世阿弥の言語感覚

一　世阿弥は『源氏物語』を読んでいたか――〈浮舟〉〈頼政〉〈班女〉を検討する――

能の『源氏物語』摂取に関する研究は、古くからさまざまな観点で行われている。[1] 最近では、世阿弥は源氏詞や連歌寄合を多用しながらも、物語を題材として能を作っていない点が重視され、『源氏物語』を見ていなかった可能性があるとの指摘[2]や、敬して遠ざけているとする見解もある。[3] それらの説を受けて本稿では、世阿弥が『源氏物語』を能の中にどのように利用し、当時の観客たちがそれをどのように鑑賞していたのかを探ってみたい。

一　描かれた入水シーン〈浮舟〉

世阿弥が作曲だけを手がけている〈浮舟〉（作詞は横越元久）で、彼はどの程度能動的に制作に関わったのであろうか。白紙状態から自由に作詞されたものに節を付けただけなのか、前もって打ち合わせ、ある程度構成を決めて、見せ場の演技など自分の考えも伝えた上で作詞を依頼したのであろうか。

〈浮舟〉の特色は、後場で狂乱を見せる妄執物として仕立てられていることだろう。世阿弥は『三道』女体の項で、「玉の中の玉を得たる」風体として「浮舟の憑物」を挙げており、当時の浮舟理解としては、「物の怪による狂乱状態」は無理のない妥当な設定であったのだろう。ではどのように狂乱の見せ場を作り出しているのであろう。

本説である『源氏物語』の浮舟物語は、凝った構成になっている。浮舟巻は浮舟が入水を決意するだけで終わり、続く蜻蛉巻は浮舟失踪をめぐって関係者たちが右往左往し、あわただしく葬儀を済ませる様子などが描かれていく。読者にとって長い蜻蛉巻が終わり、次の手習巻で、浮舟は物の怪に取り憑かれて意識不明の状態で発見される。加持によって意識を取り戻し、ようやく入水の真相が明らかにされるが、浮舟は本意を遂げられなかったことを嘆き、無理に出家してしまうのである。

能の後場は、この複雑で長い三巻の物語が簡潔に正確に要約されて作られており、その中心的見せ場に〔カケリ〕が置かれている。

①［（下ノ詠）］なき影の、絶えぬも同じ涙川、……、法の力を頼むなり。
②［（クリ）］あさましやもとよりわれは浮舟の、……、憂き名洩れんと思ひ侘び、この世になくもならばやと。
③［（サシ）］明け暮れ思ひ煩ひて、人みな寝たりしに、端戸(つまど)を放し出でたれば、風烈しく川波荒う聞こえしに、知らぬ男の寄り来つつ、誘ひ行くと思ひしより、心も空になり果てて。
④〔カケリ〕
⑤［（一セイ）］逢ふさ離(き)るさのこともなく、われかの気色もあさましや、……橘の。小島の色は変はらじを、この浮舟ぞ、寄るべ知られぬ。
⑥［中ノリ地］（省略）

この部分の内容を簡単にまとめてみたい。
①［（下ノ詠）］＝供養の願い
②［（クリ）］＝入水願望
③［（サシ）］＝入水までの経緯

④〔カケリ〕＝狂乱状態・（入水シーンか）

⑤［一セイ］＝身の上の詠嘆

⑥［中ノリ地］＝観音信仰・横川の僧都の救済と物の怪退散・成仏できない苦しみ・兜率天への転生

④は、憑物による狂乱の演技とともに、入水の様子を表現する場面であろう。〈浮舟〉の詞章中で、「入水した」ことを表す言葉は一言も使用されていない。だからこの④の演技は、筋書きの展開上重要な見せ場であり、ここにおいて入水の有様を直接演技によって見せる構成になっているのである。

『源氏物語』本文においても、実は入水場面が描かれていないが、これはかなり重要なことなのではなかろうか。読者は多かれ少なかれ、入水の詳細な描写を期待して読み進めているはずである。しかし実際には、意識を取り戻した浮舟の回想によってごく簡単な事情が知らされるだけで、どのような川に、どのように入水し、どのように流されて行ったのか、その恐怖はどんなだったか、といった具体的な様子を知らされることは無い。さすがに紫式部も入水の実態をリアルに描写するだけのデータを持たなかったのか、あるいは平安時代の上流階級には、露悪趣味になると考えて避けたのか、いずれにしろ、前述のような構成上の工夫と、「匂宮に誘われたように思った」という別の刺激的な情報を与えることで興味のすり替えを行い、残酷とも言える入水シーンは回避されているのである。

能〈浮舟〉は、その空白の場面、つまり室町時代の『源氏物語』読者が一種の肩すかしを食わせられたに違いない、欠落している入水の場面を、見せ場の中心に据えたのである。現代の〔カケリ〕（舞台を三角形に二度廻る）では、形式的・固定的過ぎて、十分な演技は期待できないが、古くは「ハタラキ」という大まかな分類であり、シテの自由な裁量で演じることが可能だった。ここは面白い見せ場だったに違いない。〈通小町〉の百夜通いの物まねと同種の演技といえよう(4)。

しかも〔カケリ〕によって、前後に二分されている詞章から、〔カケリ〕を取り去り、節付けを取り払って、①〜⑤を通して見直してみると、実は作詞上は一連の文章として作られていることがわかる。特に、文章的には⑤前半の「逢ふさ離るさのこともなく、われかの気色もあさましや」は③と一続きで、無理矢理〔カケリ〕がそれを中断しているのである。そしてさらに興味深いのは、〔カケリ〕無しで後場全体の文章を読み直してみると、「供養を願って登場したシテが、懺悔に入水前後の物語をして、兜率天に生まれ変わった」という夢幻能後場の定型的展開が浮かび上がって来ることである。(5) 世阿弥は本説紹介の物語の中に、憑物物狂いの魅力と、本説で描かれなかった入水シーンの面白さを導入し、平板な本説紹介だけに終わらない、立体的な能を作り出したといえよう。(6)

本説に言及されていないが、まさにその通りであろうという情報を付加することは、修羅能などにも多く見られる世阿弥の常套手段である。(7) 物の怪に取り憑かれて狂乱状態になっているヒロインの入水シーンというのは、まさに本説で省略されている間隙であるし、観客たちの興味をもよくキャッチした見事な手腕で、これは梗概書などの安直な手段のみで、設定できることではないに違いない。

〈浮舟〉は世阿弥自身「無上の物と知るべし」（『申楽談儀』）と高く評価しているが、禅竹も「寵深花風」を配当し（『歌舞髄脳記』）、金春禅鳳も「吾心によくしたきのふ」（『禅鳳雑談』）に入れている。現代では〈玉葛〉に押されて、上演されることも少なく、地味な能のような印象を与えるが、それはハタラキが〔カケリ〕という、あまりに定型的で面白みの少ない演技へと転換してしまったことも影響しているのではないだろうか。

二　変貌する宇治〈頼政〉

〈松風〉〈敦盛〉〈忠度〉に源氏寄合の言葉が多用されて、光源氏須磨隠棲のイメージが巧みに利用されていることは周知のことだが、〈頼政〉でもワキが宇治を眺望する2段を中心に、宇治十帖の源氏詞や寄合語が巧みに使用されている。(8)

前場の見せ場である名所教えの場面では、「柴小舟」のみ源氏寄合から取り、「朝日山」「山吹の瀬」など、中世に歌枕として宇治の一般的なイメージを詠む場合に用いられた言葉を使用して、月光に照らされて雪が降っているように見える、幻想的で印象的な宇治川のシーンを描写している。この場面に『源氏物語』の影は希薄である。

ところが、前シテ中入りの［上ゲ歌］で、

夢の憂き世の中宿の、夢の憂き世の中宿の、宇治の橋守り年を経て、老いの波もうち渡す、遠方人にもの申す、われ頼政が幽霊と、名のりもあへず失せにけり、名のりもあへず失せにけり。

急に『源氏物語』が全面に押し出てくる。「中宿（なかやど）」は椎本巻の源氏寄合であり、傍線部は夕顔巻で、源氏が夕顔の花を見つけたときに口ずさんだ古今旋頭歌である。「なかやとり」という言葉は、『源氏物語』本文中椎本巻に二度、手習・夢の浮橋巻に一度ずつ、いずれも宇治の地で中宿りする意で使用されている。「宇治」と言えば「中宿」（どこかに行く途中で一泊する場所）との認識が中世には持たれるようになったのであろう。その他には夕顔巻のみで、二度、こちらは「ちょっとした寄り道・中休み」という意味の一般語として用いられている。夕顔巻では特別な語として認定されなかったらしく、源氏寄合では、専ら「中宿」は「宇治」である。

〈頼政〉中入りの謡は、憂き世にある「宇治」が、前世と後世を繋ぐ「中宿」としても機能していることを示しつつ、傍線部へと展開していく。「中宿り」は「六条わたりの御忍びありきのころ、内裏よりまかで給ふ中宿りに」で始まる、夕顔巻冒頭の有名な部分に使われた言葉で、源氏はこの時夕顔の咲く家を見つけ、「遠方人に……」と口ずさむ。宇治とも縁のある中宿の語を契機として、『源氏物語』の世界が少し強引な感じで割り込んでくる。

ではなぜ、中入りの場面に『源氏物語』が必要だったのだろう。後シテは

［サシ］血はたく鹿の河となつて、紅波は楯を流し、白刃骨を砕く、世を宇治川の網代の波、あら閻浮恋しや。

と、戦場となった宇治川の様子を中国の故事を例にして強烈な印象で表現する。続いて

［上ノ詠］伊勢武者は、みな緋縅しの鎧着て、宇治の網代に、掛かりけるかな。

と、名物の氷魚の代わりに、緋縅の鎧武者が網にかかる様子を笑う『平家物語』の和歌を引用している。

宇治は、平安時代は貴族の別荘があり、また宇治十帖の舞台であることから、風雅の地としての印象が持たれて来た。都から少し遠くて、ちょうど一泊旅行くらいの中宿の、ほどよく鄙びた土地である。宇治川の流れや川音が珍しく、川霧が立ち込め、網代が組まれた川面を柴舟が通って、旅情をそそる。そのような名所であった宇治が、頼政の橋合戦を境に、イメージを一変させたのである。戦場となった宇治川は、それまでとは天国と地獄の差がある。

〈頼政〉作能のねらいの一つに、変貌する宇治を描くことがあったのではなかろうか。美しく伝統的な宇治を象徴するのが、『源氏物語』である。世阿弥は、名所宇治だから「中宿」という単純な方法ではなく、観客が必ず連想する仕掛けとして、「宇治」→「中宿」→「遠方人にもの申す」→「源氏」を連ねているのである。

宇治十帖における宇治川は、いつも立ち込めている霧や川音が、主人公たちの不安を象徴するような存在として描かれているが、世阿弥はそこまでを〈頼政〉に取り込んではいない。ただし観客がそこまでの認識を持ってこの能を見た場合には、月光に照らされた美しい前場の宇治川の方がむしろ非現実的であり、実態としては浮舟を呑み込んだような恐ろしい川が、今度は戦場の血の川と化したのだ、という見方も可能となる。観客の受け止め方によって、『源氏物語』の影が様々に変化するように、仕組まれているのではなかろうか。

三　見せる扇の模様〈班女〉

〈班女〉は、扇を仲立ちとして、恋人同士が再会する物語で、扇は重要な小道具である。シテの花子の持っているのは、『源氏物語』花宴巻で、源氏が朧月夜の君と取り替えて持ち帰った扇と同じく、月が描かれている。少将の持っている扇は、夕顔の花の絵で、「黄昏に、ほのぼの見れば夕顔の、花をかきたる扇なり、この上は惟光に、紙燭召して、ありつる扇、ご覧ぜよ」と夕顔の巻の文章を用いて、二人の出会いの場面を作っている。[9] 二人は扇の絵柄を見せ合ってお互いを確認するのだから、舞台で使われる扇も、当然絵柄は月と夕顔に合わせる必要があろう。学生時代宝生流の舞台を見たとき、扇の絵が月と夕顔ではないことを知った筆者は、非常にがっかりした記憶がある。[10]

室町時代の観客たちは、早歌「五明徳」でもお馴染みの班女と、その恋人が持つ扇が、どんな形状で舞台上に出てくるのか、今の観客たちよりは遙かに興味深く見ていたはずである。しかもそれが『源氏物語』に因んでいるとなれば、なおさらである。客席から舞台が遠く暗くて、絵柄までよく見えない場合などは、終演後にどんな扇だったのか、気になったに違いない。持ち物に対する興味をかき立てる演出に、『源氏物語』は一役買っているのである。

〈班女〉の扇の絵柄が月と夕顔でなくなったのは、観客が『源氏物語』が利用されていることを理解できず、喜ばなくなったからかもしれない。

二条良基が『源氏物語』を好み、当時の和歌や連歌の付合に、積極的に源氏の詞が取り入れられ、梗概書や源氏寄合の選定が行われていた時代傾向[11]からすれば、世阿弥時代の能の観客たちは、当然『源氏物語』に関心を持ち、五四帖すべてを読破することは無理でも、有名でよく流布していた幾つかの巻を読んだり、梗概書を持っていたりしたに違いない。そのような観客に対して、世阿弥が行った方法は、物語をそのまま能に仕立て直すという単純な方法ではなく、かなり大胆で自由な発想による導入であったのではなかろうか。その一端を示す三つの方法を考察してみた。世阿弥も少なくとも夕顔巻や宇治十帖の幾つかは、読んでいたに違いない。

注

（1）外村南都子氏「能の世界と源氏物語――先行歌謡の早歌との関連から――」（『源氏物語研究集成』第14巻）は、先行研究をわかりやすく丹念に紹介されているので、参照されたい。
近年能楽学会第15回大会企画において「『源氏物語』と能――享受と創成――」という特集を組み（二〇一六年五月一四日）、『能と狂言』第15号（二〇一七年七月）に特集として掲載されている。

（2）竹本幹夫氏「『源氏物語』と謡曲」（『国文学解釈と鑑賞』一九八三年七月）

（3）松岡心平氏「世阿弥と『源氏物語』」（『中世文学』第45号　二〇〇〇年）

（4）拙稿「通小町と卒都婆小町」（『歌舞能の確立と展開』所収　ぺりかん社　二〇〇一年二月）

（5）山中玲子氏は、「女体夢幻能のスタイルを、それと知らずに決めてしまったのか」と指摘される（「《浮舟》をめぐって」『能楽研究』第27号　二〇〇三年三月）。考え方は違うが、定型性に着目している点は共通する。

（6）世阿弥は、音楽上のまとまり（小段）ごとに、内容や観点、文体までも変化させて、種類の違う謡の組み合わせによる場面構成のおもしろさを重んじた、立体的な作能法を見せる。その場合、作詞と作曲は同時に行われているのだろう。それに対して〈浮舟〉は、平板で変化の少ない一連の文章を、無理に区切って能らしく仕立てている部分が目立つ。特に顕著な箇所が、後シテ登場の段と、前場の［クリ］［サシ］［クセ］（本説紹介の物語）である。横越元久の作詞した詞章を活用しつつ、能として成立させるために、世阿弥はさまざまな工夫をしたのだろう。

（7）たとえば〈頼政〉では、宇治川を前に平等院に陣を張って待つ源氏軍に対して、平家側が大挙して宇治川を渡り、攻め寄せて来る。この場面について能では「身方の勢は、われながら踏みもためず、半町ばかり覚えず退つて」と描写される。シテもこの謡に合わせて少し下がる動作をする。本説の『平家物語』にはない記述で、世阿弥が補ったものであろう。敵の大軍が迫って来たら、覚悟して待ちかまえていたとしても、おそらく自然に下がってしまうだろうと、容易に納得できる行動である。

また〈忠度〉では、大将軍の首を打った岡部の六弥太が、辞世の歌の短冊を見つけて、それが忠度であったことに気づき、衝撃を受ける様子を、丁寧に描いている。『平家物語』では、六弥太の様子ではなく、辞世の歌を身に付けていた忠度の風雅さに対して、人々が感動したことの方に力点を置いて描いている。

（8）伊藤正義氏。新潮日本古典集成『謡曲集下』各曲解題・頭注に指摘がある。

（9）香西精氏「作者と本説　班女」（『能謡新考』所収　檜書店　一九七二年）。〈班女〉に花の宴・夕顔二つの巻が反映していることは、佐成謙太郎・香西精を始め、多くの言及がある。

（10）宝生英照氏（一九世宝生流宗家）は金地に夕顔（実は鉄線の花）の扇について「『班女』の扇です。……ワキも同じ模様の扇を持って、最後に二人が見せ合います。『班女』の専用扇としてはおりませんが、このように同じ扇を二本使うというのは珍しい用例です。」（『能を彩る　扇の世界』檜書店　一九九四年）と語っている。筆者の見たのは、この扇だったのかもしれない。

また観世流の場合は、籬に菊の模様を用いる場合も多いし、月と夕顔が同じ扇面にえがかれているものを使用することもある。特に限定されている訳ではなく、もちろん演者が能の詞章に特にこだわる時には、花子が月の扇を、少将が夕顔の扇を持つこともある。

（11）寺本尚彦氏『源氏物語受容史論考』（風間書房　一九七〇年）に詳しい。

【補遺】

本論において、〈浮舟〉のカケリ部分で、『源氏物語』本文では描かれなかった浮舟の入水シーンが演じられ、それは世阿弥の工夫であるということを指摘した。入水したにしろ、しなかったにしろ、狂乱状態で彷徨うシーンが演じられたのであろうから、その指摘自体は問題ないのだが、入水が行われたように断定的に書いてしまった点について訂正したい。

紫式部は、浮舟が水に入ったか否か明示していない。宇治院の木の根本で気を失っている姿を見つけられたのであり、後日それが物の怪の仕業であったことが明かされるだけで、具体的な行動は記述されていない。雨が降ったらしいので、姿は濡れている。入水したともしなかったとも、解しうるのである。

研究者間でも諸説あるようだが、世阿弥当時の読みの一例として、二条良基の『光源氏一部連歌寄合之事』を紹介しておきたい。事情が明かされる「てならひ」巻ではなく、その二巻前の「うき舟」巻において、次のように説明されている。

川の音波高きを聞くにも、我身の置き所を哀れにて、薄衣に袴ばかり着て、人の寝たる隙に妻戸押し開けて、行くべき方も知らず、顔に袖を押し当てて忍び音に泣く泣く、縁より足を踏み下ろしたる。神にても何にても我を連れて行けかしとなげ入所に、彼の宮と思しき人の、直衣姿なるが、出来ていさゝせ給へとかき抱きて行きぬ。これ木霊也。とりて行きて、平等院の後ろに大きなる木の元に捨て置きたりしを、……

（古典文庫『良基連歌論集』所収の本文に、私に漢字を当て、句読点を付した。）

傍線部は「投げ入る」であろう。とすれば「水に身を投げ入れた」ことになる。匂宮らしき人（実は木霊）が川から助けてくれたと解釈している。「外の世界へ一歩踏み出した」と取ることが可能ならば、入水は行われず、匂宮（木霊）が家から誘い出したことになる。少々舌足らずなわかりにくい表現である。能の詞章も含め、当時も入水をめぐって、様々に憶測されていたことであろう。カケリでの演技も様々な形が可能であるし、観客もそれをどう解釈するか、かなり自由度があったことになる。

二 「雲となり雨となる」

能の中には、「雲となり雨となる」という、ちょっと不思議な言葉がよく使われている。

『文選』十、高唐賦幷序

去而辞曰、妾在巫山之陽、高丘之岨、

旦為朝雲、暮為行雨、朝々暮々陽台之下　（新釈漢文大系82）

の傍線部を踏まえた表現で、「夢うつつとも分かぬ状態や、天候の変化する有様をいう」と謡曲諸注には説明されている。一種の慣用句として、次の三種類の用法で用いられている。

①人の死を意味する表現に使われる。

〈船橋〉

4［クセ］……霞の空もかき昏らし、雲となり雨となる、中有の道も近づくか、橋と見えしも中絶えぬ、こはまさしく東路の、佐野の舟橋鳥は無し、鐘こそ響け夕暮れの、空も別かれになりにけり、空も別かれになりにけり。

〈松山鏡〉（神戸松蔭女子学院大学蔵堀池宗活節付本）

1［名ノリ］（ワキ）……又今日は彼が母の命日にて候ふ程に、持仏堂に立ち出で、焼香せばやと思ひ候。

2［サシ］（子方）雲となり雨となり、陽台の時留め難く、花と散り雪と消え、金谷の春行くへもなし。

＊〈定家〉

8［（クリ）］……（ワキ）さまざまなりし情の末、（シテ）花ももみぢも散りぢりに、（ワキ）朝の雲（シテ）夕べの雨と［哥］（地）古言も今の身も、夢も現つも幻も、共に無常の、世となりて跡も残らず。

②神・鬼などが昇天する場面に用いる。

〈融〉

10［ロンギ］……（シテ）鳥も鳴き、（地）鐘も聞こえて（シテ）月もはや、（地）影傾きて明け方の、雲となり雨となる、この光陰に誘はれて、月の都に、入り給ふよそほひ、あら名残惜しの面影や、名残惜しの面影。

〈金札〉

5［哥］（地）迦陵頻伽の聲ばかり、虚空に残る雲となり、雨と鳴るや雷の、光の中に入りにけり、光の中に入りにけり。

③神・鬼などが出現する場面に用いる。

〈須磨源氏〉

8［ロンギ］雲となり雨となり、夢現とも分かざるに、天より光さす、御影の中にあらたなる、童男来たり給ふぞや、さては名にし負ふ、光源氏の尊霊か、……

〈是界〉

6［上歌］梢の嵐吹きしをり、雲となり雨となり、山河草木震動し、天に輝く稲妻、大地に響く雲は、肝魂を暗まかす、こはすも何の故やらん。

ところで「雲となり雨となる」の句は、『源氏物語』葵巻に、類句が存在する。

風荒らかに吹き、時雨さとしたるほど、涙もあらそふここちして、「雨となり雲となりにけむ、今はしらず」とうちひとりごち……中将も、いとあはれなるまみにながめたまへり。

雨となり時雨るる空の浮雲をいづれの方とわきて眺めむ

「行方なしや」とひとり言のやうなるを、

見し人の雨となりにし雲居さへいとど時雨にかきくらすころ

源氏が葵上の死を「雨となり雲となったのか」と悲しむ場面である。この典拠は、唐の詩人劉禹錫（りゅううせき）の亡妻を悼む詩「有所嗟二首」（『劉夢得（ぼうとく）外集』第二）の一首である。

庾令（ゆれい）楼中初見時　武昌春柳似腰肢

相逢相笑尽如夢　為雨為雲今不知

藤原定家の『源氏物語奥入』には、「相逢相笑尽如夢」を「相逢相失両如夢」とし、

夢得、白楽天同時人也。おもふ人におくれて作詩也。

と紹介されている。「高唐賦幷序」を踏まえ、「朝には雲となり、夕べには雨となる」と言い残した巫山の神女に重ねることで、人の死を美化している点に特色がある。『源氏物語』にもそれは生かされている。

この表現を最初に歌で用いたのは、藤原俊成であろうか。『長秋詠藻』には、次の歌が所収されている。

右大臣家百首　治承二年（一一七八）五月晦日比給題七月追詠進

紅葉

雲となり雨となりてや竜田姫秋の紅葉の色を染むらん（『続古今和歌集』秋下五一四入集）

この歌は高唐賦を踏まえて、紅葉という自然現象を引き起こす時雨は、竜田姫が雲となり雨となったのだと見立てている。この句はその後、新古今歌壇において注目され、慣用句となったらしい。建久四年（一一九二）『六百番歌合』では、藤原有家が「昼恋」の題で詠んでいる。

雲となり雨となるてふ中空の夢にも見えよ夜ならずとも（『新勅撰和歌集』恋三　八二八入集）

『新勅撰和歌集』恋三には、もう一首「後京極摂政家百首歌よみ侍りける　小侍従」として

雲となり雨となりても身にそはばむなしき空を形見とや見む

の歌が入集している。両首は人の死を悼み、亡き人の昇天を雲となり雨となったと見立てており、『源氏物語』の影響下にある。以後亡き人にはかなく思いを寄せる恋を表す語として定着している。『菟玖波集』巻十五には、

行衛もしらず亡き人の跡

雨となり雲となりてや迷ふらん　源信武

が入首している。『正徹物語』では「幽玄体」の説明に巫山の神女の故事が使われ、正徹はこの故事が特に気に入っているようで、『草根集』には関連歌が三首ほど見られる。

この句の特徴として大切なことは、雲や雨に人や神などの存在が重ねられていることであろう。雲となり雨となるのは、単なる自然現象ではなく、必ずそこに亡き人や神などの存在がある。そのことから離れては、成立し得ない。能に用いられている場合も、この句を耳にした観客が理解するのは、雲や雨になっている人や神の存在であろう。

①に属する三曲は、その点『源氏物語』以来の和歌・連歌の世界での用法に忠実な例であろう。②の〈金札〉は、神官が俄に姿を消して「天津太玉の神なり」と虚空に声だけが聞こえるのに対して、「雲となり、雨となる

や」と見送るのであるから、神の昇天の形容である。これも伝統的な素直な使い方である。

ところが、〈融〉の用い方は特異である。月が沈み、陽が昇ってくる直前の、薄明かりの形容に用いているのである。「月もはや、影傾きて明け方の、雲となり雨となる、この光陰に誘われて」と「この」としている以上、光陰の形容であるとしか考えられない。ではどんな光陰かといえば、晴れているのに急に時雨れるような、異常気象であろう。仲秋の名月に照らされた夜空を舞台に、融の霊が楽しげに舞うこの場面を、世阿弥は非人間的非日常的な美的現象として統一的に描いている。その最後に、夜明け直前の空の様子を、昇天を想起させる慣用句を利用して描写するのは、面白い方法である。「現実世界では起こりえない美しさを見せる風景、それは月世界への昇天という行為が引き起こしているエネルギーの異常現象である。」という考え方なのではなかろうか。つまり、世阿弥は人の死、あるいは神的存在を感じさせる慣用句を夜明けの情景描写に用いることによって、昇天の予兆としているのである。

これは「雲となり雨となる」という句の伝統的用い方からいくと特殊な方法である。観客はこの句で実際の昇天よりも前に、その情報を受け取ることになってしまう。「異常気象すなわち予兆」という新しい意味をこの句に与えているのであるならば、少し乱暴な使い方で、意味的には少々混乱をきたす。しかし新しい意味を理解した上であれば、この場面での用い方は成功している。

世阿弥が意図的に従来の意味とは別の使い方でこの句を使用したのか、誤解によるのか不明であるが、〈須磨源氏〉は〈融〉よりもさらに過激に、予兆としての用法に徹している点、作者や成立時期を考える際、興味深い現象である。神的存在の予兆を表す語として何の不安もないらしく、出現の予兆に用いているのである。ここまで来ると、本来の意味からは完全に離れて、独立句として一人歩きしていることがわかる。〈是界〉の存在もそのことを示唆している。その原因を作ったのが、〈融〉であるのかもしれない。

〈須磨源氏〉は、『五音』に作曲者名無しで前シテ登場の段が所収されているので、世阿弥が関与した作品なのだろうが、どうもやはり、言葉の使い方は世阿弥らしくない。

三　もみじに冷淡な世阿弥――能作者の横顔――

能の作品研究を行う場合は、客観的データ分析が中心となるので、ともすれば生身の作者には無関心になる。しかし少し堅苦しい枠から離れて、自由に作品と向き合ってみると、そこに思いがけない作者の姿を垣間見る時があって、急に作者との距離が縮まったような気になる。私が長年追いかけている世阿弥や禅竹といった能の作者達の素顔、とまではいかなくても、スナップ写真で捉えたような、ふと見せる横顔を、写し出してみたい。

一　桜の好きな世阿弥

以前から気になっていることの一つに、世阿弥の作品には、「もみじ」（紅葉と黄葉両方の意味を含む）を重要な素材として取り入れているものが、一つも見あたらないということがある。『万葉集』における額田王の春秋争いの歌以来、日本の文芸史上、春と秋のいずれを好むかは重要なテーマであり、春といえばまず挙がるのが桜、それに対して秋はもみじが中心的素材となる。

世阿弥は桜を特に好んだらしく、桜の精をシテとする名作には、老人姿の桜の精が登場する〈西行桜〉や、美しい女神として桜の精が登場する〈右近〉などがある。また〈桜川〉は落花を網で掬うことを芸として見せる物狂能であり、満開の桜が風に散り、水に流れ、辺り一面桜色で埋め尽くされているような印象に仕上っている。〈忠度〉は修羅能であるにもかかわらず、忠度作の

行き暮れて木の下影を宿とせば花や今宵の主ならまし

という歌を利用して、桜の木の下から姿を現し、その木の下へ帰って行くように作られているので、忠度が花の精であるかのような錯覚を起こさせる。

桜は、単に風景描写に取り入れるという方法ではなく、人物造形に関わる主な素材としてしばしば用いられている点、注目に値する。

ところがもみじは、桜のような役割で利用されている作品が存在しない。それればかりか、世阿弥作であることが確実な能の中には、ほとんどもみじが登場しないのである。

二　四季に分類した世阿弥関係の能

主な世阿弥関係の作品を季節毎に分けてみよう。世阿弥作・改作曲の可能性があると考えられる曲を掲げた。世阿弥伝書に登場する曲、世阿弥自筆能本の曲、その他『能本三十五番目録』『応永三十四年演能番組』などに名前の見える曲であるが、根拠が明確ではないが、否定する材料にも欠けて、作者を特定できない場合は、一応可能性があるとみなして、（　）を付してすべて掲げた。

春　芦刈・海人・右近・雲林院・（箙）・老松・花月・西行桜・桜川・（佐保山）・須磨源氏・泰山府君・当麻・高砂・忠度・（田村）・（東北）・難波・野守・百万・船橋・室君・求塚・八島・弓八幡　**二五曲**

夏　敦盛・鵜飼・鵺・富士山・通盛・水無月祓・御裳濯・養老・頼政　**九曲**

秋　阿古屋松・綾大鼓・井筒・鵜羽・江口・逢坂物狂・（姥捨）・砧・清経・呉服・恋重荷・（逆矛）・実盛・関寺小町・融・木賊・（錦木）・箱崎・花筐・班女・放生川・（仏原）・松風・（松尾）　**二四曲**

冬　柏崎・昭君・布留・松浦　**四曲**
無季　蟻通・浮舟・高野物狂・多度津左衛門・丹後物狂・土車・檜垣・（山姥）　**八曲**
　　計七〇曲

春秋が圧倒的に多く、ほぼ同数であるから、世阿弥は季節としての秋を軽視していたわけではない。
もみじの季節は旧暦の九月であり、散り残る葉の季節としては冬の十月も含まれるだろう。秋の曲だからといってすべてがもみじと関係あるわけではないことは言うまでもない。

三　〈融〉の場合

秋の作品の中で、世阿弥の好みを示している顕著な例として、八月十五夜を舞台とする〈融〉がある。世阿弥にとって秋で最も重要な素材は月であるらしい。〈融〉では、満月の日の夕暮れ時から月の出を経て、一晩中の月を描き、最後に月が西に沈んで東から太陽が昇るまでの時間が、描かれている。
月に照らされた都の風景を描写する名所教えの場面で、次のような表現がある。

5［問答］……（シテ）まだき時雨の秋なれば、紅葉も青き稲荷山（ワキ）風も暮れ行く雲の端の、梢も青き秋の色（シテ）今こそ秋よ名にし負ふ、春は花見し藤の森（ワキ）緑の空も影青き、野山に続く里はいかに……

八月十五日では当然紅葉にはまだ早い季節である。それで、傍線部にあるように、「紅葉を促す時雨もまだ降らない秋だから、紅葉で有名な稲荷山もまだ木々が青々としている」と描写するのである。そして「秋の色」といえば、常識的には紅葉の色が思い浮かぶはずだが、それを「青き」（点線部）と表現しているところが、個性的である。波線部ともども、青い色が夏とは違う秋の青だというのである。この場面で世阿弥の意図しているのは、「青い秋」を描出させることなのだろう。というのも、後場では月光に照らされた「白い世界」が印象的に描き出されるので、それとの対比が念頭にあるに違いない。下掛りの金春・金剛・喜多各流ではいずれも、この二か所の青を、「梢もしるき」「影深き」となっている。現存する謡本のすべてで、上掛り・下掛りの違いが存在するから、どちらが原作かそれだけでは判断が付かないが、おそらく秋の色が青いというのは理屈に合わないと誰かが考えたて、下掛りの形に改訂したのであろう。その結果「梢も著しい秋の色を見せている」では、ますます意味が通らなくなってしまっているし、後場との対比も無くてつまらない。

稲荷のもみじがまだ青いという表現は『袋草紙』などに見える、和泉式部に恋した牛飼童の歌

時雨する稲荷の山のもみぢ葉は青かりしより思ひそめてき

を踏まえている。本歌が時の経過を表現するために青葉を用いているのに対して、世阿弥は紅葉を連想させることによって、かえって秋の青葉を印象付けている。続く「春は花見し藤の森」も同様で、藤の花を連想させつつ、青々とした野山を描いているのである。

この稲荷山の青いもみじは、後に禅竹が〈熊野〉で利用している。

［クセ］……（シテ）南を遥かに眺むれば、（地）大悲擁護の薄霞、熊野権現の移ります、み名も同じ今熊野、稲荷の山の薄もみじの、青かりし葉の秋、また花の春は清水の、ただ頼め頼もしき、春も千々の花盛り。

花盛りの都の景色を描写していく内容である。今は稲荷山のもみじも青いが、秋は紅葉で美しいのである。それに対して、ここ清水は春爛漫、まさに花盛りである。つまり秋の紅葉なら稲荷山だけれど、今は花の春だから清水だという対比であり、舞台は春だから花に重点が置かれているが、秋の紅葉も同価値の扱いになっている。

〈融〉は季節が早いのだからもみじを描かないのは当然といえば当然なのだが、「青い秋」を喜んでいるところ

が、気になったのである。そういう目で世阿弥作の能を改めて見直してみると、確かにもみじは軽視されている。

四　秋の名曲たち

〈融〉同様月を重要なモチーフとする曲が〈井筒〉である。秋の月の美しい夜というだけの設定で厳密な指定は無いが、おそらく仲秋を念頭に置いているのではないだろうか。

［上ゲ哥］……ひと叢薄の穂に出づるは、いつの名残なるらん。草茫々として、露深々と古塚の、まことなるかないにしへの、跡懐かしき気色かな、跡懐かしき気色かな。

右は在原寺を描写する部分だが、薄の穂が出ている季節であるから、晩秋ではないのだろう。草と露を使って、秋の閑かで淋しい風情を描き出している。里の女に姿を変えて現れた前シテが中入りする場面では、

［ロンギ］……龍田山、色にぞ出づるもみじ葉の、紀有常が娘とも、……

と、龍田山のもみじを利用しているが、これは〈井筒〉にとって第二テーマソングともいうべき（第一はもちろん「筒井づつ井筒に掛けしまろがたけ」の歌）

風吹けば沖つ白波龍田山夜半には君が一人行くらん

の縁で龍田山と言い、紀有常に「黄」を掛けてもみじを出しているだけで、風景として紅葉が利用されているわけではない。

この二曲と並ぶ代表的な秋の能〈松風〉〈砧〉なども、季節感としての秋は全曲に浸透しているが、そこには紅葉は入り込む余地が無いらしい。世阿弥が秋の作品を作る場合、圧倒的に多いのが月の美しい夜であり、風情を添えるのは露や風なのである。例えば〈砧〉には、七月八月九月の秋三月、砧を打ちながら過ごすという場面が

見せ場である。

［(クセ)］……八月九月、げに正に長き夜、千声萬声の、憂きを人に知らせばや、月の色風の気色、影に置く霜までも、心凄き折節に、砧の音夜嵐、悲しみの声虫の音、交りて落つる露涙、ほろほろはらはらはらと、いづれ砧の音やらん。

都に滞在する夫への想いを砧の音に託している場面だから、音が主要な素材になるのは当然ではあるが、色はむしろ白、あるいは無色、月や風や霜の色をうまく織り込んで、身に沁みる白い色の中に沈み込んでいく女の姿に聞こえている、砧・嵐・虫・露・涙などが混じり合った音の世界を描いている。

天皇として即位した人を追って、物狂となって旅する〈花筐〉[1]では、もみじ見物の御幸の場に行き会って再開するという設定である。紅葉に関する文言は次の三か所にある。

4［次第］君の恵みも高照らす、君の恵みも高照らす、紅葉の御幸早めん。

4［上ゲ歌］……露も時雨も時めきて、四方に色添ふ初もみぢ。松も千年の緑にて、常盤の秋に巡り逢ふ……

6［(掛ケ合)］時しも頃は長月や、まだき時雨の色薄き、もみぢの御幸の道のほとりに、……

何れも天皇の御幸を描写する場面にのみ限定的に使用されている点が特色である。

つまり、越前から大和まで旅してきたシテの狂女は、途中目に見、音に聞く様々な景物を謡い込みながら道行きするにも関わらず、一度ももみじに気を留めないのである。

［掛ケ合］……秋にはいつも雁がねの、南へ渡る天つ空、……、連れて越路の知るべなれ、その上名に負ふ蘇武が旅雁

［一セイ］玉章を、付けし南の都路に、われをもともに連れて行け。

〔カケリ〕
宿雁がねの旅衣、飛び立つばかりの心かな。……
〔上ゲ哥〕焦がれ行く、旅を忍の摺り衣、旅を忍の摺り衣、涙も色か黒髪の、飽かざりし別かれ路の、あとに心の浮かれ来て。鹿の起き臥し堪へかねて、なほ通ひ行く秋草の、野くれ山くれ露分けて、玉穂の宮に着きにけり、玉穂の宮に着きにけり。

狂女がこだわっているのは、北から渡ってきた雁、これは都への道知るべでもあり、便りを運ぶ蘇武の旅雁を連想させるものでもある。また恋の象徴としての涙、黒髪、妻訪いの鹿を思い起こし、秋草の茂る野山を露を分けて行き、ようやく都に着く。

もみじの御幸であることをいやに強調する天皇一行と、もみじに一切触れない狂女、このようにくっきりと区別されているのであるから、世阿弥は意図的に二人の住む世界の違いを描き分けているのであろう。

世阿弥にとってもみじは、秋の華やかな側面を象徴するものなのではないだろうか。世阿弥が重視した秋という季節感は、どちらかというと豊かな実りとか、錦繍のような紅葉という華やかで幸せな側面ではなく、冬や飽きに通じる、終わりを感じさせる、淋しく悲しく冷たく透明なイメージのようで、そのような秋が好きなのだろう。

五　もみじの使用法

〈逢坂物狂〉〈昭君〉〈箱崎〉〈鵜羽〉など、いずれも秋の曲で、落葉は用いているにもかかわらず、それはもみじではない。〈敦盛〉の「寿永の秋の葉の、四方の嵐に誘はれ、散りぢりになる一葉の」のように、秋にちりぢりになる落葉は、世阿弥好みのものであるらしく、しばしば登場しているのである。

〈江口〉紅花の春のあした、……黄葉の秋の夕

〈清経〉保元の春の花寿永の秋の紅葉とて

〈佐保山〉花の春紅葉の秋の夕時雨

〈泰山府君〉青陽の春の朝には、花山に入って日を暮らし、秋は龍田のもみじ葉の、色に染み香にめでて

〈田村〉花も紅葉も色めきて

〈檜垣〉紅花の春の朝、紅葉の秋の夕暮れ

〈求塚〉み吉野志賀の山桜、龍田初瀬の紅葉をも

などのように、春秋の対で用いられている表現はかなり見られる。その他には

〈高野物狂〉紅葉三方院よりもなほ深く

〈錦木〉紅葉葉染めて錦塚は

〈仏原〉神の柞の紅葉ばの、誓いの色もいや高き

〈実盛〉紅葉を分けつつ行けば錦着て

など、紅葉で有名な場所を軽く描写するためや、〈実盛〉のように、赤地の錦の直垂を着ていたこととの関連から引用した古歌に入っているというだけのことである。

作者は不明ながら、世阿弥時代の作品としては無視できない〈逆矛〉のみは例外であろう。龍田明神と同一体の滝祭の神をシテとした曲で、龍田山の盛りの紅葉が重要なモチーフとなっている。この作品などと比較してみると、世阿弥のもみじへの冷淡さは、より顕著となる。

六　禅竹の場合

一方世阿弥の娘婿の金春禅竹の場合は、かなり事情を異にしている。禅竹作の曲は世阿弥ほど明確ではないので、検討対象にする作品の選定が難しい。ほぼ確実に禅竹作と考えられる曲のうち、もみじを取り入れているのは〈定家〉〈雨月〉〈玉葛〉〈野宮〉、そして〈龍田〉である。

〈龍田〉は〈逆矛〉同様龍田明神がシテだが、こちらは女神であり、また季節は冬の十月、氷に閉じこめられた紅葉をモチーフとして作られている。

〈定家〉も十月の時雨がちなある日を舞台としている。藤原定家の執心が定家葛となって式子内親王の墓にまとわりついている。その蔦葛は、まるで定家の執心の色のように「蔦もみぢの色焦がれ」て、赤い色を残しているのである。ワキ登場の段で「紅葉に残る眺めまで」と都の様子を描き、雨宿りの場面での時雨亭についても、「枝に残りの紅葉の色」と言う。冬枯れの中で、まだところどころ紅葉を散り残している木々を、印象的に描いているのである。これは〈龍田〉同様、禅竹が冬枯れの紅葉を好んでいるからでもあろうが、もうひとつ重要なことは、すっかり枯れきっていない状態という、この曲の象徴的な色合いとしての役割であろう。そして墓には紅葉が残っていることになるのである。現代ではあまり紅葉を付けた塚を出さないが[2]、紅葉があるのと無いのとでは、視覚的に大きく印象が異なるし、式子内親王の人となりにも影響してくる。禅竹の用いる紅葉は、〈龍田〉同様、特殊で重要な存在なのである。

その他にも〈雨月〉〈玉葛〉〈野宮〉などで、もみじが使用されているが、何れも色彩を豊かに彩る意図が明確に見て取れ、世阿弥とは違った禅竹の感性を感じる。

定家に私淑し、『新古今和歌集』や定家の私家集『拾遺愚草』を良く勉強していたらしい禅竹は、しばしば新古今的・定家的な複雑で繊細な美的世界を創り出す。紅葉もそれに一役買っていることがわかった。

注

（1）終曲部、現行諸流「紅葉葉散り飛ぶみ先を払ひ」の表現がある謡いに改作されているが、古形は「安閑止め」の小書で残っている「安閑天皇のおん母、照日の宮と申ししは、筐の女御のおんことなり」の詞章であると考えられるので、この部分は省く。

（2）近年では二〇〇五年国立能楽堂において、梅若六郎氏が、紅葉の残った鬘を付けた塚を用いていて、印象に残っている。

四 〈砧〉に用いられる「水かけ草」

〈砧〉は名文としての評価が高く、謡を味わうと良い詞章だと感じる。しかし一方で詩歌の言葉が多く使用され、その言葉にどれだけの意味が持たせられているのか判断が難しい。現代語訳的に明確に意味を理解するのは困難な詞章でもあるのだ。

その最たる例が「水陰草ならば、波打ち寄せよ泡沫」ではないだろうか。

6 [(クセ)] かの七夕の契りには、ひと夜ばかりの狩(仮)り衣、天の川波立(裁)ち隔て、逢ふ瀬櫂(甲斐)なき浮き舟の、梶(舵)の葉脆き露涙、ふたつの袖や萎るらん、水掛け草ならば、波打ち寄せよ泡沫。

七夕の牽牛・織女のことから、唐突に「水かけ草ならば」という言葉に続いている。

岩波日本古典文学大系本『謡曲集上』では「水掛け草」と校訂しているが、底本としている堀池識語本（法政大学能楽研究所蔵）では「水かけ草」となっている。室町・江戸期の謡本では「水かけ草」あるいは「水かけくさ」と表記されている。濁点表記が無いので、「水掛け草」なのか「水陰草」なのか判断できない。現行諸流では、観世流が「水陰草」で、他流は全て「水かけ草」である。明和改正謡本は「水ぐま草(グサ)」と、違う言葉に変更している。江戸期に濁点表記や漢字を当てた本も皆無ではなかろうが、現存謡本の全てを確認していないし、実際どう謡っていたのか判断できない。世阿弥は「水陰草」「水掛け草」どちらで作ったのだろう。

[(クセ)] 前半は七夕に因んだ内容である。牽牛・織女の契りは、一年にたった一晩の仮初めの逢瀬ということで「狩り衣」に「仮」が掛詞となっている。「衣」の縁で「立つ（裁つ）」「袖」と繋がる。逢瀬を隔てるのは天

の川であり、夜が明ければ「天の川波」が二人の間に「立ち」隔たってしまう。せっかくの「逢瀬の甲斐もなく」、まるで「櫂のない浮舟」のように行方の知れない恋路なので、「梶の葉」をこぼれる露のように脆くも落ちる涙で、二人の袖は萎れるにちがいない。七夕には梶の葉に歌や願い事を書いた事に因んで「楫→梶」が使われている。

さて問題の「水かけ草」であるが、古くは夫と自分のこととして解釈していた。

＊水に流れる草をいふ。我が夫が水陰草ならば、我方へ波のつれ来れの意（大和田建樹『謡曲評釈』博文館　一九〇八年一月）

＊水に流れる草。二星のしをれた袖を、妻のしをれた袖に取做し、わがしをれた袖が水陰草であるならば、これを夫の方へ打ち寄せよといふのである。（佐成謙太郎『謡曲大観』明治書院　一九三〇年一二月）

＊わたしが水陰に生えてゐる草だつたら、泡のやうに浪が夫の方へ打寄せてくれ。水陰草は天の川の縁語（田中允、日本古典全書『謡曲集』朝日新聞社　一九五七年一月）

などである。日本古典全書は車屋本を底本とするが、それ以外は全て現行観世流を用いているから「水陰草」で注を付けているのである。大系本（表章校注）以来、上ハ前までを七夕に関する内容で統一しているとの解釈がなされるようになった。本稿も同様の立場である。大系本では

涙の露の主が水かけ草ならば、天の川の川波が泡と同様に打ち寄せて逢わせてやればよいものを。

と訳されている。

この謡を難解にしているのは、なぜ七夕の二人が「水かけ草ならば」と言われるのかということであろう。それが不明であったために、古くはシテと夫のことであると解釈されていた。歌語としての「水かけ草」の理解無しでは解釈できない表現なのである。

一晩限りの逢瀬のために、二人の袖が涙の露で濡れる。水陰草は天の川に生える草で、それに置く露が、二人の涙である。だから水陰草は二人のことだ。
という連想が働いて、初めて成り立つ表現であろう。世阿弥がこのように用いた「水陰草」は、当時の観客には容易にわかるポピュラーな歌語だったのだろうか。

「水陰草」は『万葉集』巻十　二〇一七

天漢（アマノガハ）　水陰草（ミヅカゲクサノ）　金風（アキカゼニ）　靡見者（ナビカフミレバ）　時来之（トキハキニケリ）

　天の河水陰草の秋風に靡かふ見れば時は来にけり

を最初とする。この歌は『古今和歌六帖』一三四に人丸の歌として

　あまの河水かげ草の秋風になびくを見ればときはきぬらし

で入集、この形で流布した。後に『続古今和歌集』秋上三〇七には作者を山部赤人、五句目を「ときはきにけり」として所収される。

『袖中抄』には、「水かげ草」を一項目立て、『古今和歌六帖』の形で歌を掲載し、「水陰草とは水の陰に生たる草を云」と説明した上で、「在書云」として

　苗を云也。其故は（水をかくるなり。）天河の水をかくと云也。其水と云は空より降下たる雨也。されば天河水かげ草と云は、天川に生たる草にあらず。こゝの苗に天川の水をかくる也……　（歌学大系）

という別の見解を紹介する。そうした後

　此水かげ草とは水陰とかけり。水懸とかきたらばこそ如此には申さめ。萬葉の書様は、かたきことをかくし、やすきさまにかきなせど、さすがにこの體のことばたがはず。水のかげの草にてあるべし。

と、明快な解答を示している。当時すでに「水掛け草」という別の考え方もあるが、顕昭は『万葉集』の用字か

ら、それを否定している。

源俊頼『散木奇歌集』「寄草恋」一二一六には

谷ふかみ水かげ草のした露やしられぬ恋の涙なるらむ

とあり、天の川ではない谷川の水陰草が詠まれている。ここで草に置く露が恋の涙であるという見立てが用いられている点は重要であろう。そして、『清輔集』「七夕」九九の

天の河水かげ草におく露やあかぬわかれの涙なるらん

が登場する。これは『新勅撰和歌集』秋上二一八

七夕後朝の心をよみ侍りける

として入首しており、後代への影響大の歌である。世阿弥もこの歌をふまえているのだろう。天の河に生え、二人の恋の涙の露が結ぶ草である。

「水陰草」は八代集には一首も入首していない点を重視すると、平安・鎌倉期には、それほどポピュラーな言葉ではなかったのかもしれない。ところが興味深い点は『和歌題林愚抄』（室町中期成立）に、天の川関連で九首も入首していることである。大規模な類題和歌集ではあるが、室町期の歌界の状況を知るには適した歌集である。

また『看聞日記紙背』の「山何連歌」応永三十年五月二十五日（連歌データベース検索）

つきいりてあさせやたとるあまのかは

みつかけくさのつゆそたまなる

という連歌が存在する点に注目したい。後崇光院の日記の紙背文書に記されている。能の観客層と共通する人々による連歌であろう。この句は天の川の水陰草を念頭に置き、草に結ぶ露の玉を詠み込んでいる。

一方、応永二十年五月十六日

　　さみたれのかはおとになるはれまかな
　みつかけくさのさなへとるころ
同三十四年七月七日
　なみやつゆちるはをはなのかせのおと
　みつかけくさのほやなひくらむ
という二例がある。『染田天神法楽千句』である。染田天神は奈良県宇陀市（旧宇陀郡室生村染田）にあり、室町中期から一五〇年余、天神講が結成され毎年盛大な連歌会が催された。応永二十年と三十四年の「みつかけくさ」は、「水掛草」であり、顕昭が否定した「水を掛ける苗」の意で用いている。
　連歌においては、他に年代不明の『大発句帳』（陽明文庫蔵）に二度みられるが、それ以外の使用例は未確認である。応永二十年代から三十年代にかけて、都・奈良での連歌興行に「水陰草」「水掛草」両方の例が見られるのである。「水掛け草」の例である染田天神の句はさておき、『看聞日記紙背』が存在するのは興味深い。世阿弥時代、「水陰草」は天の川に生える草で、露との縁語関係で詠まれる歌語であるとの認識が、浸透していた証しである。水陰草には七夕の二人の涙が露として結ぶという和歌的理解に基づき、だったら水陰草は二人だという飛躍的発想をしているのである。

五　能の中の大和、共存する歌枕と実世界――〈布留〉と〈野守〉――

筆者が「大和」について持っている最も強い関心は、歌枕・名所としての大和と、実在の地としての大和が、どのように混在しているのかということである。〈紅葉狩〉が遠い戸隠を舞台としながら、まるで龍田山のような描写になっていることなども鑑みて、既知・未知の違いが、どう作能や観能に影響するのだろう。「地力」といってもよいようなエネルギーの働きかけは、やはりあるに違いない。意図的に作者が描き分けているのか、それとも能という特殊な世界は、常に完璧に現実から乖離しているのか。戸隠はともかく、少し離れた須磨・明石、もっと近い難波・摂津・熊野あたりはどうなのか、明確な境界が有るはずもなく、なかなか証明も困難ではあるが、敢えて、取り組んでみたい。

最初に、大和を舞台とする能の一覧を掲げておく。

【大和を舞台とする能一覧（室町時代）】

飛鳥・**飛鳥川**・**井筒**・**采女**・笠卒都婆（別名重衡）・春日神子・**春日龍神**・**葛城**・葛城天狗・清時田村・**国栖**・久米（仙人）・**逆矛**・**佐保山**・信貴山・＊青衣女人・代主（別名葛城鴨）・**大仏供養**・**当麻**・忠信・鑪（たたら）重衡・**龍田**・**谷行**・**玉葛**・十握の剣・業平・鶏（龍田）・**野守**・初瀬西行・**花筐**・花櫓（やぐら）・**雲雀山**・**百万**・**二人静**・布留・**三山**・**三輪**・守屋・八重桜・八幡弓・＊夢殿・吉野琴（古名吉野山）・吉野（西行）・**吉野静**・吉野天狗・**吉野天人**・吉野詣

ゴチック体は現行曲。＊は近代の新作能（別冊国文学『能・狂言必携』「能作品全覧」所収曲　學燈社　一九九五年）

全体で見ればそれほど多くはないが、現行曲として残った割合は多いのかもしれない。〈百万〉は、シテが奈良から出て来ただけで、舞台は嵯峨の清涼寺であるし、〈花筐〉などはたまたまその地が舞台だというだけで、大和であることはまったく能に反映していない。

一　名所・旧跡の利用

世阿弥は『三道』の「書」の項で、名所・旧跡の利用法について、舞台になっている土地の歌枕としての機能を、十分活用することを主張している。基本的には和歌の作法を踏襲する能の作詞法において、その土地を実際に目で見、その場に立って叙景するという方法を採らないのは、当然のことかもしれない。藤原俊成は、『古来風躰抄』の序文で

人の心を種としてよろづの言の葉となりければ、春の花をたづね、秋の紅葉を見ても、歌といふものなからましかば、色をも香をも知る人もなく、なにをかは本の心ともすべき。

と、歌を介することで始めて、様々な事象を認知することが出来るという考え方を披露している。目の前の事象を、古歌を想起することで理解することは、『源氏物語』など平安中期の文学中にもしばしば見られ、当然のこととも言えるが、俊成が明文化したことによって、歌を通して物事を認識するという文芸上のテクニックが正当化されたということでもあろう。

今回、大和について論じるために、現行曲を中心に、室町時代成立と考えられる主な能について、名所・旧跡の用いられ方を調べてみた。その結果、名所・旧跡を舞台とする曲はいずれも、因みの名歌・名句、故事来歴などを最大限活用して、その土地についての説明や印象作りを行っている。自由に能作者の見たまま感じたままの

描写は、あり得ないのである。古典的な韻文体文芸の世界では、当然といえば当然のことである。

一番の能の中で、特定の土地がクローズアップされるのは、
①シテやワキの道行
②名所教え
③初同などの曲趣提示部にある叙景
④叙景や縁起などを目的とした［クセ］などの中心的見せ場
という四種類であろうか。地名をちりばめて、それに関連する歌語を連ね、古歌や故事を引用する定型的な手法が早くから確立している。古い例としては、世阿弥自筆能本が残り、『申楽談儀』に金春権守が演じたと言及される〈柏崎〉の6段、後シテ登場の道行がある。［下ゲ哥］では、
子ゆゑに身を焦がししは、野べの木島の里とかや、降れども積もらぬ春の雪、浅野といふはこれかとよ、桐の花咲く井の上の、山を東に見なして、西に向かへば善光寺、生身の弥陀如来、
と、移動していく土地の名前を詠み込みながら（傍線部）、「野辺の雉」「春の雪が浅し」「桐の花が咲く井戸」と、掛詞を利用して叙景の効果を上げている。最後は善光寺の本尊に言及して、道行の終了を表現している。引用箇所にはたまたま和歌が無いが、利用出来る和歌があれば適宜引用されるし、縁語も多用される。
この手法は宴曲などの影響下に形成されたものであろうが、根強く能の作詞法に定着していて、都の内のことであろうが、遠い九州に関してであろうが、殆ど変わりなく、機械的に用いられる表現法である。

二　印象的な実景描写

このような類型表現の中で、実際作者が体験した実景描写ではないかと思えるような、印象的な表現がある。たとえば〈頼政〉の初同、3段［上ゲ哥］では、

名にも似ず、月こそ出づれ朝日山、月こそ出づれ朝日山、山吹の瀬に影見えて、雪さしくだす柴小舟、山も川も、おぼろおぼろとして、是非を分かぬ気色かな。げにや名にし負ふ、都に近き宇治の里、聞きしに勝る名所かな、聞きしに勝る名所かな。

傍線部に歌枕を詠み込んで、縁語を多用する点は類型的でありながら、点線部の具体的な叙景と二重線部の感慨の表現で、おざなりな類型表現に陥ることを免れている。月が出て辺りの様子が一変した瞬間を捉えており、実感ではないかと思わせるような臨場感が溢れている。宇治は大和同様、都近郊で、世阿弥にも観客にも、日常生活の場ではないが、既知の場所であろう。そのような場に相応しい、リアリティーがありながら、非日常的な美的表現を勝ち得ている。

日常性のある場所という観点から見ると、〈融〉の名所教えや、〈西行桜〉の［クセ］は、常識的で誰もが納得できる慣用的な表現の連続で、その点では珍しさがない。ところが〈融〉では、生活の場である周知の名所を、月明かりで照らして一望するという大胆な設定にして、珍しさを引き出している。「見渡せば、柳桜をこき交ぜて、都は春の錦、燦爛たり、」で始まる〈西行桜〉の［クセ］は、都の桜の名所を十カ所挙げている。その意味では類型的な名所教えだが、老木の桜の精が、真夜中に西行の夢の中で謡い舞うという、特殊な設定になっているために、シテの動きにつれて、春の宵の闇に花盛りの名所が次々浮かび上がる。この二曲では、今ならテレビや映画で見るような映像を、観客の頭の中に擬似的に構築している。人々が実景を想い起こすことのできる名所をうまく活用して、個性的な見せ場を作りだしているのである。その場合、歌枕としての地名の威力は、地名を挙げるだけで多くの情報を与えることが可能で、観客は自分の体験と知識に応じて、様々な映像を思い浮かべるこ

とになる。

名所の描写が、類型表現で行われる効果が、最もよく効いている例であろう。

三　〈松浦〉と〈布留〉

都であろうと大和であろうと、殆ど誰も行ったことのない遠い地方や、何人かは行ったかもしれない吉野・熊野・須磨・明石であろうと、名所の描写には技法上の変わりは殆どない。その好例として、世阿弥自筆能本が現存し、書写年次も四ヶ月しか違わない〈松浦〉と〈布留〉を比較してみたい。

〈松浦〉は遠い備前（長崎県）の松浦を舞台とする女体の妄執物、〈布留〉は大和の石上布留を舞台とする女体神能だが、前者は鏡、後者は剣が重要な小道具として用いられているなど、両者には共通点が多い。


〈松浦〉

3［問答］……（ワキ）まづこれなる流れをば何と申し候（シテ）これこそ松浦川にて候へ。この湊にて佐用姫も鏡を抱きて身を投げけるとかや。その魄霊残つて、今も鏡の宮とかや、参りて拝ませ給へとよ（ワキ）げにげに松浦の鏡の宮とは佐用姫の霊神なるべし。さてあの雪の積もりたるは松浦山候ふか（シテ）あれは松浦山、領巾山と書いて領巾振る山と読むなり（以下、山上憶良の歌の説明に移行）

〈布留〉

3［問答］……（シテ）まづご覧ぜよ名にし負ふ、古幹（ふるから）小野の本柏の、木の間に見ゆるは石上寺、（ワキ）帰るや雲の懸橋かと、見えたる山の名はいかに、（シテ）げによくご覧じとがめたり、雲とも橋ともご覧じたる、（ワキ）折から気色も（シテ）面白や

［上ゲ哥］（地）布留の高橋見渡せば、〳〵、誓ひかけてや神の名の、布留野に立てる、三輪の神杉と詠みしも、そのしるし見えて面白や。……

両曲の名所教えの部分である。名歌・名句・故事来歴の紹介という意味では、いずれも類型的な名所教えの手法を用いている。特に〈松浦〉では、松浦川・松浦山の紹介が佐用姫関係の故事との関係だけで行われている。引用箇所以外の、ワキや前シテ登場の段における叙景でも、歌枕として詠まれた代表的な和歌が幾つか利用されるだけで、松浦という土地についての、印象的な描写は皆無である。これはこの地が都から遠く、観客の誰も（作者の世阿弥も）そこに行ったことはなく、特定の印象を結び得ない別世界であるためであろう。

一方〈布留〉でも、傍線四カ所の歌枕を利用して、石上寺から大神神社までの紹介がなされている点ではさほど特色が無いように見える。しかし点線・二重線部の存在が重要なのではなかろうか。意味が通りにくいが、石上寺から振り返ってみると、雲の懸け橋が架かったような三輪山が見えることを表現しているのだろう。三輪山は標高四六七メートルの小さな円錐形の山だが、典型的な老年期地形の大和盆地にあって、山辺のあたりでは、思いがけない時にふと雄大な姿で視野に入ってくる。「帰るや」は、「ふるから小野の石上寺」から振り返ってみると、という意味で、『貫之集』五に所収される

石の上布留野の道の草分けて清水汲みにはまたも帰らん

を下敷きにして用いた表現らしい。山辺の道周辺に点在する歌枕と、複数の古歌を利用しているが、実際にこの場に立って、三輪山を仰ぎ見た経験が反映されているかと思えるような、鮮やかな印象を与える。その点で前述した〈頼政〉と同様である。

〈布留〉と比較すると、〈松浦〉はいかにも機械的な名所教えで、その土地に関する具体的な情報が欠如していることが看取される。作能の関心が、土地にではなく事柄にあるということでもあろう。〈俊寛〉に鬼界が島の

叙景描写が無いのも、同様な理由による。

ところで、金春禅竹作の夢幻能で、しばしば念の入った叙景描写が見受けられる。〈玉葛〉の初同では、初瀬について、

［上ゲ哥］ほの見えて、色づく木々の初瀬山、……川音聞こえて里続き、奥もの深き谷の門に、連らなる軒を絶えだえの、霧間に残す夕べかな、霧間に残す夕べかな。

と、実景に基づくかと考えたくなる描写である。〈定家〉の初冬の都（初同）、〈野宮〉の晩秋の嵯峨野（前シテ登場の段・初同）、〈小塩〉の花盛りの都（［問答］～初同）なども同様である。一方世阿弥の代表作〈井筒〉では、月光下の在原寺が描写されているが、

［上ゲ哥］……ひと叢薄の穂に出づるは、いつの名残なるらん。草茫々として、露深々と古塚の、まことなるかないにしへの、跡懐かしき気色かな

と、必ずしも在原寺でなくてもよい。この場合は、塚に生えているひと叢の薄が重要で、それをきっちり押さえることが目的だったのだろう。生活圏内でその時々に受ける様々な印象を能に活用する傾向は、世阿弥よりも禅竹の方が強いのかもしれない。このことに関しては、稿を改めて論じてみたいテーマである。

四　宗教的空間としての春日

大和は他の地方より遙かに身近な場所で、実体験を土台としている部分を、多く見つけることができる。そしてもう一つ、見逃してはならないのが、宗教的空間としての側面である。世阿弥作の〈野守〉は、「野守鏡」に関する和歌説話（『袖中抄』他）と、春日野の下に地獄があるという説（『沙石集』巻一、『春日権現験記絵』巻十

六他）をもとに作られている。[1]前シテ登場の段では野守の老人としてのシテが、次のように謡う。

2［サシ］有難や慈悲萬行の春の色、三笠の山にのどかにて、五重唯識の秋の風、春日の里に訪れて、まことに誓ひも直なるや、……

［上ゲ哥］むかし仲麿が、むかし仲麿が、わが日の本を思ひやり、天の原、ふりさけ見ると詠めける、三笠の山かげの月かも。それは明州の月なれや、ここは奈良の都の、春日のどけき気色かな、春日のどけき気色かな。

阿倍仲麻呂の歌（『古今和歌集』羈旅歌四〇六）を引用するなど、定型的な名所の描写法であるが、描かれているのは、春日明神のご利益が行き渡った、のどかな春日野である。

春日明神の支配する特別な場所という認識は、能が作られ演じられた時代には常識だったらしく、春日野を舞台とする〈采女〉

2［サシ］耿々たる燈火も、よを背けたる影かとて、ともに憐れむ深夜の月、おぼろおぼろと杉の木の間を漏り来れば、神のおん心もしくものなくや思すらん。（新潮日本古典集成『謡曲集上』）

や、〈春日龍神〉

2［上ゲ哥］神の代よりの末請けて、澄める水屋の御影まで、塵に交じはる神ごころ、三笠の森の松風も、枝を鳴らさぬ気色かな、枝を鳴らさぬ気色かな。（新潮日本古典集成『謡曲集上』）

など、いずれも春日明神を讃えて、神域であることを印象付けている。それが春日野を描く時の手続きとして、定着しているらしい。

しかし〈野守〉は、春日野を作品の背景として便宜的に利用しているのではない。前場は極楽浄土さながらの春日野が描かれ、後場は地獄から浄玻璃の鏡を持った鬼が出現して、天界と地獄界の世界を垣間見させる。春日野は極楽・地獄の両方が同時に存在する特殊な空間であり、シテはそこを自在に動ける神通力を持った、両世界の並存を象徴する存在として、造形されているのである。

神域としての春日を描いた曼荼羅に対して、珍しく春日野の下の地獄が描かれた絵図を紹介する。(2)

春日野の下にある地獄の絵図
春日千体地蔵図　一幅（奈良国立博物館蔵）
絹本着色　縦 110・横 53.5　鎌倉時代

山水風景中に、宝珠と錫杖を持ち蓮華座上に立つ通形の地蔵菩薩が多数表される（九九七体）……御蓋山部分に六体配するのは、六地蔵の意と解され、それに呼応して図中に六道の描写も見られる。下端中央に熱湯の釜から救われた童子形の亡者たちを鬼たちが見る地獄道、右端に大きい腹の餓鬼が飯を傍らに座る餓鬼道、左端の少し上に牛が伏す畜生道、上部右端に阿修羅が坐る阿修羅道、上端に天人が倒れ伏す天道を配する。……（中島博　奈良国立博物館『おん祭と春日信仰の美術』2006 年図録より所引）

おわりに

「大和」がどう描写されているかというテーマを立てたことにより、能の表現法を新しい角度から検討することになった。

その関連から、禅竹の叙景がかなり個性的であるらしいことを摑めたのは大きな収穫であった。また、一曲一曲を丁寧に見ていくと、大和に限らず、舞台となっている場所に対する作者の思いが、かなり反映されているらしいことが判明した。和歌は作法上の規制が多いが、能の場合はそれに倣いながらも、堅苦しい作法があるわけではないから、作者の実感がストレートに表出している表現も多いのではなかろうか。

大和という特別の場所は、都中心に考えれば、観客にとって日常性からは少し離れた信仰の場所であり、また歌枕的興味の強い観光地でもある。生活の場ではないが実際に知っている場所という、特殊性がある。大和での興行の際には、ご当地の観客を相手にすることになる。世阿弥にとっては故郷、禅竹にとっては生活の場、そして大和猿楽に属する者たち全体にとって、興福寺を初めとする寺社の祭礼に参勤する、演能の場でもある。そういう特殊性を考慮した作品分析によって、今後ますます、様々な興味深い事柄が明らかにされていくに違いない。

注

（1）春日野の場としての特殊性に関しては、阿部由佳氏「世阿弥作能の「場」――「野守」における春日野――」（『芸能史研究』一五五号、二〇〇一年一〇月）に詳しい。

（2）世阿弥忌セミナー（二〇〇八年八月八日、奈良国立博物館講堂）谷口耕生氏が「春日曼荼羅の信仰と造型」で言及された。

六　〈融〉の引き歌考

世阿弥五十代以降成立の可能性が高い曲、たとえば〈井筒・砧・鵜・班女〉などにおいては、作詞技法の完成点を示す優れた詞章が多い。それらに見られる作詞上の特色としては、縁語・掛詞を多用して、抒景や叙事を心情表現に転化したり、あるいは風景と心情が二重写しとなっていて、両者がそれぞれの象徴としての役割を果たしている、といった方法が顕著である。引用される詩歌や歌語は、それだけが浮き上がってしまわないように、前後の言葉で関連付けられ、詞章の中に定着するよう配慮されている。複雑な作詞技法を駆使しながらも、表現意図が明確で、内容が把握しやすいよう、周到に配慮されている。

そのような世阿弥的な作詞法は彼の到達点であり、それに至るまでには、長い試行錯誤と工夫と変化があったに違いない。本稿では比較的早い段階で成立した可能性が高い〈融〉について、その詞章に散見される引き歌の特色を指摘し、遊舞能確立との関係に言及したい。

一　照る月並みを数ふれば

〈融〉は、世阿弥の『音曲口伝』（応永二十六年奥書）に、「祝言・ばうをく」の曲趣の例として、「塩釜」の曲名で所収されており、世阿弥五十代半ばには既に作られていたことが明らかな曲である。〈融〉は現代に至るまで人気曲で、「はた目で見ても浮き立ってくる融の大臣の花やかな遊舞の有様。死後たちまちに荒廃した、その大邸宅に寄せての哀感。この二つを対照的に描き、両者を京の名所尽くしの美しい抒景でつないでいる。刻々に一を変える月影など、きめのこまかい描写である（主題）。構成・詞章ともに極めてゆきとどいた作である」（岩波古典文学大系『謡曲集上』二九五頁）など、評価も高い。

中秋の名月の夜の、夕刻から午後八時ごろの満潮時過ぎまでを描く前場（右の大系本に示される真夜中まではない）と、真夜中から夜明けまでを描く後場からなるこの曲では、月が重要な役割を果たしている。満月は日没と同時に東から上り、日の出と同時に西に沈むから、月の位置が夜の時刻を正確に表していることになる。それを利用して「きめこまかい描写」がなされているに違いないのだが、子細に見ると実はおかしな所がある。

2［一セイ］（シテ）月もはや、出潮になりて塩竈の、うら寂び渡る夕べかな。

［サシ］（シテ）陸奥はいづくはあれど塩竈の、恨みて渡る老いが身の、寄るべもいさや定めなき、心も澄める水の面に、照る月並みを数ふれば、今宵ぞ秋の最中なる、げにや移せば塩竈の、月も都の最中かな。……

3［問答］……（シテ）や、月こそ出でて候へ……

2段、汐汲みの老人（前シテ）登場の段の謡は、素直に理解すれば、「月が既に出ており、清らかな水面にその月が照り映えている」であろう。ところが月の出は3段、旅の僧（ワキ）と会話している場面の中である。「や、月こそ出でて候へ」と言っている以上、ここで初めて月に気付く設定であることは明白である。登場の段ではまだ月は出ていないのである。

前シテ登場の段の謡は、『音曲口伝』や『五音』にも引かれる、世阿弥の自信作であろう。［一セイ］の「月もはや、出潮になりて」は「はやくも月の出る、出潮の時刻となり」と、まだ月は出ていないと解釈することも可能であるが、［サシ］の点線部で、月は出ているように思えるのである。この部分は『拾遺和歌集』秋一七一、源順の歌の引用であり（末句は「最中なりける」）、引用した意図は、池水の面に照る月が最中という、設定上の共通性にあろう。オーソドックスな美しさに富んだ耳近な和歌がほぼそのままの形で謡われることによって、美しく澄んだ水に名月が照り映えている情景が、ありありと想像される。この場の雰囲気を盛り上げるという点では、引用歌は効果的に用いられている。しかし和歌の処理、つまり場面設定のなかに埋め込む配慮がうまくなされていないために、必要ない意味まで生かしてしまっているのではないだろうか。

実はこの引用歌の存在によって、時間以外にも矛盾をきたしていることがある。

ワキが見ている現実の河原の院は次のような風景である。

4［語リ］……しかれどもその後は相続して玩ぶ人もなければ、浦はそのまま干潮となつて、池辺に淀む溜り水は、雨の残りの古き江に、落葉散り浮く松蔭の、月だに住まで秋風の、音のみ残るばかりなり、……

河原の院に移された都の塩釜は今は荒廃しており、池は雨水が淀み落葉が浮いて、月さえ映さないのである。しかしこの現実は、4段になってようやく知らされる情報である。前シテ登場の段では、まだ何も明らかにされていないから、観客がまず強烈な印象で受け取るのは、名月の照り映えた美しい塩竈の風景ということになる。前シテ登場の段の謡は、曲趣提示部分として重要な存在である。世阿弥が不用意に引き歌をして、不必要な意味を与えてしまったのか、意図的な処置なのか、問題となるところであろう。

そのことに関して突き詰めて考えると、〈融〉の前場は、他の曲と際だって異なる特色があることに気づかされる。〈融〉で扱われている物語には、二つの場所が存在する。融存命中の美しかった河原の院と、死後荒廃してしまったそれである。その違いの大きさに時の経過と自らの老いを重ねて、詠嘆する前シテがいる。シテとワキが出会ったのはもちろん荒廃した河原の院なのだが、シテの目には二つの河原の院の様子が、入り交じって映っているらしいのである。前シテ登場の段で描写されているのは、難波の津から毎日海水を運んで塩を焼かせた、昔のりっぱな河原の院の有様であり、その池の澄んだ水には、明月が照り映えている。それはワキの見ている河原の院とは異なるのである。

世阿弥の夢幻能の前シテ登場の段において、シテの心象風景が描写されることは、定型的である。

2［サシ］（シテ）さなきだに物の淋しき秋の夜の、人目稀なる古寺の、庭の松風更け過ぎて、月も傾く軒端の草、忘れて過ぎし古へを、忍ぶ顔にていつまでか、待つことなくてながらへん、……

［上ゲ哥］（シテ）迷ひをも、照らさせ給ふおん誓ひ、照らさせ給ふおん誓ひ、げにもと見えて有明の、行くへは西の山なれど、眺めは四方の秋の空。松の声のみ聞こゆれども、嵐はいづくとも、定めなき世の夢心、なにの音にか覚めてまし、なにの音にか覚めてまし。

右は〈井筒〉である。在原寺はすでに荒廃しており、その点〈融〉同様なのだが、シテはそのこと自体を問題にはしていない。成仏を願いながら彷徨するシテの心情が語られるが、それは現実の風景と二重写しのように表現されている。ワキが前シテと出逢った時、それはすでに夢の中なのかも知れないが、ワキと観客が見ている世界は、シテのそれと同じであるように配慮されている。世阿弥の夢幻能では、本説世界と現実世界の二重性は、常に明確に区別されていて、ワキが存在する現実世界と、シテが存在する本説世界が混同されるということは起こらない。ワキはあくまでも現実世界に身を置いて過去の物語を聞き、過去の人物を眺めるのである。現実世界は本説世界の一部を拡大強調して生み出されているのだが、そこに登場してくるシテは、本説世界から抜け出してきて、ワキと現実世界を共有する。そしてまたワキは夢を見ているという設定によって、容易くシテの存在している本説世界に行くことができる。異界に住むシテが現実的にこの世に出現する場合と、ワキが夢の中で異界を体験するという、次元の異なる二つの方法が、世阿弥によって自在に操られて、後に夢幻能形式と呼ばれるようになる作品群は形作られている（本書第二章一「夢と現の間」参照）。

ところが、〈融〉の場合、前シテの見ている世界は、ワキの見ている世界とずれが生じている。ここに使用されている二つの和歌（もう一つは傍線部、『古今和歌集』東歌一〇八八）は、どちらも人口によく膾炙している存在感の強い歌である。その存在感を利用して、和歌の表現している意味によって、現実とは別の、老人にのみ見えている非現実の世界を、提示している。観客は、この場面ではまだそれが非現実の世界であるとは夢にも思っていないから、もう月が出ていると認識してしまうことになる。

二　前場で提示される二重の世界

〈融〉前場の展開は、河原の院が実は廃園であるということが、種明かしのように後から知らされる仕掛けである点に、特色がある。4段にきてようやく観客は、シテの見ていたのが昔の河原の院の風景であることに気付かされる。そしてシテの方はここで初めて現実を認識するのである。ワキはシテの見ていた世界に入り込むことはなく、シテの感慨に対して干渉しない。目に見え、興味を持っているのは、目の前に広がる現実の都の風景である。だからシテの嘆きをよそに、名所を教えてくれと頼むのである。現実に目の向いたシテは気を取り直して名所教えをするが、やがてまた非現実の世界へと戻ってしまう。

中入前の汐汲みの見せ場は、シテの見ていた昔の河原の院にワキや観客を引っ張り込んでしまう。それまで二重であった世界が、ようやくここにきてシテの見ている非現実の世界に統一され、ワキは、汐を汲んで潮ぐもりの中に姿を消すシテを見送るのである。

このように前場においてワキとシテが別々の世界を見ているという設定をもった夢幻能は他に類を見ない。たとえば〈融〉同様名所教えのある〈頼政〉では、シテは呼びかけの形式で登場し、すぐ名所教えの場面となる。ここでも月の出が印象的に用いられているが、世阿弥の興味は、伝統的な歌枕「宇治川」を描出することにあり、前場で扱われる世界は一つである。むしろ後場で描出される戦場と化した宇治川との対比を目的として、場面構築がなされている。この場合前場は亡者としてのシテや本説とは切り離されて、自由に創り出されたワキの次元の世界である。

一方妄執物の前シテは、この世に強い執着を残しているため、生前の世界を引きずって登場してくる。〈鵜飼〉は、旅の僧（ワキ）が里の男（アイ）に、夜な夜な光り物が上がるから注意するようにと言われて泊まった川べりのお堂で、鵜使いの亡霊（前シテ）と出会うが、シテは篝火を灯し、舟を漕いで登場する。亡者の執心する世界を示している。〈鵺〉〈錦木〉などでも同様で、これらの曲ではシテによって現出させられた異常世界に、ワキは最初から引き込まれてしまっているのである。

このように前場は、ワキの世界にシテがやってくるか、シテの世界にワキが紛れ込むかどちらかの設定になっている。〈融〉は両方が存在する珍しい構造を持つのである。〈融〉は遊舞能のジャンルに分類される。若い女性と並んで、幽玄の代表的存在である貴族の男に舞を舞わせるために、シテを月の住人とした。亡霊の登場する夢幻能の場合、シテは現実の世界に強い執着を持っているが、〈融〉の後シテは、月の住人であり、いわば神格化されているから、この世に執着を見せるのはおかしい。神ではないから祝福を与えるわけにもいかず、シテの出現理由が希薄なのである。〈融〉では前シテを妄執物風に造型して登場させたが、やはり普通の亡霊のようには処理できなかった。つまり供養を願っての出現ではないから、ワキとの間に強いつながりが見いだせないのである。それが世界のずれという形で現れ、結果的によい意味の個性となっているのである。

前場に妄執物的要素を持っているというだけでなく、特に〈鵜飼〉とは距離が近い点が注目される。〈鵜飼〉は、殺生禁断の場所で鵜を使って殺された鵜使いの亡霊が、僧の供養を受けつつ業力の鵜を使う前場と、鵜使いを極楽に送る地獄の鬼の登場する後場とから成り、後場は世阿弥の増補である。〈融〉の汐汲の場面は、業力というニュアンスは与えられていないが、シテがこの世に執心を残す原因となった象徴的な仕事である点では、〈鵜飼〉における業力の鵜を使う見せ場に相当する。おおざっぱな言い方をすれば、〈鵜飼〉の後場の鬼を月世界に住む住人の遊舞に換えると、〈融〉の世界ができあがる。

その〈鵜飼〉の鬼は、「融の大臣の能」（〈融大臣〉と仮称する）という古曲の鬼を移した由、『申楽談儀』に記されているが、〈融大臣〉が〈融〉に何らかの影響を与えていると考える場合も多い。表章氏は「力動風鬼を嫌った世阿弥が、力動風の〈融大臣〉を解体し、後シテを〈鵜飼〉に生かす一方で、前場を〈塩釜〉に生かしたと解していいのではなかろうか。」として、4段で懐旧の念に号泣する場面にその面影があるのではないかと推測され、さらに「影響の度合いはともかく、〈融〉を作る際に世阿弥が〈融大臣〉を意識していなかったはずはない。」と指摘される（「作品研究〈融〉」『観世』一九八〇年八月号）。つまり、〈鵜飼〉との距離の近さとは、〈融大臣〉との距離の近さを物語っているということなのかもしれない。

〈融〉は、妄執物と神能という夢幻能の二大ジャンルの中間的存在である。この二ジャンルは、シテの登場に明確な目的が存在することが特色である。妄執物は地獄から救済されることを目的としてシテが出現し、神能は御代の祝福のために出現する。〈融〉は、その二ジャンルの特色を取り混ぜて、救済でも祝言でもない遊舞能という新しいジャンルの能を工夫したのではないだろうか。[1]

三　霧の籬の島隠れ

〈融〉には、耳に残る言葉の存在が、場面設定上矛盾となっている例が、他にもある。3段［問答］［上ゲ哥］の部分である。

［問答］……（ワキ）げにげに月の出でて候、あの籬が島の森の梢に、鳥の宿し囀りて、しもんに映る月影までも、古秋に返る身の上かと、思ひ出でられて候。（シテ）只今の面前の気色がお僧のおん身に知らるるとは、もしも賈島が言葉やらん、鳥は宿す池中の樹、（ワキ）僧は敲く月下の門、（シテ）推すも（ワキ）敲くも（シテ）古人の心、（シテ・ワキ）今目前の秋暮にあり

［上ゲ哥］（地）げにやいにしへも、月には千賀の塩竈の、月には千賀の塩竈の、浦曲の秋もなかばにて、松風も立つなりや、霧の籬の島隠れ。いざわれも立ち渡り、昔の跡を陸奥の、千賀の浦曲を眺めんや、千賀の浦曲を眺めんや。

「推敲」の故事など引いて、月光に照らされた籬の島を印象的に描写しておきながら、そのすぐ後で、それを霧で隠してしまい、さらに浦曲の風景を眺めようと続く。全体では澄み渡った空に明月が輝いた美しい情景を示唆しているので、「霧の籬の島隠れ」が違和感をもたらすのである。

傍線部は『新葉集』旅の所収の二条為忠歌

塩竈のうら悲しかる船出でかな霧の籬の島がくれして

を、踏まえている。「霧・籬・隠れる」は縁語関係にあり、「籬の島」という歌枕に「霧」が重ねられることはごく普通のようだが、実際には「籬」の縁で「卯の花」や「菊」など、花が読み込まれることが多い。「霧」を読み込む初例としては、『正治初度百首』讃岐の

ながむべき浪の花をもこめてけり籬が島の秋の夕ぎり

があるが、これも「浪の花」の「籬」を「霧」が隔てる趣向で、以後も霧は積極的に詠まれたことはない。〈融〉のこの場面であえて霧を出す必然性はあまりなさそうである。為忠は『新葉集』当代歌人で、二条良基が『近来風体抄』において、

天性の堪能とはおぼえ侍らざりしかども、はれの歌などはよくよまれし也。古歌をとる事を好き、古今などはそらにみなおぼえられき。（歌学大系）

と評した、良基周辺の人物である。その辺りから引用素材を得ている点が注目される。

全体では浮いている「霧の籬の島隠れ」だが、シテとワキの見ている世界のずれという視点から見ると、この場面も、面白い効果が生じていることがわかる。ワキの見ている現実世界では霧など出てはいず、籬が島もくっきり見えているのだが、シテの見ているのは昔の風景なのである。「古も、月には千賀（近）の塩竈」「昔の跡を陸（見）奥（の……眺めんや」という表現からも、そう意図されていることがわかる。シテの見ているのが、古の風景であれば、霧で籬の島が隠れていても差し支えはない。

そして、ワキの見ている現実世界も、実は賈島の詩（点線部）で代弁されている。よく知られた推敲の詩に触れ、「古秋に返る身の上かと、思ひ出られて候」と、自分がその詩の中の僧のようだと語ることで、目前の風景を容易く印象づけることに成功している。しかしそれに対するシテの対応は、「推すも敲くも古人の心、今目前の秋暮にあり」で、推敲した詩人の心へと、変化している。賈島の詩は、僧が月下の門を敲く（推す）風景を描写したもので、僧がその詩の文を推敲したわけではないから、ここも少しおかしな部分である。さらに、「しもん」「古秋」（二重線部）の意味が不明で、表章氏が「「しもん」には四門・侍門・柴門・詩文と解する諸説、「こしう」には孤舟・古秋・古集を宛てる説があるが、どの説にも難があり、決着がついていない。……〈融〉が漢詩文を採り入れはじめた初期の段階の作品であれば、まだ漢語の用法にあやふやだった世阿弥が「こしう」や「しもん」を誤用していることも、十分考え得るであろう。」（前掲一四六頁論文）と指摘されている。

このような欠点はあるものの、ワキとシテの見ている異なった風景の描写に、漢詩と和歌を利用することは、趣向として成功している。観客は当然そこだけ異質感をもって、謡を聞くことになる。そのずれが、世界のずれを作り出しているのである。引き歌は内容上の共通性だけではなく、他の部分から浮き上がっていることによって、その存在そのものが意味を持っていることになる。おもしろい謡であるには違いない。詩歌が地の文中に丁寧に組み込まれていないため、それがかえって印象的に耳に残るという結果を生んでいるのだが、それは世阿弥が最高の作詞技術を駆使しているからではなく、晩年期の熟した修辞法に比べると、引用の仕方が少々乱暴で、まだ未熟なところがあるからではなかろうか。

四　まだき時雨の秋なれば

世阿弥が誤解して用いているらしい歌語がある。

5［問答］……（シテ）まだき時雨の（しぐれもあへぬ　下掛り）秋なれば、紅葉も青き稲荷山　（ワキ）風も暮れ行く雲の端の、梢も青き（梢にしるき　下掛り）秋の色　（シテ）今こそ秋よ名にし負ふ、春は花見し藤の森、（ワキ）緑の空も影青き（深き　下掛り）、……

「まだき時雨」は、『古今和歌集』恋五　七六二、読み人知らずの、

わが袖にまだき時雨のふりぬるは君が心に秋やきぬらむ

を始め、歌語として定着している言葉である。「まだき」は「時期がはやい」という意味ではあるが、「はやくも」何々するという形で用いられるので、「まだはやい」という意味ではない。「秋なのにもう時雨が降る」のである。時雨は紅葉させるから、「紅葉も青き」ではなくなる。下掛りは禅鳳本以来かっこ内の形で、正しく意味は通る。正しい形をあえて変更してまで、間違った歌句引用の形に訂正するとは考えにくいので、世阿弥が「まだき時雨の」の形を用いていたのを、後人が訂正したものと考えられる。たとえば『俊頼髄脳』では、

時は秋なれど、空のけしきの、時雨のする折のけしきなり

と説明する。本来冬のものである時雨が、はやくも秋の中に降ることを「まだき時雨」というのである。この一文から短絡的に考えて、秋の時雨を「まだき時雨」と呼ぶから、「まだき時雨の降るという秋なので」と秋の修飾語に用いたということなのではなかろうか。世阿弥にしては乱暴な使い方といえよう。

この部分は下掛りとの異同が多く、「青き」を下掛りが「しるき」「深き」に訂正している。秋なのに「青き」ではおかしいと、後人が思って変更したのであろう。上掛りの形から読みとれる世阿弥の意図は、中秋の名月に照らされて輝く森や空の形容を「青き」としている点にある。日光ではなく月光の照らす宵の風景である。後場における、真夜中の白い月光と対比されているのであろう。下掛りの形では、その効果が失われてしまっている。「青き」が宵の月光のせいだとは簡単に理解しづらい不用意な用い方であるために、改作されたのであろう。

五　月宮殿の白衣の袖も、三五夜中新月の色

〈融〉のわかりにくさは実は後シテ登場の段にもある。

8［サシ］（シテ）忘れて年を経しものを、またいにしへに返る波の、満つ塩竈の浦人の、今宵の月を陸奥の、千賀の浦曲も遠き世に、その名を残す公卿、融の大臣とはわがことなり、われ塩竈の浦に心を寄せ、あの籬が島の松蔭に、明月に舟を浮かめ、月宮殿の白衣の袖も、三五夜中の新月の色

9［一セイ］（シテ）千重振るや、雪を廻らす雲の袖……

最初の一文は、「融の大臣とはわがことなり」までである。素直に続く文章のようだが、①昔を思い出すこともなく時を過ごしていたのに、また過去に戻ってきた

②塩竈の浦人となって今宵の月を見た
③融の大臣とは私のことだ

という三つに分けるとわかりやすい文章の構造を、「返る波の、満」「月を陸奥（見）」「千賀（近）の浦和も遠き」という三つの修飾語で繋いでしまっているので、文末が終結することなく次の文へとすべっていく。特に二番目は、「陸奥の」と続くから、「月を見た」のか「月を見る」のか明確ではない。つまり、先刻見たと言い切っているのか、今も見ているといっているのか曖昧なのである。

［サシ］の後半はさらにわかりにくい。「明月に舟を浮かめ」がうまく終結しないのである。続く「月宮殿の白衣の袖も」は、月光を司る白衣の天人の袖であるが、この形容は、生前融が月光を浴びながら舞った袖を示しているのであろうか。明月の光の形容であり、後シテの舞姿の形容であることは明白だが、人間であった融の舞姿をも形容しているかどうか、はっきりしない。一文一文が短くまとまっていて、わかりやすく意味を伝えているのが、世阿弥の曲の特色である。たとえば〈井筒〉は左のごとくである。

8［サシ］（シテ）徒なりと名にこそ立て桜花、年に稀なる人も待ちけり、かやうに詠みしもわれなれば、人待つ女とも言はれしなり、われ筒井筒の昔より、真弓槻弓年を経て、今は亡き世に業平の、……

後場はいわば異星人の出現する非現実の世界であるから、前場の印象を引きずっているわけにはいかない。そこが妄執物と決定的に異なる点である。そのような前場と後場の繋がりの悪さを緩和させるには、明確に意味を伝えない曖昧な表現はよい方法である。「月宮殿の……」は華やかで名月の形容としても、後シテの形容としても相応しい。意味など明確である必要はあまりないのかも知れない。

〈融〉には、引き歌や引用句が周囲から浮き上がっていて、意味の通じにくい箇所が目立つ。それは一種の未熟さの現れであろう。遊舞能の形式確立後に易々と作った安定感のある曲というよりは、未開拓のジャンルに挑戦したみずみずしい魅力と、未消化な部分も併せ持った、過渡期の能の特色を示している。その特色が欠点とはなっておらず、かえっておもしろい効果を上げているのである。このような作詞上の特色は、晩年期の能には見られなくなる。

注

（1）本稿の続編的な位置づけが第二章一（「交錯する現在と過去〈融〉」）である。合わせて御覧いただければ幸いである。

七 〈融〉三五夜中の新月の色

世阿弥の名作〈融〉は、仲秋の夕暮れから夜明けまで、一晩中どこかにある月を感じさせつつ、舞台は進行する。源融の化身（前シテ）が見ている世界と、旅僧（ワキ）に見えている世界にずれがある点については、以前言及した（本書第二章一、＊交錯する現在と過去〈融〉）。その二つの世界を結びつける要に存在するのが、八月十五夜の月である。

色々な場面で様々な角度から、多くの詩歌を引用して描写される。注目したいのは

［サシ］……われ塩竈の浦に心を寄せ、あの籬が島の松蔭に、明月に舟を浮かめ、月宮殿の白衣の袖も、三五夜中の新月の色

［一セイ］千重ふるや、雪を廻らす雲の袖、さすや桂の枝々に、光を花と散らすよそほひ。

後シテが、空高く煌々と照らす月光を浴びながら登場して名乗った後、舞に繋がる部分である。月の宮殿で白衣の天人が十五人で奉仕する夜、月は最も輝きを増す。その天人の袖も、出たばかりの月（新月）と同じ色に輝いていることだろう。その天人さながらに、袖を翻してシテは舞う。

後場は旅僧の夢中で、現実の場も仲秋の名月が輝いているのだが、後シテが月に生えるという桂の枝を翳して舞うと、指す手引く手ごとに月光が花を散らすように降り注ぐ。夢中ならではの非現実的な美しさを、存分に楽しめる仕掛けとなっている。

そのような場面の中央に、傍線部「三五夜中の新月の色」がある。白楽天の七言律詩「八月十五夜、禁中に独

り直し、月に対して元九を億ふ」の一部で、『和漢朗詠集』（以下「朗詠」）秋の部「十五夜付月」に

三五夜中新月色　二千里外故人心

と、二連目が所収されている。原詩全体の大意は「宮中で一人名月を前に、左遷された親友元九（元稹）の心情を思う。時の経過と共に移動する月を眺めながら、同じ月を見ているであろう友の居る江陵は低湿地で、このように美しくは見えないのではと恐れる」で、月の美しさが主題ではなく、友への思いに力点が置かれている。朗詠に入れられた二連目（それ以前成立の『千載佳句』も同様）も、題と全体を考慮すれば、名月を前に友を思う内容ということになる。

しかし抜粋された二句だけを見れば、一句目で出たばかりの満月の美しさに感動し、連鎖反応的に二句目で旧友に思いを馳せるという展開となる。〈融〉において一句目だけが使用され、しかも月の美しさを余すところなく表現する詩句としての役割を与えられているので、当然二句は同等の価値なのだろうと考えていた。

ところが朗詠諸注を見ると必ずしもそのようには解釈されていない。新編日本古典文学全集（一九九九年）では、並列の扱いをしているが、新潮日本古典集成（一九八三年）では、「月光をみるにつけても」と二句目中心の訳となっているのである。アンソロジーの面白さは、原詩の世界を離れて自由に独自の解釈が可能なところにもあるのではなかろうか。有名な白楽天の律詩が、一部だけ一人歩きすることによって、全く別の日本的な鑑賞もされていくのだろう。

この二句はよく人口に膾炙しており、『源氏物語』須磨巻の「二千里の外の故人の心と誦じ給へる、例の涙もとゞめられず」は有名である。源氏が須磨の浦の月を見て口ずさんだのが、詩全体を反映する二句目である点注目される。『東関紀行』『源平盛衰記』十二「大臣以下流罪事」『増鏡』などでも同様に二句目が引用されている。『平家物語』巻七「青山の沙汰の事」では一句目だけを引用するが、多くはこの詩の特色である二句目に注目し

竹作である。

ていたことがわかる。能では〈雨月・姨捨・小督・三井寺〉などで二句とも引用しており、〈三井寺〉以外は禅

『平家物語』の「青山の沙汰の事」とは引用の仕方に共通性が見られ、世阿弥がこれを参照している可能性は大きいが、それにしても全体の詩の意味を無視して月の描写に徹した、一句目のみの利用はかなり個性的で、それが世阿弥の手になるというのは、ちょっと面白い。

＊諸作品引用一覧は岡村繁著新釈漢文大系『白氏文集三』（明治書院　一九八八年七月）を参照した。

＊本稿に関してはそれぞれの引用法を詳細に分析して、長い論文にまとめ直した。「「三五夜中の新月の色　二千里の外の故人の心」をめぐって――白楽天と紫式部と世阿彌と禅竹――」『横浜国立大学国語研究』第三七号（二〇一九年三月刊行予定）。併せてご参照いただければ幸いである。

八　舞を生む歌語――能における和歌の力――

一　和歌の重要性

能に与えている和歌の影響力は多大であり、世阿弥は和歌の修行を能作者として必須の条件に上げている（『花伝第三問答条々』）。一曲の構想や主要な見せ場の中心的素材から、歌語の効果的な使用に至るまで、和歌は能の様々な局面において、実に多様な用いられ方をしている。

例えば、〈融〉の前シテ登場の段に置かれている引用歌

水の面に照る月並みを数ふれば今宵ぞ秋の最中なりける（『拾遺和歌集』秋一七一　源順）

の役割は、シテの眼に見えている風景が、現実にワキの見ている荒廃した河原の院の風景ではなく、昔の美しいそれであることを示すことにある（第二章一「交錯する現在と過去」・本書第三章六「〈融〉の引き歌考」参照）。これなどは、和歌が能の中に置かれることによって、和歌本来の世界を増大させて、現実の河原の院と、シテの見ている河原の院という二重構造を持つ〈融〉の世界、意図的に作りだされた虚構の世界の、支柱のような存在となっている。

まさにこれは和歌の振る舞いであり、能においてはしばしば用いられる手法である。特にシテ登場の段には、曲の構想に関わる和歌を一首そのまま大胆に応用する場合が見受けられ、そのことも大切な問題ではあるが、本稿においては、もう一つの重要な和歌の振る舞いに関して、論じていきたい。それは、舞を生みだし、支配する

和歌の力に関してである。歌舞能の歌の面において、和歌の存在が無視できないことは自明であるが、それは舞の面においても同様なのである。

大和猿楽の伝統的な演じ方は「文字に当たる風情」（『花伝第三問答条々』）、つまり言葉に即して当て振り的に動作をする方法であった。そのレベルから、「謡ふも風情、舞ふも音曲」（『花伝第六花修云』）という、謡を謡えばそのまま言葉が美しい舞の所作を生みだし、舞を舞えば、その所作が謡の意味を表しているという、歌舞能としての舞の完成された状態へと移行するためには、作詞上の変革が必要不可欠である。演技者の人体的訓練、或いは構え、歩行、型の工夫はもちろん重要であるが[1]、どのような言葉がどのように存在するかによって、所作のあり方が変化するから、舞を生み出すには、まず器として、舞を生じさせるための言葉が必要なのである。

二　［中ノリ地］をめぐって

本稿では終曲部におかれるキリの舞について、世阿弥が如何にして舞を生じさせているか、世阿弥の作詞術を検討する。舞曲舞の成立を論じた前稿[2]の続編ともいうべき性質のものである。前稿ではキリの舞を、「謡の意味を離れては舞い得ない、具体的所作の連続によって」構成されていると定義しているが、実はそれほど簡単には片づかない関係が、キリの舞の謡と舞との間には存在している。その関係の鍵となっているのが、和歌の力である。

ここで前稿でも掲げているが、もう一度具体的所作を生む言葉にどんなものがあるかを整理しておきたい。

1行動を表す言葉。

2感情を表す言葉。「悲しい＝泣く」「嬉しい＝心が晴れることを示す所作」「懐かしい＝遠くを見る」「腹立たしい＝足拍子を強く踏む」など。
3あたりの気色・様子を描写したり、指し示す言葉。方角や、月・花・山・川・鐘などが、ある方を見る、指す、そちらに行くなど。
これら「動作語」（具体的所作が可能な言葉）の組み合わせによって、具体的所作が生み出される。具体的所作が個性的で印象的であるには、それが出来る言葉が存在しなければならないし、ぽつんと一つだけ存在しても「舞」にはならない。ただ写実的な所作があるだけの台詞劇ではなく、謡に合わせて舞が舞われる状況を作り出すには、選ばれた言葉、表現される内容が、舞を生み出すものになっている必要がある。
そして、どのような状態の時に、人は「舞」を感じるのであろう。それは動作と動作が無関係にバラバラにあるのではなく、動きが一定のリズムと連続性を持っていて、統一的な何かを表現しており、そこに美しい流れを感じるときである。

【〈鵺〉の［中ノリ地］】

キリの舞を生み出すために世阿弥が施している作詞術を解明するには、世阿弥時代に存在した曲すべてを視野に入れて、分析する必要がある。その作業を通じて、今回特に注目したい作品に、世阿弥晩年期成立の〈鵺〉がある。

［中ノリ地］（地）すなはちご悩頻りにて、玉体を悩まして、怯え魂消らせ給ふことも、わがなす業よと怒りをなししに、思ひも寄らざりし頼政が、矢先に当たれば変身失せて、落々磊々と地に倒れて、たちまちに滅せしこと、思へば頼政が、矢先よりは、君の天罰を当たりけるよと、今こそ思ひ知られたれ、その時主上御感あつて、獅子王といふ御剣を、頼政に下されけるを、宇治の大臣賜はりて、階を下り給ふに、折節郭公

訪れければ、大臣取りあへず

［上ノ詠］（シテ）ほととぎす、名をも雲居に上ぐるかなと。

［中ノリ地］（シテ）仰せられければ、（地）頼政右の膝を突いて、左の袖を広げ、月をすこし目に掛けて、弓張り月の、入るにまかせてと、仕り御剣を賜はり、御前を罷り帰れば、頼政は名を上げて、『われは名を流す空船（うつほ）に、押し入れられて淀川の、淀みつ流れつ行く末の、鵜殿も同じ芦の屋の、浦曲の浮き洲に流れ留まつて、』朽ちながら空舟の、月日も見えず暗きより、暗き道にぞ入りにける、遥かに照らせ山の端の、遥かに照らせ、山の端の月と共に、海月も入りにけり、海月も共に入りにけり。

傍線部は和歌の引用、点線部は具体的所作を生じる動作語、波線部は縁語、二重波線部は縁語であり且つ動作語である。

［中ノリ地］は世阿弥が「修羅がかりの早節」（『三道』軍体の項）と呼び、修羅能の終曲部に使えと指定しているもので、〈敦盛〉〈清経〉〈実盛〉〈八島〉などその通りに作られている。修羅能以外でも〈船橋〉〈綾鼓〉〈求塚〉〈浮舟〉〈松浦〉〈布留〉など、多くの曲に見られる。特色は動作語を多用していることで、中ノリの畳みかけるような激しいリズムに乗って、仕方話的に謡と所作が合致した面白さを見せることにある。〈頼政〉のように、終曲部ではなくその前にあって、押し寄せる敵とそれにおびえる味方の様子を、シテは床几に懸けたままで、上半身と両手両足を使って表現する場面なども同様である。〈鵺〉前半の［中ノリ地］も、その特色をよく持っており、動作語の連続（点線部）で、写実的な型を謡に合わせて次々演じていけばよい。

ところが、［上ノ詠］を挟んだ後半は、様子を異にする。鵺が空舟に閉じこめられて流される部分以降は、文体ががらりと変わっている。点線部が無くなって、波線部が多くなっている（舟・川の縁語）のである。さらに重要なことは、「淀む」「流れる」「留まる」という動作語も縁語の連続の中に含み込まれてしまっていることである（二重波線部）。結果的に『　』で囲った部分では、舟に閉じこめられて川を流されたということを、個性的・舞踊的所作によって、印象的に演じることのできる詞章が獲得されている。

この部分以前では、動作語でいかに美しい型を演じても、言葉が散文的に繋がっているので、ひとまとまりの「舞」を作り出すことが困難である。物語を説明することに主眼があり、それを活かす文体が選択され、しかも矢先に当たって打ち落とされる様子、剣の拝領、連歌の付合という、個性的な所作を次々演じることの出来る詞章なのだから、目的は十分果たされていると言えよう。

しかしその後の『　』の部分は、別の効果をねらっていることが明らかである。現行諸流の演出でも、川を流れていく様子が印象的に演じられるが、世阿弥の作詞上の目的も、そこにあったに違いない。当て振り的に動作を継続するには不向きな縁語の連続は、しかし「流される」ということの不安定さや、不安、スピード感などを、うまく引き出している。多数の縁語によって醸し出される言葉続きの流れと、統一的なイメージによって、所作も流れを持ち、その部分で「舞」が獲得される。

さらに、〈鵺〉のキリの舞で重要なことは、流される仕舞で終わらないことにある。最後に『拾遺和歌集』哀傷一三四二の和泉式部の和歌（二重傍線部）が「入りぬべき」を「入りにける」に変形してまるまる引用されており、この歌によって、描き出される世界が、飛躍的に拡大しているのである。よく人口に膾炙した名歌でもあり、印象の明確なこの歌を耳にした観客は、いとも簡単に歌独自の世界を情報として受け取ってしまう。夜の暗闇を照らす月は、この世の闇の道しるべをして、浄土へと導いてくれる存在であり、この歌によって和泉式部が成仏した話が、『古本説話集』などに伝えられている。歌の部分で、それまでの閉塞感・絶望感が、一瞬消し去られる。煌々と照る月は、浄土を暗示させ、それまでの不安に替わって、希望が、明るい気分が湧き起こってくる。しかしそれもつかの間で、月も海に映った海月も沈み、鵺の押し込められた空舟も暗闇の底に沈んでしまうのだが、一度は明るい世界が舞台を支配するのである。

この和歌は、はるかに眺める型などの動きが可能であるが、所作の意味していること以上の内容を、和歌の言葉が伝えている。世阿弥の意図が、正反対の世界を示すことによる強調表現であることは、「入りぬべき」を「入りにける」に変更していることからも明らかであるが、原歌の世界が入り込むことで、鵺の未来に希望を与えるかのごときニュアンスが生み出されているのも事実である。そこに一縷の希望を託して、少し明るい結末を迎えるか、あくまでも強調表現と考えて、絶望的に終曲するか、演者と観客の受け取り方に、選択権は委ねられた形で、余情ある終わり方となっている。

縁語という歌語の力によって作り出される「流される」舞と、それを受けた和歌の存在が、〈鵺〉の［中ノリ地］を単なる仕方話に終わらせない、個性的な舞へと変化させている。

【［中ノリ地］の舞化】

〈鵺〉は効果的な作詞法によって、意図的に個性的な舞を生み出している顕著な例であるが、同様の手法が全く存在しないわけではない。

たとえば世阿弥自筆能本〈松浦〉（応永三十四年十月奥書）の場合は、松浦佐用姫の亡霊が、恋人狭手彦の形見の鏡を持って登場して、狭手彦を乗せた遣唐船を見送って松浦山から領巾を振り続けたこと、鏡を胸に抱いて入水したことなどを再現する。

［ノリ地］（同音）その船暫し、留めよ留めよと、白絹の領巾を、挙げては招き、かざしては招き、焦れ耐へかねて、ひれ伏す姿は、げにも領巾振る、山なるべし。

［上ノ詠］（佐用姫）世の中は、何に喩へん朝ぼらけ、漕ぎ行く船の、跡の白波。

［中ノリ地］（佐用姫）そのままに狂乱となつて、（同音）そのままに狂乱となって、領巾山を下りて、磯辺にさそらひけるが、形見の鏡を身に添へ持ちて、塵を払ひ影を映して、見るほどに見るほどに、思へば恨めし形見こそ、今は徒なれこれ無くはと、思ひ定めて海人の小舟に、漕がれ焦れ出でて、鏡をば胸に抱き、身をば波間に捨て舟の、上よりかつぱと身を投げて、千尋の底に沈むと見えしが、夜も白しらと明くる松浦の、浦風や夢路を覚ますらん、浦風や夢をさますらん。

まず［上ノ詠］を挟んだ、［ノリ地］と［中ノリ地］という構成が〈鵜〉と近い。さらに［ノリ地］は領巾を振る動作語の連続で構成され（点線部）、［中ノリ地］は鏡を持っての入水の再現（点線部）が、「形見こそ今は徒なれこれなくは忘るる時もあらましものを」（『古今和歌集』恋四　七四六）の一部を引用（二重傍線部）を中心に展開している。鏡を見つめる個性的な演技の後、よく知られた和歌を引くことで、入水に至る思い詰めた様子が、無理なく観客に伝わるように、仕掛けられている。入水の場面では、身を小舟に喩え、さらにその縁語をちりばめて（波線部）、単なる仕方話に終わらぬ配慮が見受けられる。これもやはり、［中ノリ地］を舞として成り立たせるための仕掛けと見て良かろう。

入水部分は、〈清経〉の［クセ］後半、船の舳板に立って、横笛を吹き、今様朗詠して念仏を唱えた後、「舟よりかつぱと落ち汐の、底の水屑と沈み行く」の部分と近い表現である点も、気になるところである。〈清経〉の［クセ］は、いくつかの印象的な型（横笛を吹く・念仏を唱える・入水するなど）を中心に、和歌的修辞によって言葉の流れを作り出し、定型に則っているとはいえ、個性的な曲舞が構成されている。[2]類似の作詞を終曲部の［中ノリ地］に使用しているということは、［中ノリ地］にも［クセ］に共通する特性が存在することを示している。中ノリと平ノリは境界が明確に存在するわけではないので、古くから存在する仕方話的［中ノリ地］の作詞法を改良して、［中ノリ地］も「舞」の見せ場とするための努力が、有名な和歌と和歌的修辞の使用によって、なされているのである。

【［上ノ詠］［中ノリ地］】

また〈松浦〉では、［中ノリ地］前の［上ノ詠］に、『拾遺和歌集』哀傷一三二七の沙弥満誓歌（第一句「世の中を」）を利用している。『和漢朗詠集』にもひかれ、『袋草紙』『発心集』『沙石集』などにも説話の見えるよく知られた歌である。世の無常を航跡に譬えた内容は理解しやすく、入水に至る心境を重ねるにはふさわしい。この和歌を契機として、シテは狂乱状態へと入っていくし、観客は容易にシテへ感情移入できる仕掛けであろう。

〈鵜〉では本説紹介の一部として、［上ノ詠］を利用していたが、〈松浦〉同様の効果をねらった手法が、〈船橋〉〈清経〉に見ることができる。

〈船橋〉

［上ノ詠］（シテ）東路の、佐野の舟橋取り放し、親し離くれば、妹に逢はぬかも。

［中ノリ地］（シテ）執心の鬼となつて、（地）執心の鬼となつて、共に三途の川橋の、橋柱に立てられて、悪龍の気色に変はり、程なく生死娑婆の妄執、邪淫の悪鬼となつて、われと身を責め苦患に沈むを、行者の法味功力により、真如法身の玉橋の、真如法身の玉橋の、浮かめる身とぞなりにける、浮かめる身とぞなりにける。

〈清経〉

［下ノ詠］（シテ）言ふならく、奈落も同じ泡沫の、あはれは誰も、変らざりけり

［中ノリ地］（シテ）さて修羅道に遠近の、（地）さて修羅道に遠近の、立つ木は敵雨は矢先、土は精剣山は鉄城、雲の旗手を突いて、憍慢の剣を揃へ、邪見の眼の光、愛欲貪恚痴通玄道場、無明も法性も　乱るる敵、

打つは波引くは潮、西海四海の因果を見せて、これまでなれやまことは最期の、十念乱れぬみ法の舟に、頼みしままに疑ひもなく、げにも心は清経が、げにも心は清経が、仏果を得しこそ有難けれ。

〈船橋〉では、［立回リ］［(ワカ)］［ノリ地］［ノリ地］という構成で本説の物語が再現された後、本説の核となる重要な歌（傍線部）をここに置いて、地獄の様を再現する［中ノリ地］へと入っていく。地獄での責め苦と、ワキへの感謝という二種類の動作語（点線部）で構成されており、ここには和歌的修辞は認められない。

一方〈清経〉では、下音域のみで和歌を詠ずる［下ノ詠］で、『俊頼髄脳』に

高岡の親王、弘法大師によせ給ふ歌

いふならく奈落の底に入りぬれば刹利も首陀もかはらざりけり

を変形して用いている（傍線部）。どのように生きようとこの世は地獄であると、「生きること」を嘆じたこの［下ノ詠］は、〈鵜〉〈船橋〉とは違って、本説とは無関係な内容であり、修羅の苦患を受ける身には不適当で、しかもいやに重い内容である。［中ノリ地］直前にあって、どういう役割を果たしているのであろう。［下ノ詠］の存在に注目してみて、見えてきた事実がある。「舞を生む歌語」というテーマを論じるには、回り道にはなるが、重要なことであると思われるので、少々述べてみたい。

以前から気になっていたことであるが、「まことは最期の十念乱れぬみ法の舟に、……仏果を得しこそ有難けれ」とあるから、清経は成仏を約束されている身とされているのに、その清経が修羅の苦患を見せるのは矛盾している。どういうことなのであろう。まずこの曲の場面設定は、清経入水の第一報が、都の妻にもたらされた時であるから、四十九日以前のはずである。つまり清経は中有の闇に迷っている時で、まだ修羅道に堕ちてはいない。そればかりか、最期の十念によって成仏が決定されて、一安心しているのであろう。そんなときに妻の嘆きを見逃しがたく、夢枕に立ったのである。言葉を尽くして入水に至った心境を語るが、結局妻は納得しない

〔[下ノ詠]直前にある[クドキグリ]〕。それでとうとう[下ノ詠]となり、この世もどうせ地獄ではないかと言って、「さて修羅道に堕ちたら」と展開する。つまり、もし生きていたら戦場に行き、自分は戦死して修羅道に堕ちたに違いない。その場合このような恐ろしい苦患に逢うのであると、仮定しているのである。「西海四海の因果を見せて」は、続いて起こった八島・壇ノ浦の海戦を予言してということなのだろう。けれども自分は入水という手段を選んだために、じっくり最期の十念も唱えることができ、そのお陰で成仏が約束されたのだから、こんな有難いことはないし、けっして嘆く必要はないと訴えているのである。これによって妻がそれなら良かったと納得するか否かはわからないが、いずれにしろ、清経は本当に修羅道に堕ちているわけではない。確かに修羅の演技を見せる場面ではあるが、あくまでも妻を納得させるための、一種の愛情表現である。[下ノ詠]は既成の和歌を利用して、最後に本心を投げかけるためのきっかけを作っているといえよう。修羅能にジャンル分けされているから、ひとしなみの修羅だと解釈してしまいがちだが、世阿弥はもっと柔軟な頭の持ち主で、曲ごとに様々な仕掛けがなされている。

〈松浦〉〈船橋〉〈清経〉の[中ノリ地]前の和歌の存在は、[中ノリ地]の意味づけを明確にし、シテの感情を観客に正しく伝えるために重要な役割を果たしている。最後の見せ場である[中ノリ地]を、単なる物まね芸の見せ場、すなわち入水・地獄・修羅道などの再現に終始せず、主人公の感情表現の場として定着させるために機能しているのである。

ところで、〈清経〉の[中ノリ地]の特色は、修羅の戦闘シーンが現実世界における自然の風景と重ねられている点にある。戦いを表す動作語は多いが〔点線部〕、〈求塚〉の地獄のような深刻な恐怖感は表面化していない。〈清経〉の方法がもっと徹底されて、夜明け前の不思議な美しさに満ちた瀬戸内の風景を、修羅の戦に見立てられているのが、〈八島〉である。

［中ノリ地］……海山一同に震動して、舟よりは鬨の声、（シテ）陸には波の楯、（地）月に白むは（シテ）剣の光、（地）潮に映るは、（シテ）兜の星の影、（地）水や空、空行くもまた雲の波の、討ち合ひ刺し違ふる、舟戦の駆け退き、浮き沈むとせしほどに、春の夜の波より明けて、敵と見えしは群れ居る鷗、鬨の声と聞こえしは、浦風なりけり高松の、浦風なりけり高松の、朝嵐とぞなりにける。

〈八島〉の場合は、完全に風景と修羅の戦いを重ねて、それを地謡とシテが謡い分けていくように作詞されているから、動作語（点線部）が単純に戦闘を意味せず、同時に風景描写ともなっている。それが余情となって、仕方話的な戦闘シーンではなく、「舞」を成立させている。〈清経〉は、そこまでの完成体ではないが、〈八島〉と同一線上に置くことは可能であり、［中ノリ地］を「舞」として成立させるための努力は認めうるであろう。

三　［ノリ地］をめぐって

一句八拍に十六文字を埋め込む［中ノリ地］に対して、ちょうど半分の八文字を入れる、ゆったりしたリズムの［ノリ地］は、世阿弥が『申楽談儀』において

切拍子は、舞とはたらきを見せん為也。書ても為手も心得べきこと也。

と語る「切拍子」に相当する。古くから謡いに合わせて所作をするための小段との認識があり、意図的に作詞するべきだというのが、世阿弥の主張である。そのような［ノリ地］の中には、一首の和歌がその場面全体を支配しており、和歌の世界のバリエーションとして、謡舞の世界が展開する場合が多く見られる。

【［ワカ］［ノリ地］［哥］】

〈松風〉の場合、

［ワカ］（シテ）いなばの山の峰に生ふる、待つとし聞かば、いま帰り来ん。

［ノリ地］（シテ）それは因幡の、遠山松、（地）これは懐かし、君ここに、須磨の浦曲の、松の行平、立ち帰り来ば、われも木蔭に、いざ立ち寄りて、磯馴れ松の、懐かしや。

〔破ノ舞〕

［ノリ地］（地）松に吹き来る、風も狂じて、須磨の高波、激しき夜すがら、妄執の夢に、見みゆるなり、わが跡弔ひて、賜び給へ、暇申して、

［哥］（地）帰る波の音の、須磨の浦かけて、吹くやうしろの山颪、関路の鳥も声ごゑに、夢も跡なく夜も明けて、村雨と聞きしもけさ見れば、松風ばかりや残るらん、松風ばかりや残るらん。

この曲の本歌と言っても過言ではないほど重要な歌、『古今和歌集』離別三六五　在原行平歌

立(たち)わかれいなばの山の峰に生ふる松としきかば今かへりこむ

を置いて、シテが恋慕の情に狂乱する様を演じる終曲部が構成されている。現在〔破ノ舞〕の舞われる部分は、行平に見えている松に寄り添うなどの演技を見せる場面として、成立当初から存在したであろう。最初の［ノリ地］では、あちらやこちらを指し示したり、松に寄り添うといった動作語（点線部）と、「立ち別れ」の歌に縁のある言葉（波線部）を多用して、自分がその歌を信じて待っていることを具体的に表現しているが、贈歌に対して答歌のような形で展開している点が、注日される。

後の［ノリ地］［哥］は、「須磨」にちなみの言葉をちりばめて（波線部）情景描写されている。行平を待つシテの住む世界である。「風も狂じて」「高波激しき夜すがら」「須磨の浦かけて吹くやうしろの山颪」「関路の鳥も声ごゑに」など、激しい風と波の音、鳥の声が混ざり合って夢を破ると、一転して「松風」だけが吹き残る静け

さが訪れる。須磨の音は、同時にシテの心の高揚を表している。所々にある動作語（点線部）を型として決めながら舞台を移動していけば、シテの狂乱状態と同時に、歌枕「須磨」の世界が、音によって詩的に描写されて、浮かび上がる仕掛けである。

完全な夢幻能形態を取らない〈松風〉は、成立時期も応永十九年以前（『申楽談儀』）とかなり早いが、その段階ですでに、単なる仕方話的な働キの演技とは違う謡いに合わせて舞う舞（以下「謡舞」とする）が、終曲部に置かれており、それを成り立たせるために、和歌が利用されているのである。

〈井筒〉の場合は、

［□］（シテ）月やあらぬ、春や昔と詠めしも、いつの頃ぞや。

［ノリ地］（シテ）筒井筒、（地）筒井筒、井筒にかけし、（シテ）まろが丈、（地）生ひにけらしな、（シテ）老いにけるぞや、（地）さながら見みえし、昔男の、冠直衣は、女とも見えず、男なりけり、業平の面影

［哥］（シテ）見れば懐かしや、（地）われながら懐かしや、亡夫魄霊の姿は、萎める花の、色無うて匂ひ、残りて在原の、寺の鐘もほのぼのと、明くれば古寺の、松風や芭蕉葉の、夢も破れて覚めにけり、夢は破れ明けにけり。

業平への移り舞（真似の舞）直後に置かれる業平の代表歌（傍線部）は、業平としての感情を表す効果があろう。［ノリ地］以降に影響力を発揮しているのは、二重傍線部の和歌で、〈井筒〉のテーマソングとも言うべき中心的素材である。時の経過と、変わらない想い、年老いても美しさを残す姿といった、動作語を連ねてそれを次々に演じていくことでは表現し得ない内容を、如何に舞として成り立たせるか。この課題を解決しているのが、水鏡という行為であり、それを導き出すための大切な布石が、二重線部の和歌である。そして「見れば懐かしや」という感情吐露後の虚脱した姿を「萎める花」に喩える。萎む花の様子を演じることが、印象的な型を生み出し、

しかもそれは『古今和歌集』仮名序における業平評

在原業平は、その心余りて、言葉足らず、萎める花の、色無くて、匂ひ残れるがごとし

を利用しているから（波線部）、業平との一体感というこの場の趣向がきっちりと完成している。業平に縁のある言葉を多用して、それが一種の縁語的な効果を上げ、全体の趣きを統一している。

〈西行桜〉の場合、

［ワカ］（シテ）春の夜の、花の影より明け初めて。（地）鐘をも待たぬ、別かれこそあれ、別かれこそあれ、別かれこそあれ

［ノリ地］（シテ）待て暫し待て暫し、夜はまだ深きぞ、（地）白むは花の、影なりけり、よそはまだ小倉の、山陰に残る夜桜の、花の枕の

［哥］（シテ）夢は覚めにけり、（地）夢は覚めにけり、嵐も雪も散り敷くや、花を踏んでは、同じく惜しむ少年の、春の夜は明けにけりや、翁さびて跡もなし、翁さびて跡もなし。

［ワカ］は、〈松風〉〈井筒〉のように曲全体に関わる重要な和歌を利用しているのではなく、後半の二重傍線部が、『新続古今和歌集』恋三　一三二三　藤原為相の

明くる間の鐘をも待たぬつらさかな夜深き鳥の声に別れて

を転用して、作られている。傍線部も既成の歌を引用しているように見えるが、未詳である。最も近い発想が『千五百番歌合』藤原公経の

ほのぼのと花のよこ雲明けそめて桜にしらむみ吉野の山

であるが、勅撰集に入集しておらず、世阿弥がこの歌を踏まえているとも思えない。舞直前に蘇軾の

春宵一刻直千金、花有清香月有蔭（『和漢朗詠集』所収）

が引かれており、春の宵を惜しむ気分が濃厚な場面なので、「鐘をも待たぬ別れ」の例として、自作した可能性が大きい。しかし平明で理に適った内容であり、［ノリ地］はそれを受け、指し示す動作語（点線部）を組み合わせることで、夜の闇の中に花だけが白く浮かんでいる幻想的な様子を描き出している。

［哥］は一転して夜明けと目覚めと落花を描いているが、『和漢朗詠集』所収の白楽天の漢詩（太線部）を最後に置くことで、「少年の春」からの時の重なりが、浮かび上がってくる。老木の桜の精というシテの人体を印象づけて終わるのである。この手法は、先に見た〈鵺〉における、和泉式部歌の引用に通じる。

これらの曲において、［ノリ地］と［哥］の描き分けは明確におこなわれており、大ノリのリズムに乗って舞う部分は、いずれの場合も冒頭の和歌の世界、換言すれば物語の世界・本説の世界を直接的に継承している。そして平ノリのリズムに変化する［哥］の部分では、ワキの存在する現実へと転換されて、夜明けすなわち結末を迎えるのである。

このような舞後の［ワカ］［ノリ地］［哥］やそれに類する構成の謡舞は、〈姨捨〉〈江口〉〈関寺小町〉〈采女〉など、世阿弥時代の夢幻能には多く見られる。必ずしも一首の和歌を冒頭において、その縁で後の作詞をしている例ばかりではないが、縁語関係にある歌語の多用により、特定のイメージを付加された物語世界を描出させて、大ノリのリズムに乗った動きが統一性のある舞となるように配慮されている。その後一気に目覚めの［哥］へと、内容もリズムも転換させて、結末となるのである。

おわりに

最結部に［哥］を持たず、［ノリ地］で終わる例としては〈養老〉〈龍田〉〈山姥〉などがあり、［ワカ］やそれに類するものも存在しない［ノリ地］だけのものには、〈右近〉〈鵜羽〉〈呉服〉〈当麻〉〈箱崎〉〈老松〉〈泰山府君〉などがある。これらのシテは奇瑞的な登場であるので、目覚めの場面を必要としていないために、終結部に［哥］が存在しない。また舞後が［ロンギ］となるのは、〈高砂〉〈弓八幡〉〈放生川〉〈融〉〈須磨源氏〉などである。

これらについて詳述する余裕を持たないが、総括的に言うならば、どのパターンにも、ほとんど動けそうもないような内容のものもあれば、動作語の連続のみである場合もあり、また歌語（あるいはそれに変わる漢語）の適度の使用によって、統一的なイメージを作り出している場合もある。それは小段の差異というよりも、動くこと、舞うことがどの程度意識されているかによる違いであると考えられる。舞うための作詞術という観点からは、平ノリ・大ノリの区別は見られない。

舞を成り立たせているのは、縁語としておかれている歌語群であり、それらの持つ意味と響き、リズムの連続性が、統一感と流れを作りだす。ポイントとなるような具体的で印象的な動作（入水・水鏡など）も舞にとっては必要不可欠な要素で、その動作を生み出す言葉を核として縁語が選択されているから、それがなければただの流れでしかない言葉続きに、特定の意味を与え、流れを視覚化する役割を担っている。

序歌として詠ノリの謡、たとえば［上ノ詠］・［下ノ詠］・［ワカ］などが置かれる場合、そこに使用される和歌、大半はよく知られた既成の歌や、漢詩の場合もあるが、それらは、単なる序歌的な役割を越えて機能している。歌の世界が次の謡舞で別の視点から言語化・視覚化されて立体的に展開する。その際、一首の和歌は、その舞を発信する装置となる。また舞の後に置かれている和歌は、舞を受け止めてさらに別の方向へと展開させるための、受信装置としての役割を果たしている。

注

（1）　中世文学会春季大会（二〇〇五年五月二九日　青山学院大学）のシンポジウム第三分科会「中世文学と身体、芸能――世阿弥以前、それ以後」において、松岡心平氏が「芸能の身体の改革者としての世阿弥」という講演をされたが、世阿弥は、歌舞能における理想的な舞の演じ方を、犬王の天女舞を応用し、身体のあり方自体を変革したことによって実現したと論じられた。

（2）「世阿弥の物まね論――舞曲舞の成立――」（『中世文学』四二号　一九九七年五月、『歌舞能の確立と展開』ぺりかん社　二〇〇一年二月所収）。定型の舞の獲得によって、内容に関わらずに舞うことが可能となる。舞曲舞とは、所作を生むことばを使用するという意識に拘束されずに、自由な観点から純粋に言葉の世界だけにこだわっても作詞が可能な舞であり、言葉はそのまま定型の舞として立体化される。作詞と舞は密着していないから、どんな詞章でも良いようではあるが、それでもより舞らしさを感じさせる要素は何かといえば、それは言葉続きに流れがあるか否かであり、この流れを担っているのが和歌的修辞と歌語の存在である。

九　動き出す言葉

能の中に引用される和歌や歌語が、世阿弥の手を経てどのように新しい世界を作り出しているか。その詞章を演者が口にしたとき、観客には何が伝わるのか。その様な観点から、以前に次のような小考を発表した。

①世阿弥の作詞法（『歌舞能の確立と展開』ぺりかん社　二〇〇一年二月）
②〈融〉の引き歌考（『文学』二〇〇二年九・一〇月号　本書第三章六）
③舞を生む歌語――能における和歌の力――（『文学』二〇〇五年七・八月号　本書第三章八）

どちらかというと文学研究的考察であったので、本稿はこれらの論を踏まえながら、より演劇論的方法によって、演者の肉体を通して投げかけられる言葉が、どのような力を持ち、何を表現するのかということについて、考察したい。

古典的名作として評価が定着している、いわゆる「良い能」の場合、その魅力の大きな要素として、言葉で説明しない、多くを語らない、いろいろな解釈が可能であるということがある。これは金春禅竹作の能に多く見られる特色であり、禅竹のその傾向に対して、曖昧模糊としているとか、ヴェールをかぶせる手法と評してきた（岩波日本古典文学大系『謡曲集下』など）。それに対して、世阿弥の場合は、意味が明確で、作者の意図する内容の全てが詞章に表現され尽くしていると、筆者は考えていたが、最近世阿弥の場合も、そうではないと気づいた。

能という建物には部屋がいくつもあり、その中は空になっていると考えるとよくわかる。世阿弥の『三道』に説く能作法に当てはめて言えば、「作」に相当する序破急五段構成が建物の骨組みであり、「書」にあたる作詞が各部屋の壁面である。選ばれた言葉が壁や床・天井を作っている。その空間に中身を与えるのが役者の演技であり、それを鑑賞する観客の感受性ということになる。
中心的な部屋には、和歌の存在があって、その和歌の力で中身が創られていく。和歌の内容をそのまま受けて展開する場合もあり、わざと外す、裏切るという受け方も可能である。本稿ではその現象を「動く」と表現している。演者の肉体を通して、動きは増幅される。

一　和歌が存在する意味

引用されている和歌が独自の世界を提示し、それが能の世界に多重の意味をもたらす場合がある。

〈**融**〉

2［一セイ］月もはや、出潮になりて塩竈の、うら寂び渡る夕べかな。
［サシ］陸奥はいづくはあれど塩竈の、恨みて渡る老いが身の、寄るべもいさや定めなき、心も澄める水の面に、照る月並みを数ふれば、今宵ぞ秋の最中なる、げにや移せば塩竈の、月も都の最中かな。

二重線部部分は、『拾遺和歌集』秋一七一

屏風に、八月十五夜池ある家に人あそびしたる所　　源　順
水の面に照る月浪をかぞふれば今宵ぞ秋の最中なりける

である。前シテ登場の段であり、まだ月は出ていない場面である。人口に膾炙したこの歌が、そのまま引用されているのである。世阿弥当時の観客なら、自然にこの歌の意味をキャッチして、煌々と照らす満月を思い描いてしまうだろう。それは後の時代でも同様だし、和歌をよく知らない現代の観客でも、この名歌が発している言葉

の力によって、前シテは月光を浴びながら登場するように、感じてしまう。3段［問答］において「や、月こそ出でて候へ」とシテが言うまで、月は出ていないのだという理屈が通用しないほどに、この歌の威力は強力である。ではその存在をどう考えればよいのであろうか。以前考察した②の『文学』では、引き方が未熟だと判断したのだが、そうとばかりも言えないのではないかと、今は考えている。前シテは過去の世界の中に生き、澄み渡った池に映る名月を見ながら登場してくるのである。現実世界の池は、月など映せない腐った泥水が溜まっているに過ぎないことが、4段で明らかにされる。まるで種明かしのような効果をあげている。
　和歌が能の中に置かれることによって、和歌本来の世界を増大させている。現実の荒廃した河原の院に対して、シテの見ている在りし日の美しい河原の院という二重構造を持つ〈融〉の世界、意図的に作り出された虚構の世界の、支柱のような存在となっているのである。

〈鵺〉

10［中ノリ地］……われは名を流す空舟に、押し入れられて淀川の、淀みつ流れつ行く末の、鵜殿も同じ芦の屋の、浦曲の浮き洲に流れ留まつて、朽ちながら空舟の、月日も見えず暗きより、暗き道にぞ入りにける、遥かに照らせ山の端の、遥かに照らせ、山の端の月と共に、海月も入りにけり、海月も共に入りにけり。

二重線部は、『拾遺和歌集』哀傷一三四二に、
　性空上人のもとに、詠みて遣はしける　雅致女式部（和泉式部）
として入首している。また『無名草子』「和泉式部」（新潮日本古典集成）にも取られている。
　書写の聖のもとへ、
　　暗きより暗き道にぞ入りぬべき遙かに照らせ山の端の月

と詠みて遣りたりければ、返しをばせで、袈裟をなむ遣はしける。さてそれを見てこそ失せ侍りにけれ。その気にや、和泉式部、罪深かりぬべき人、のちの世助かりたるなど聞き侍るぞ、何事よりも羨ましく侍る。
（同話が『古本説話集』上にも所収される）

〈鵺〉では、結末の部分に、「入りぬべき」を「入りにける」と変形して引用している。この歌によって、描き出される世界が、飛躍的に拡大している。人口に膾炙した名歌で、印象の明確なこの歌を耳にした観客は、いとも簡単に歌独自の世界を情報として受け取ってしまう。夜の暗闇を照らす月は、この世の闇の道しるべをして、浄土へと導いてくれる存在である。歌の部分で、それまでの閉塞感・絶望感が、一瞬消し去られる。煌々と照る月は、浄土を暗示させ、それまでの不安に替わって、希望が、明るい気分が湧き起こってくる。しかしそれもつかの間で、月も海に映った海月も沈み、鵺の押し込められた空舟も暗闇の底に沈んでしまうのだが、一度は明るい世界が舞台を支配するのである。

作詞上のねらいとしては、真逆のものを置くことによる強調表現で、その意味で効果的であり、成功していると考えることは可能である（ここまでは前稿③でも言及している）。

しかし原歌の世界が入り込むことで、鵺の未来に希望を与えるかのごときニュアンスが生み出されていることも事実である。そこに一縷の希望を託して、少し明るい結末を迎えるか、あくまでも強調表現と考えて、絶望的に終曲するか、演者と観客の受け取り方に、選択権は委ねられた形で、余情ある終わり方となっている。

「遙かにてらせ」以後の所作（1～4句）は、岩波日本古典文学大系本『謡曲集上』では、

1　幕の方に向かって雲ノ扇をして見
2　扇で招きながら出て橋掛りへ行き　三ノ松へ乗リコミ拍子
3　すぐに飛び座りながら扇を左手に顔をかくし

4　立ってトメ拍子

とまとめられている。室町末・江戸期、現行諸流も概ね同様に型どころとされている。たとえば傍線部「海月も入りにけり」は、『童舞抄』では「かざして臥す」、観世流は「飛び返り」、他流「飛び廻り」などである。

ここの部分を演じるとき、希望・絶望どちらの気分で演じるか、演者次第だろうし、観客がどちらで受け取るかも決められているわけではない。

二　和歌の力

ここで、世阿弥以前に、和歌というものがどのように考えられていたかを、確認しておきたい。藤原俊成は『建久末年頃慈鎮和尚自歌合』（岩波日本古典文学大系『歌合集』）において、

十五番判詞

おほかたは、歌はかならずしもおかしき節をいひ、事の理を言ひ切らんとせざれども、本自詠歌といひて、たゞ読みあげたるにも、うち詠めたるにも、なにとなく艶にも幽玄にもきこゆる事有なるべし。よき歌になりぬれば、その詞姿の外に景気の添ひたる様なる事の有にや。たとえば、春花のあたりに霞のたなびき、秋月の前に鹿の声を聞き、垣根の梅に春の風の匂ひ、嶺の紅葉に時雨のうちそゝぎなどする様なる事の、泛びて添へるなり。常に申やうには侍れど、かの「月やあらぬ春や昔の」といひ、「掬ぶ手の滴に濁る」などいへる也。なにとなくめでたくきこゆる也。

言葉で説明し尽くされない世界であることに注目している。この考え方は藤原定家に継承されて、余情妖艶こそが和歌のあるべき姿とされた。右の判詞で在原業平の「月やあらぬ」と並んで評価されている、「掬ぶ手の」の

作者紀貫之は否定される。『近代秀歌』において、

歌の心巧みに、たけ及び難く、詞強く、姿おもしろきさまを好みて、余情妖艶の躰をよまず。

（小学館新編日本古典文学全集『歌論集』）

と、詞の表す意味が明確であることが、その理由の一つに挙げられているのである。

俊成の主張は次の二例の傍線部のように、後代にも継承されている。

『井阿抄』（歌学大系）

五条歌合判云、歌は必しも才学をふるひて、絵師のにの具をつくし、つくもづかさの木の色をさま〴〵にわりすゑたるやうにはあらざるべし。たゞよみあげ、うちながむるに、げにとおぼえて、をかしくもきこゆるすがたなんあるべき。たとへば在中将の、月やあらぬとよみ、紀貫之がしづくに〻ごるといひおきたるやうなるべし。

『正徹物語』正徹日記下（岩波日本古典文学大系『歌論集能楽論集』）

哥はうち詠むるに、何となく詞つゞきも哥めき、吟のくだりて理をつめず幽にもやさしくも有るがよき歌也。又至極のよき哥は理の外なる事也。いかんともせられぬ所也。詞に説ききかすべき事にあらず、只自然と納得すべき也。

『正徹物語』においては、俊成の詞を引用しながら、定家の考えも導入して、点線部のように、理詰めの説明的な表現を否定する説へと展開している。どれくらい一般的であったかは不明ながら、世阿弥時代にも継承された考え方なのであろう。

〈融〉〈鵺〉などに見られる世阿弥の作詞法においては、本意に添って引用された和歌の存在を、別方向への動きに利用する。一種の裏切り行為であり、その裏切りがインパクトを与える。それによって原歌の意味をどこま

で踏まえればよいのか、断定できなくなる仕掛けが施されているのである。

言い尽くさない、暗示・ニュアンス・幅の持たされた表現であり、現代語訳的に、あるいは説明的に捕まえることのできないものの存在を感じさせる。そこに、能としての表現・鑑賞の自由度が生まれる。あからさまに言い尽くさない、隙間だらけの作詞の良さである。これが前述した「良い能」の条件に合致する。謡われ、囃され、演じることによって、隠されていた意味が明らかにされる。あるいは強調・暗示される。その度合いによって、表現内容が変化するのである。

世阿弥は、鎌倉・室町期に認識されていた和歌的表現法を、和歌の引用の仕方に応用したような作詞法を見せているといえよう。和歌の力を利用した表現法と言い換えることも可能であろう。

三　動き出す言葉

和歌の力（和歌的連歌的技法も含む）によって、曖昧さ・不確実さが実現され、解釈の幅を生じさせていることを、世阿弥はどう考えているのだろう。

直接和歌の力について述べた例ではないが、『申楽談儀』に次のようにある。

姨捨の能に、「月に見ゆるもはづかしや」、此時、路中に金を拾ふ姿有。申楽は、遠見を本にして、ゆくやかに、たぶ〳〵と有べし。然を、「月に見ゆるもはづかしや」とて、向かへる人に扇をかざして、月をば少も目にかけで、かい屈みたる体に有ゆへに、見苦しき也。「月に見ゆるも」とて、扇を高く上げて、月を本にし、人をば少目にかけて、をぼ〳〵とし、し納めたらば、面白風成べし。

世阿弥は月に対して「恥ずかしい」という演技をする方が効果的だと言う。しかし、月ではなく旅人だけを意識して演技するのをつまらないと言っているだけで、その解釈が間違っていると否定しているわけではない。ここで注目したいのは、言葉の持つ多様な意味の世界を許容しているという事実である。

世阿弥作のどの曲にも見られるというわけではないが、引用された和歌の力によって、多重の解釈が可能となり、演じ分ける面白さが存在する曲を、いくつか例示したい。

〈檜垣〉

10 ［ワカ］水掬ぶ、つるべの縄の、つるべの縄の繰り返し。昔に帰れ、白川の波、白川の波、白川の

11 ［□］水のあはれを知るゆゑに、これまで現はれ出でたるなり

［哥］運ぶ芦（足）鶴（たず）の、根（音）をこそ絶ゆれ浮き草の、水は運びて参らする、罪を浮かめて賜び給へ、罪を浮かめて賜び給へ。

この能の主題歌ともいえる檜垣の媼の歌「年経ればわが黒髪も白川のみつはぐむまで老いにけるかな」（3段で紹介される）に基づく「みつはぐむ」をキーワードとし、水を汲む行為をモチーフとして構成される能である。

傍線部は、なぜ現れたかを説明する部分で、諸注いずれも「水のあはれを知る故、世の無常を知る」と解釈している。悟っている人という解釈であろう。しかし女は白拍子だったので、その職業的な業により、老いてなお色に染む身であり、その象徴的行為が「水を汲む」ことである。波線部を諸注は「閼伽の水を差し上げるから（供養してください）」とするが、他の解釈はできないだろうか。

二重線部は『古今和歌集』雑歌下所収の小町歌九三八を引用している。

文屋康秀が、三河掾になりて、県見には、え出で立たじやと、
言ひ遣れりける返事に、よめる

小野小町

わびぬれば身をうき草の根をたえて誘ふ水あらば去なむとぞ思ふ

「運ぶ芦（足）鶴の」という言葉を挿入して、運ぶ足→芦に居る田鶴→鶴の音→根と連続させてまで小町の歌を引用するのは、それなりの意味があろう。「浮き草の、水は運びて参らする」で、「浮き草のような身の私だから、頼まれればまた水は運んでさしあげます」と、罪深い遊女の業を象徴する行為を含み込んではいないだろうか。「誘う水あらば」を連想すれば、もっと強烈な印象になる。

引用されている古今歌の内容を重視すれば、地獄の苦しみを受けながら、今なお悟っていない老女の姿が強調される。老女の無惨な姿を見せる能として演じることが可能なのである。江戸期以後三老女として特別視されるようになると、諸注の立場が有力になっていったに違いない。顕著な例として、金剛流は江戸期以降、悟りの境地に達しているという［ロンギ］を付加しているのである。世阿弥は引き歌に託す形で、あえて明確な意味を提示していないので、どちらで演じることも可能なのである。

〈忠度〉

9［上ノ詠］行き暮れて。木の下蔭を宿とせば。

〔立回リ〕

（シテ）花や今宵の、主ならまし

［哥］忠度と書かれたり、さては疑ひ嵐の音に、聞こえし薩摩の、守にてますぞ痛はしき。

［哥］おん身この花の、蔭に立ち寄り給ひしを、かく物語り申さんとて、日を暮らし留めしなり、今は疑ひよもあらじ、花は根に帰るなり、わが跡弔ひて賜び給へ、木蔭を旅の宿とせば、花こそ主成けれ。

〈忠度〉終曲部分である。二重線部は、『平家物語』諸本にも見られる忠度辞世歌である。点線部は、『千載和歌集』春歌下一二二の歌を引用している。

　　百首歌めしける時、暮の春の心をよませたまうける

　　　　　　　　　　　　　　　　崇徳院御製

　花は根に鳥はふるすに返(かへる)なり春のとまりを知る人ぞなき

「花のあるじ」を花の持ち主という意味ではなく、花を擬人化する歌語として用いる歌は、忠度の辞世歌がその早い例に入るらしい。世阿弥はさらに、花と人を一体化させる方向へ進めている。

シテは花の精なのだろうか、という想像を入り込ませる余地を作っているのである。その伏線はきっちり用意されている。中入りは「花の蔭に宿り木の、行くかた知らずなりにけり」とされている。「宿り木」という歌語を要として、「花に宿る」と「宿り木」を掛詞にし、「行く方知らず」の序としている。「姿が見えなくなった」のだが「宿り木」を用いて意味を朧化させているので、花の蔭に消えたようにも受け取れる。花に帰って行ったようにも、花の傍に立ち寄ってその後どこかに行ってしまったようにも、どちらとも解釈可能である。

忠度の亡霊を若木の桜の精であるとあからさまに言葉で示してしまうと、修羅能という枠組みの中では収まりが悪いだろうし、抵抗感を持つ演者や観客も多いであろう。あえて明言しないで、暗示することで、かえって想像力がかき立てられ、積極的にそのように感じようとする意志が生まれてくる。幽玄美も増加する。世阿弥の狙いはその辺りにあったのではなかろうか。

同様の手法を用いているが、〈忠度〉ほどにはシテの人格にまで影響する二重性を持たせてはいない例として、〈頼政〉がある。

11［上ノ詠］埋もれ木の、花咲くこともなかりしに、身のなる果ては、あはれなりけり

［哥］あと弔ひ給へおん僧よ、かりそめながらこれとても、多生の種の縁に今、扇の芝の草の蔭に、帰るとて失せにけり、立ち帰るとて失せにけり。

辞世の歌（傍線部）を利用して、花→身＝実→種→芝の草と、縁語仕立てで展開させ、扇の芝の陰に隠れる。幽玄性あるいは夢幻性を示すという点では成功している〈頼政〉に対して、それとは異なる作法を見せる修羅能に〈実盛〉がある。［ロンギ］［中ノリ地］によって、仕方話的に『平家物語』の世界が再現される。そこには和歌の利用は無いし、入る余地がない。叙情性が加味されることもない。〈敦盛〉の後場も同様で、供養を願って懺悔語りが展開する。

〈東北〉の場合も

11［哥］是迄なりや花は根に、鳥は古巣に帰るとて、方丈の灯を、火宅とやなを人や見ん、爰こそ花のうてなに、和泉式部が臥所よとて、方丈の室に入ると見えし、夢は覚めにけり、見えつる夢は覚めて失せにけり。

（天理図書館蔵遊音抄）

〈忠度〉と同じ歌（傍線部）が利用されているが、和泉式部は梅の花の精とまで結びつく余地は無く、その意味で広がりに欠ける作風を示している。

［上ノ詠］や［下ノ詠］から［中ノリ地］・［ノリ地］・［哥］などへと続く小段構成の中で、和歌は重要な役割を果たしていることが多い。

〈清経〉では、

7［クドキグリ］（ツレ）聞くに心も呉織、憂き音に沈む涙の雨の、恨めしかりける契りかな。

［下ノ詠］（シテ）言ふならく、奈落も同じ泡沫の、あはれは誰も、変らざりけり

［中ノリ地］（シテ）さて修羅道に遠近の、

入水したことを納得しない妻（ツレ）に古歌（傍線部）を引用して、誰にとってもこの世は地獄なのだからと説得する場面がある。清経は修羅道に堕ちていないので、二重線部以後もし修羅道に堕ちていたらどんな恐ろしいことになっていたかを演じているのだが、それに関しては前述の③などで言及しているので、詳述はしない。古歌は『俊頼髄脳』所収で、当時よく知られていただろう。それが説得の根拠として用いられている。

〈船橋〉では、

8［上ノ詠］東路の、佐野の舟橋取り放し、親し離くれば、妹に逢はぬかも。

［中ノリ地］執心の鬼となつて、

〈松浦〉では、

［上ノ詠］世の中は、何に譬へん朝ぼらけ、漕ぎ行く船の、跡の白波。

9［中ノリ地］そのままに狂乱となつて、

これらも、見せ場へ続く冒頭部分に位置し、和歌の内容を利用して、［中ノリ地］で描く世界を決定づける役割を果たしている。平明な散文や会話文によって説明するのではなく、和歌をどう解釈するかで、強調するニュアンスに幅が持たされているとみることができよう。

〈**井筒**〉

10［ノリ地］（シテ）筒井筒、（地）筒井筒、井筒にかけし、（シテ）まろが丈、（地）生ひにけらしな、（シテ）老いにけるぞや、（地）さながら見みえし、昔男の、冠直衣は、女とも見えず、男なりけり、業平の面影

［哥］（シテ）見れば懐かしや、（地）われながら懐かしや、亡夫魄霊の姿は、萎める花の、色無うて匂ひ、残りて在原の、寺の鐘もほのぼのと、明くれば古寺の、松風や芭蕉葉の、夢も破れて覚めにけり、夢は破れ

明けにけり。

〈井筒〉は、若い女がシテであると考えるのが定説で、現在どの流派でも小面・若女・増など、若い女面を用いて、彩入りで演じることになっている。これに対して、高桑いづみ氏は、「昔語りをする老女」（『銕仙』二〇〇六年四月号、研究十二月往来二二九）において、深井面を掛けた姿で昔語りをした可能性に言及された。興味深いご指摘であった。

〈井筒〉の詞章でシテの年齢が具体的にわかるところは無い。唯一3段［問答］で、ワキが「いとなまめける女性」が現れたと語るので、美しい女性だということになる。なまめけるとある以上、老女ということはありえないだろうが、小面にふさわしい若い女から、深井くらいの中年女性までは、対応可能な言葉である。

さて本稿で注目したいのは、右に掲載した10段の傍線部である。後述の如く、底本は下村識語本で、観世系統の本であるから、「老い」を当てている。

『日葡辞書』の「生」・「老」の項はどちらも「Voi」とされており、「ヲイ」と発音する。各謡本では「オイニケラシナ、オイニケルゾヤ」の部分を、どのように表記しているであろう。

現行　観世・金春＝「生」「老」
　宝生・喜多＝「生」「生」
　金剛＝「老」「老」

車屋本・一番綴・五番綴松井本・日爪本等＝「おひ」「おひ」

現存するすべての謡本を見た訳ではないが、数例に当たっただけでもそれぞれまちまちで、現存資料から、世阿弥がどちらを意図していたのか、判断がつかないのである。

そこで重要になるのが点線部である。『古今和歌集』仮名序の業平評「しぼめる花の色なくて匂ひ残れるがごとし」を利用している。「老いにけるぞや」と「しぼめる花の……」が意味を持って結合されると、後シテは見た目の花は失せた初老の女性という設定になる。しかし和歌を言い換えつつ繰り返す言葉遊び的な表現であると解釈するならば、「生ひにけらしな、生ひにけるぞや」でも構わない。その場合この繰り返しは、年齢上の具体的な意味を持たないことになる。一方「萎める花の色無うて匂ひ残りてあり」は、中世という時代の美意識として、目に見えない美しさを象徴する、最高級の褒め言葉であるとも考えられる。そうするとこの女性の一途さを讃える言葉として使用されたことになる。その場合は見た目は関係ないということになり、若い女が登場してもおかしくない。

要するにこの部分は、後ジテの年齢設定と関係する表現なのである。老若どちらとも解釈可能な曖昧表現ということになる。能の場合、シテの年齢設定は、あらゆる所に影響を及ぼす。面・装束の選択もさることながら、カマエ・ハコビ、謡い方、舞い方、過去から現在に至る時の重なり加減まで変わってくる。

このような重要な情報を敢えて曖昧にしているというのはどういうことなのだろう。不完全で未熟な表現なのだろうか。世阿弥時代にははっきりと限定的な意味を持っていたのが、現代ではわからなくなってしまったのだろうか。軽率な判断は控えたいが、積極的に評価するならば、どちらで演じても構わないように、流動性を持たせた作法であるということになろう。通常は現在と同じように若い女で演じていて、たまに精神的な美しさを強調した初老の女が登場する。決められた詞章の意味が変わってくる。これは非常に効果的な珍しさの花であろう。

おわりに

以上和歌の引用によって、意味を限定せずに、いろいろな解釈が成り立つ成功例をいくつかあげてみた。これら複数の存在を重視するならば、世阿弥が意図的にそうしていることになる。あるいは理詰めで説明するのではなく、歌語や和歌の世界をそのまま受け止めるような言語感覚の持ち主だということになろう。

世阿弥生誕から六五〇年の時を重ね、言葉の解釈も変わり、演じ方も受け止め方も変化しているに違いないが、世阿弥自身、意味を限定して作詞しているわけではなく、時代を超えて変化し続ける大きな器としての能を作り出しているのだろう。『申楽談儀』のなかで、「住することなき」ことが大切だと力説し、既成曲の時代に適応させた改変が新作と同じくらい重要であることを説いている。能は作者の手を離れて、一人歩きしていくことを、世阿弥自身よく理解し、それを想定して能を作っているにちがいない。

現代の受験体制下における古典享受の方法、すなわち、品詞分解と正解一つの現代語訳というやり方では、抜け落ちるところのあまりに多い世界である。

＊本稿は能楽学会第十二回大会における「世阿弥生誕六五〇年記念シンポジウム　世阿弥をめぐる和歌・連歌の世界」（二〇一三年五月二六日　早稲田大学小野梓記念講堂）における講演をもとに、論文として書き下ろしたものである。

十　歯車となる言葉

世阿弥作の能は非常に完成度が高い。『三道』に展開される、理論的で計画的な作能論の裏づけがあり、緻密な構成力や、大胆な解釈に魅力があるのは確かだが、それを支えているのが、美しい詞章であることは見逃せない。

世阿弥の作詞法については以前から言及してきた（拙書『歌舞能の確立と展開』所収、ぺりかん社　二〇〇一年二月）ので、併せてご参照いただければ幸いであるが、本稿では特に、作詞技法の柱の一つ、「歯車の役割をする言葉の存在」に注目してみたい。叙景と心情表現を重ねた複雑な内容を、流れるような言葉続きの良さで展開していくことを可能としている、特別な「掛詞」である。

このことに関しては、能楽学会二〇一三年度大会企画のシンポジウム会場（五月二六日）でも少しお話ししたが、その部分は文字化されていないので、この機会をお借りすることとした。

同音異義語の多い日本語の特質を活用した掛詞は、和歌の表現において早くから多用される修辞技法である。『和歌大辞典』（明治書院　一九八六年三月）によると、一つ目として

花の色はうつりにけりないたづらにわが身世にふる　ながめせしまに（古今一一三）

は「兼句」と呼ぶことができ、「一首に表裏二つの意味の流れが成立して複雑豊富な効果が期待され」る。また二つ目として

いづくにか今宵は宿をかりごろもひもゆふぐれの嶺の嵐に（新古今九五二）

は、「前後からの接続が掛詞で断ち切られ、ついでその掛詞が新しい文脈を呼び起こして」ゆく。また「いずれの場合にも縁語（　部分）と併用されることによって効果は一層強化され」る。
右のように和歌で常用される掛詞は二つに大別されるが、世阿弥の場合も両用しており、縁語の効果的活用も同様である。

6［上ゲ哥］……、破れて後はこの衣、たれか着て（↓来て）も訪ふべき、来て訪ふならばいつまでも、衣は裁ちも替へなん、夏衣、薄き（↓薄き）契りは忌まはしや、君が命は永き（↓長き）夜の、月にはとても寝られぬに、いざいざ衣打たうよ。

右は〈砧〉、前場の見せ場砧ノ段の一部である。連歌的作詞法として評価の高い箇所であるが、掲載部分では、傍線三カ所の二重の意味を持たされている言葉によって、内容が転換していく。「夫の来訪を待ち望む↓夫の薄情さを怨む↓それでも夫の長寿を願う」と、屈折した妻の心情が丁寧に表現されているが、それを「破れ衣はだれも着ない、衣はいつでも裁ち直せる、夏衣は薄い」という衣に縁のある言葉で、それぞれの間を繋いでおり、衣を砧で打つ場面の仕事歌的雰囲気を醸し出しながら、同時に心情表現の場としても成立するという、世阿弥らしい表現となっている。「きて」「うすき」「ながき」は、まるで歯車のように、一方から他方へと表現内容を変換させる役割を担っている。

前述の和歌的技法二つめの掛詞の用法である。和歌では三十一文字の短い繋がりであるが、能の場合は七五調の長文が続くから、その方向転換は、和歌よりもダイナミックで、重要な役割を果たしているといえよう。

11段［段哥］では、
君いかなれば旅枕、夜寒の衣打つ（↓現つ）つとも、夢ともせめてなど、思ひ知らずや恨めしや。

衣を打って思いを伝えたことを、「夢でよいから、わかって欲しかった」と訴えている。「夜寒の衣うつつとも」

を真ん中に挿入することで、意味の断絶と情趣の複雑化を生み、さらに「擣衣」というこの曲のテーマともいうべき重要な事柄を印象づけつつ、詩的表現でまとめることに成功している。

このような表現法を世阿弥はどのように習得したのであろう。例えば〈班女〉は、早歌「五明徳」を参照しているが、素材を利用しているだけで、詞章そのものを参照しているわけではない。

「五名徳」……月を隠して懐にいる楽天の露の言の葉……わきて哀れもふかき夜の　程なく明行く篠目に思みだれし璽の扇　桜の三重がさねに　かすめる空の月をうつす　水茎のたえぬ名残　おぼろけならぬ契のするゑ　さもなつかしくや残けん……

（三弥井書店中世の文学『早歌全詞集』一九九三年四月）

傍線部は白楽天の詩の引用、後半は『源氏物語』花宴巻を踏まえている。〈班女〉では、

8　［（ワカ）］絵にかける

〔序ノ舞〕

［ワカ］月を隠して懐に、持ちたる扇。

9　［ノリ地］取る袖も三重襲ね、その色衣の、褄〔→夫〕の豫言、必ずと言ふ〔→夕〕暮れの、月日も重なり、……

傍線・二重傍線の部分が、「五名徳」と重なる。「つま」「いふ（ゆう）」を掛詞として、扇→夫の約束→時の経過と展開させている。連鎖する言葉によって、中断させることなく意味を転換させる手法は、「五名徳」を離れて、独自に世阿弥が施している工夫である。

このような掛詞の技法は、世阿弥作の能に多用されており、しかも見せ場の重要な部分に使われることが多い。和歌において発達した技法を、世阿弥が自在に活用できるに至った経緯は、簡単には判明しない。和歌・連歌・早歌・歌謡・平曲など、同時代以前の韻文との関連の中で、総合的に考察しなければならないし、世阿弥以外の

作者による能の詞章も比較する必要がある。

そういうことを体系的に行なったわけではないのだが、この歯車の役割をする言葉の存在は、世阿弥にとってかなり重要な作詞上のポイントであろうと考えている。

第四章　世阿弥における能楽論と能作の実態

一　修羅能のシテに選ばれた武将たち――〈清経〉〈敦盛〉そして〈朝長〉――

一箇所の引用も無しに作られた能は存在しないだろう。多かれ少なかれ、能は様々なレベルにおける引用によって成立している。

その中から本稿で取り上げたいのは、最も大がかりな、主役であるシテが古典文学の主人公の場合である。シテ自身がすでに引用であるともいえる。典拠（本説）がどのように踏まえられているかによって、主人公の引用のされ方が違ってくるが、それだけではなく、テキストを読むという一次元的な享受法ではなく、舞台上に立体化されたものを鑑賞することによって成立する能は、演出法の違いや、演者がどう解釈して表現するかによっても、引用のされ方が変化するし、観客がどう受け取るかによっても、変わってくる。

本稿では世阿弥が

一、軍体の能姿、仮令、源平の名将の人体の本説ならば、ことに〳〵平家の物語のまゝに書べし。（『三道』応永三〇年奥書）

と、本説処理の方法に言及している、『平家物語』を本説とする世阿弥の修羅能のうち、特に個性的な〈清経〉と〈敦盛〉と、息男元雅の〈朝長〉（ただし本説は『平治物語』）について、二人が本説から何を読み取り、どのような引用の効果を上げているか、筆者自身の既発表の論考も紹介しつつ、見ていきたい。

一　修羅の演技

まず最初に確認しておきたいのは、修羅能の特色である修羅の演技とは、いかなるものかについてである。世阿弥は『風姿花伝第二物学条々』（応永七年奥書）に関して次のように述べている。

修　羅

これ又、一体の物なり。よくすれども、面白き所稀なり。さのみにはすまじき也。但源平などの名のある人の事を、花鳥風月に作り寄せて、能よければ、何よりもまた面白し。是、ことに花やかなる所ありたし。

これ体なる修羅の狂ひ、やゝもすれば、鬼の振舞になる也。又は舞の手にもなる也。それも、曲舞がかりあらば、少し舞がかりの手づかひ、よろしかるべし。弓・箙ぐひを携へて、打物を以て厳とす。その持ち様・使ひ様をよく〳〵うかがひて、その本意をはたらくべし。相構々、鬼のはたらき、又舞の手になる所を用心すべし。

傍線部のように、修羅の演技は、武器を本物そっくりに扱うところに特色があり、それは鬼の演技とも、舞の演技とも異なることがわかる。さらに、『三道』秀曲例に挙げられる軍体の能（修羅能）六曲

通盛・忠度・実盛・頼政・清経・敦盛

における修羅の演技は、すべて自分と敵の演技を一人二役で見せるパントマイムになっている点に、大きな特色がある。

武器を用いて見えない相手と戦う有様を演じ、時には相手役の様子も再現してみせるのが、修羅の演技である。切り組み物と呼ばれる能では、舞台上に相手役が登場し、戦闘シーンを演じるので、一人二役は修羅能に限って

の個性的な演技である。なぜそのような方法を用いるのか。その理由は、修羅の戦いを見せる場面だからである。そう指摘すると、余りに当たり前のようだが、先行研究にはその言及は見当たらない。『三道』秀曲例には入っていないが世阿弥作と考えられるの〈八島〉11段［中ノリ地］に、

敵と見えしは群れ居る鷗、鬨の声と聞こえしは、浦風なりけり高松の、浦風なりけり……

とある。修羅の戦いはこの世の人間には見えないもので、自然界の諸現象として受け取られているのである。修羅道から救済されるために懺悔語りをする場合も、過去の回想シーンであるから、一人芝居なのであろう。古風な面を多く残す〈通小町〉〈船橋〉などの妄執物の多くは、妄執の原因となった相手役とともに出現し、二人の掛け合い形式で懺悔語りをする。回想シーンだから一人芝居という発想はそう簡単に生まれるものではないだろう。修羅能も、大きく分類すれば妄執物の一つのはずだが、必ず相手役が必要な戦闘シーンを一人で演じるという工夫によって、妄執物とは明らかに異なる修羅能のジャンルが確立されたのであろう。

二　修羅道に堕ちていない〈清経〉

修羅能のシテは修羅道に堕ちている武将のはずだが、〈八島〉のシテ源義経や〈清経〉の平清経は、戦死ではないので厳密には修羅道に堕ちる条件に当てはまらない。しかし戦うために生まれたような義経の場合、衣川で自刃しても、地獄に堕ちるよりは修羅道を彷徨っている方が似つかわしい。そして彼が関わった最も華やかな戦が八島の合戦であり、生涯最高の好敵手が能登守教経であって、いつまでも八島合戦にこだわっているはずだという解釈を、世阿弥はしているのであろう。これも一つの大胆な引用例である。

ところで、〈清経〉の場合は、義経とは事情が全く異なっている。平家諸本にほんの数行しか記されていない

清経入水の場面になぜ世阿弥が注目したのだろう。平家一門のうちでも、最も早く運命に見切りを付けて、最も早くあきらめてしまったのが清経であると、世阿弥は解釈したのではないかと私は考えている。『平家物語』灌頂巻「六道之沙汰」において、建礼門院が次のように語っていることも、この可能性を補強していよう。

清経の中将が、「都のうちをば源氏がために攻め落され、……ながらへはつべき身にもあらず」とて、海に沈みさぶらひしぞ、心うき事のはじめにてさぶらひし。（岩波新日本古典文学大系）

清経は義経とちがって、戦いが好きとは誰も思わない公達であろう。その清経をシテとして、世阿弥は修羅能を作っているのである。

〈清経〉には、誰しもが抱く疑問がある。

まことは最期の十念乱れぬみ法の舟に、……仏果を得しこそ有難けれ。

で、終曲となるのだから、清経は成仏を約束されている身とされているのに、その清経が修羅の苦患を見せるのはどういうことなのかということである。これに関して「舞を生む歌語」（本書第三章八）に簡単に触れた後、「〈清経〉における修羅道の意味」（『橘香』二〇一〇年八月号）で論じたが、一般にはあまり目にしない機関誌であるし、本稿のテーマと密接に関わるので、再度紹介したい。

清経が入水に至った経緯を語り舞う［クセ］の後に、ツレの妻が次のように嘆く。

聞くに心も呉織、憂き音に沈む涙の雨の、恨めしかりける契りかな。

終盤近く、シテの演技が連続する場面に、ツレの言葉が差し挟まれて演技を中断させるのは珍しいが、この曲は夫婦愛が前面に押し出され、入水による夫の死を受け入れられない妻を説得するために夢枕に立つので、他の修羅能とは、設定自体が大きく異なっている。

清経は妻の言葉に応えるように、

言ふならく、奈落も同じ泡沫の、あはれは誰も、変らざりけり。

と詠じる。『俊頼髄脳』所収の

高岡の親王、弘法大師によせ給ふ歌

いふならく奈落の底に入りぬれば刹利も首陀もかはらざりけり（小学館新編日本古典文学全集『歌論集』）

を変形して用いて、どのように生きようとこの世は地獄であると、「生きること」を嘆じることで、妻への答えとしているのである。

そして［中ノリ地］へと続いて、修羅の苦患をみせる最後の見せ場となっている。

さて修羅道に遠近の、立つ木は敵雨は矢先、土は精剣山は鉄城、雲の旗手を突いて、驕慢の剣を揃へ、邪見の眼の光、愛欲貪恚痴通玄道場、無明も法性も　乱るる敵、打つは波引くは潮、西海四海の因果を見せて、これまでなれやまことは最期の、十念乱れぬみ法の舟に、頼みしままに疑ひもなく、げにも心は清経が、げにも心は清経が、仏果を得しこそ有難けれ。

そもそもこの曲は、清経入水の第一報が、都の妻にもたらされた時を場面設定として用いているから、四十九日以前のはずである。つまり清経は中有の闇に迷っている時で、まだ六道のどこにも至ってはいない。そればかりか、最期の十念によって成仏が決定されて、一安心していることであろう。そんなときに妻を見捨てがたく、再びこの世に舞い戻ってきたのである。清経は［クセ］で言葉を尽くして入水に至った心境を語るが、結局妻は納得しない。それで「いうならく……」つまり「この世もどうせ地獄ではないか」と言って、「さて修羅道に遠近の」と展開するのである。

この一句を通常は「そうして修羅道に堕ちて」と解釈する。能楽師の方達もおそらくそう理解して、他の修羅能同様、一番の見せ場である修羅の戦いの再現の場と考えて、そのように演じられているのではなかろうか。能は演技を類型化し、型としてマスターする修行法が浸透しているので、修羅能である〈清経〉の、修羅の見せ場という理解で、処理されるのであろう。

しかし清経は、修羅道に堕ちていないどころか、成仏を約束されている身なのである。ではどう考えればよいのだろう。

この一句は実はちょっと曖昧な表現で、通常のようにももちろん解釈できるが、また「ところで、もし修羅道に堕ちていたとしたら」という意味にも取ることが可能である。通常は、修羅能なのだから修羅道に堕ちているはずであるという大前提があるので、他の解釈の余地が無いのかもしれない。

清経は、もし生きていたら戦場に行き、自分は戦死して修羅道に堕ちたに違いない、その場合このような恐ろしい苦患に逢うのであると、なんとか妻を納得させるために、仮定としておそろしい修羅道の様子を描いて見せて、説得を試みているのである。「西海四海の因果を見せて」は、続いて起こった八島・壇ノ浦の海戦を予言して、生きていれば、そのような恐ろしい戦に身を晒すことにもなったはずであると、予言しているのであろう。けれども自分は入水という手段を選んだために、心ゆくまで最期の十念も唱えることができ、そのお陰で成仏が約束されたのだから、こんな有難いことはないし、けっして嘆く必要はないと訴えているのである。

これによって妻がそれなら良かったと納得するか否かはわからないが、いずれにしろ、清経は本当に修羅道に堕ちているわけではない。確かに修羅の演技を見せる場面ではあるが、あくまでも妻を納得させるための、一種の愛情表現である。

修羅能にジャンル分けされているから、ひとしなみの修羅だと解釈してしまいがちだが、世阿弥はもっと柔軟な頭の持ち主で、曲ごとに様々な仕掛けがなされている。その代表ともいえるのが〈清経〉と言えよう。「六道之沙汰」に見られる「心うき事のはじめ」という文言を世阿弥が意識していたか否かは不明ながら、早々と入水した清経に興味を持ったことは確かであろう。多くの源平の武将から敢えて清経を選び出したのには、早すぎる入水のお陰で、その後の悲惨な負け戦の数々を経験しなくて済んだ幸運があったという解釈が働いている。

三　若さへの手向け〈敦盛〉

平敦盛は修羅能のシテとしての条件をよく揃えている。『平家物語』「敦盛最期」には丁寧に戦死のシーンが描かれており、美少年でしかも笛の名手であるから、華やかで風雅な雰囲気も十分兼ね備えている。ところが能〈敦盛〉は「敦盛最期」の本文をほとんど引用していない。戦語りの中心的見せ場であるはずの曲舞は、平家一門の滅びへの道程を叙情的に謡い上げ、それに合わせて優雅に定型の舞を舞う。

従五位の下で官職に就いていないために、無官の大夫と呼ばれるこの公達は、武士よりは平安朝の貴公子という方が似つかわしく、王朝文化を謳歌する公家化した平家一門の典型的存在である。その彼が都落ちの後は不自由な船上生活と一ノ谷での仮住まいを余儀なくされ、板東武者の熊谷直実に討ち取られてしまう。この敦盛の半生は、平家一門の滅びの象徴といっても良いだろう。まさにそれが世阿弥の解釈なのであろう。

唯一「敦盛最期」が踏まえられているキリの戦闘シーンも、平家本文からの引用は無く、熊谷に呼び止められてあっという間に組み伏せられて首を打たれたことだけが説明されている。そして注目すべきは、単純な懺悔語りになっていないことである。

［中ノリ地］かかりけるところに、うしろより、熊谷の次郎直実、逃がさじと追っ掛けたり、敦盛も、馬引つ返し、波の打ち物抜いて、ふた打ち三打ちは打つぞと見えしが、馬の上にて引つ組んで、波打ち際に、落ち重なつて、終に討たれて失せし身の、因果は巡り逢ひたり、敵はこれぞと討たんとするに、仇をば恩にて、

法事の念仏して弔はるれば、終には共に生まるべき、同じ蓮の蓮生法師、敵にてはなかりけり、跡弔ひて賜び給へ、跡弔ひて賜び給へ。

戦闘シーンにはワキ（熊谷出家し、蓮生法師）に対して打ち掛かる場面が二回存在する（実線部と点線部）。懺悔語りのはずが、敵を目前に思わず復讐しようとする様子が描かれている。実線部は過去の一ノ谷合戦での最期の戦いを再現する、いわゆる修羅の演技であり、一人二役のパントマイム部分である。そして点線部は、現実の場における、敵相手の戦闘場面で、ワキに対して実際に打ち掛かろうとする。寸前のところで悟りの境地へと至るが、激しい勢いでワキめがけて詰め寄る様子が描かれている。

この二つの異種の戦闘場面を、室町末期観世系型付、『妙佐本仕舞付』（慶長三年奥書、『能楽資料集成　観世流古型付集』わんや書店）では、次のように簡単に記述している。

「ナミノウチモノヌイテ、二ウチ三ウチハウットゾミヘ」、太刀ヲヌキテウツ。手ヲクミテソリカヘリ、太刀ヲステ、扇ヲ持。手ヲ合、シトムル。

類型的な修羅の演技同様、過去の再現部分から太刀を抜いて戦い、最後に太刀を捨てて合掌して終わる。二つの戦いに差があることには、注意していない。ところが『観世流舞付　巻二』（『岡家本江戸初期能型付』和泉書院）では詳細な記述が見られる。

「引かへし」と左ノ方より右へ引かへす様にして廻る時、扇左へ取て、太刀ぬく。少出、「二打三打」と二ツきる。拍子も二ツふむ。「うつとぞ見えしが」とひやうしふむ。「馬の上にて」と左の足出し、「引くんで」と左へくんで廻り、「落かさなつて」と下へべたりとゐる。「うたれてうせし身の」と脇見る。「因果はめぐりあひたり」より右へ廻り、わきのきハへつる〳〵と行。「うたんとするに」と太刀ふりしてミる。「あたを恩にて」と左へぐわつする。一ツ二ツうしろへ向たる時、太刀すつる。扇もち、「つゐには」より右へ廻る。

面へむかずに仕手柱の方へ行、面向。「かたきにてハ」と扇にて脇をさして出、「跡弔」と少しさり、脇を見て、合掌し、し留る。

＊又、七大夫ハ、「二打三打」ノ所ニて扇にて打。「因果はめぐり」の時、太刀ぬき、右ノごとく仕舞。「かたきにてハなかりけり」と脇を太刀にてさし、太刀捨て、拝む。其時ハ、「つゐにうたれて」と扇にてくびをさし、其まゝ扇うしろへすつる。

過去の再現（実線部分）から太刀を用いて演じるのは同様だが、こちらはワキに向かって打ち掛かるのではなく、一人二役の仕方話の型である。それに対して点線部分は、明らかにワキに向かって斬りかかろうとする型であることが見て取れる。現行でも通常観世流では同じ演出で、太刀を用いつつ、一人芝居の回想と、ワキに向かって打ち掛かる現実演技の組み合わせで構成されている。

一方岡家本の補注部分（＊の部分）では、北七大夫長能の型が記されている。回想部分では扇を使っていることが分かる。喜多流は現行でもこの型で演じており、宝生流も同様である。

喜多・宝生型は回想と現実の違いを重視した演出で、視覚的相違が明確であるため、観客にも〈敦盛〉の特色が容易に理解出来る。しかし、世阿弥の主張する修羅の演技、すなわち実際の武器を用いた戦闘という点からは逸脱している。二種類の戦闘場面という異型であるために考えられた工夫なのであろう。

若干十六歳（平家諸本では十六・七歳）、まだ何も知らない、何もしていない若者が、戦死する無念さは如何ばかりであったか。「敦盛最期」の物語を熟知していればいるほど、観客はそのような共通の感情を抱きつつ、舞台を見ることになる。能が進行し、りりしく美しいシテであればあるほど、その気持ちは強くなっていく。ワキの蓮生は、毎日毎夜念仏を唱えており、この日も夜もすがら供養しているが、懺悔に、平家一門の衰退の様を語り、自分の戦死の様子を再現しただけでは、その妄執を解消させるには弱すぎる。結局最後の最後に、仇敵憎しの感情が爆発して、過去の物語から、一転現実へとシテもワキも観客も立ち戻ることになる。観客の眼前でそれを演じることによって、昨日の敵が今日の法の友に変わることを、シテもワキも観客も納得できる。

本説で描かれている美しく若い貴公子の戦死を扱いつつ、本説では描かれない死後の有様を創作することで、「敦盛最期」に登場する主人公敦盛の迷いをも解消し、悟りの境地へと送り届けてしまう。しかも無責任な空想ではなく、本説の『平家物語』で仕掛けられていた「熊谷の発心」を出発点としているので、ワキの手厚い供養の様子を含め、抵抗感無く受け入れることができる。世阿弥は主人公の引用という手法を利用して、本説の物語に祝福の結末を付加し、物語世界そのものを操作することに成功している。

四　元雅はなぜ〈朝長〉なのか

同じ十六歳の武将を主人公とした能に、元雅作と考えられる〈朝長〉がある。修羅能でありながら、世阿弥とは違って『平治物語』から主人公を選んでいる。

本曲の特色を一言で言えば、「暗さ」であろう。同じ十六歳の戦死を扱っていながら、〈敦盛〉には、終始ほのぼのとした明るさが漂っているのに対して、こちらは救いようのない暗さが支配している。

それには様々な仕掛けがあるが、その最たるものが、前シテと後シテが別人であるという点であろう。前シテは朝長の最期を看取った青墓の長者で、朝長の死を廻る物語を、看取った本人が、朝長の傅(下掛りでは乳母子)に語るという設定にして、リアリティーを与えている。後シテは朝長の亡霊であるから、最期の物語は、看取った者と看取られた者の両視点から描かれているのである。

その両者を繋ぐキーワードが「光陰矢の如し」である。前シテは登場の段［下ゲ哥］で

光の蔭を惜しめども、月日の数の程ふりて

と、寸暇を惜しんで弔っているのに、どんどん月日が経ってしまうことを嘆いている。

そして後シテは、戦語り直前の12段［上ゲ哥］で、ワキの僧（上掛りは朝長の傅、下掛りは乳母子）に対して、

光陰を惜しみ給へや、げにや時人を、またぬ憂き世の慣らひなり、ただ何事もうち捨てて、御法を説かせ給へや、御法を説かせ給へや。

（新潮日本古典集成『謡曲集中』）

と、供養を願っているのである。

源朝長は、義朝の次男で、平治の乱（一一五九年）当時十六歳である。長男義平は十九歳、三男頼朝は十三歳、義朝は大敗し、都から西坂本・八瀬・大原を通って竜華峠まで落ち延び、そこから北陸道へ向かうように見せかけて南下、近江路から東海道に出て、青墓の宿に到着している。

『平治物語』のうち、古態を示すと考えられている学習院大学図書館本（岩波新日本古典文学大系）では、「金王丸尾張より馳せ上り、義朝の最後を語る事」において、常磐への報告の中で後日談として次のように語られている。

夜に入て、頭殿、宿を出させ給所に、中宮大夫進朝長、竜華越の戦に膝のふしを射させて、遠路を馳過、ふかき雪を徒にてわけさせ給ひしほどに、腫損じて一足もはたらかせ給べきやうなし。「此いた手にて、御供申べしとも覚えず。とう〳〵いとまたばせ給へ」と申されしかば、頭殿、「こらえつべくは供せよかし」と、世にあはれげにて仰せられしかば、大夫進殿、泪をながさせ給て、「かなふべくは、いかでか御手にかゝらんと申べき」とて、御頸をのべさせ給たりしを、頭殿、やがて打ちまいらせて、……

負傷のため出発できないので朝長自ら父に討たれたいと申し出ている。

一方流布本系の古活字本や、金刀比羅本では、青墓の宿において、長男義平には北国へ、朝長には信濃へ向かうように命じる。朝長は一端出発するが、竜華で負傷した膝下の矢傷が悪化して引き返す。義朝は弟の頼朝と比

較して語った上に、自ら手を掛けて殺している。

「おさなく共頼朝はかうはあらじ……さらば汝しばらくとゞまれ」ときこゆれば、朝長畏って「これに候はゞ、定て敵にいけどられ候なん。御手にかけさせ給て、心やすくおぼしめされ候へ。」と申されしかば、「汝は不覚の者と思ひたれば、誠に義朝が子なりけり。さらば念仏申せ」……心もとを三刀さして首をかき、……

（古活字本、岩波日本古典文学大系）

金刀比羅本では、信濃への道が分からず義平に尋ねる場面が付加され、幼さが強調されるなど、多少の違いはあるが、同型である。

父でありながら重傷を負っている事にも気付かず雪の中へ追いやったり、頼朝と比較してさげすむなど、義朝にとって三兄弟のうちで一番軽い存在が朝長であることが、印象付けられている。

能では朝長は自害して、父に見守られながら息を引き取る。自害自体は『平家物語百二十句本』十一剣の巻や、『帝王編年紀』でも同様なので、独自の改変とは言えない。しかし

5段［語リ］……物具したる人四五人内に入り給ふ、義朝おん親子、鎌田金王丸とやらん……

［哥］……こと切れさせ給へば、義朝正清とりつきて、歎かせ給ふおん有様は、外の見る目も、あはれさをいつか忘れん。

と、同行しているはずの義平の存在が消し去られ、義朝・朝長親子水入らずの関係と父の細やかな情愛が強調されている。また、

14段［中ノリ地］……朝長が、膝の口を篦深（ノブカ）に射させて、馬の太腹に射つけらるれば、馬はしきりに跳ね上がれば、……乗替へに舁き乗せられて、憂き近江路を凌ぎ来て、この青墓に下りしが……

と、負傷した朝長を介抱しながら青墓の宿に到着したような印象を与えるよう、配慮されている。

源家の嫡男は義平であり、『平治物語』では義平を英雄化する傾向がある。頼朝は三男ながら後の統領であることが配慮されており、二人とも物語の中で重い存在となっている。それに対して朝長は、死を廻ってのエピソードで登場するだけの、しかも父の手に掛かって死ぬという悲惨な運命を担わされた若輩者の扱いである。もし能〈朝長〉で取り上げられなかったなら、ほとんど注目されることもなかった人物なのではなかろうか。

元雅がなぜ『平家物語』ではなく『平治物語』を利用したかについては、適当な人物が残っていないからだろうなどとも指摘されているが、それにしても朝長を選ばなくても、他にいくらでも相応しいポピュラーな人物はいる。『平治物語』の中で、特に義朝三兄弟中最も不幸で地味な存在を、敢えて選んで修羅能を作っているのである。彼が選んだお陰で、朝長は平家公達と並ぶ有名人となったし、恩愛の情にも触れ、周囲の人に手厚くもてなされて生死の境を越え、死後を弔われることになった。

「光陰を惜しむ」十六歳はけなげで、人の情けに敏感である。

13［クセ］……いかなればこの宿の、主はしかも女人の、かひがひしくも頼まれて、一夜の情けのみか、かやうに跡までも、おん弔ひになることは……

長者の方も、

4［問答］……一夜のおん宿りに、あへなく自害し果て給へば、ただ身の嘆きのごとくにて、と弔っている。自害が平治元年十二月の年末、（能では八日、『平治物語』金刀比羅本は二十八日）で、ワキの訪問時期は翌年の春、おそらく花の散る季節（「花の跡訪ふ松風や……」3段［次第］）で、四十九日過ぎのある日である。源氏の残党狩りが行われているはずで、源氏方は人目を忍んで潜んでいるべき時期、長者と傅の二人は果敢に弔いを実行する情け深い人として造形されている。家来のくせに主人義朝を裏切って殺した長田と対比させている（［クセ］）点からも、その視点があるのは明白である。強くひたむきに生きる人々の姿を、夢の中での修羅の再現という設定ではなく、リアリティーを持たせて構成することで、世阿弥とは違った修羅能を作り出している。

同じ十六歳の主人公〈敦盛〉をどのくらい意識していたかは、にわかには判じがたいが、世阿弥が死後の救済を書くことで若死にした平家の公達敦盛への手向けとしたのに対して、元雅は歴史の中に埋もれてしまってもおかしくはない朝長に脚光を当て、後世に伝えることを意図したのではなかったろうか。頼朝尊重の時代の趨勢に対抗するような選択と言っても良い。そのあたりにも、元雅らしさがあるのかもしれない。

14［ロンギ］……修羅の苦患とは、いかなる敵にあひたけの、このよにて見しありさまの、源平両家、入り乱るる……

と、修羅の戦いはこの世での戦いそのままだと断言しているところは、世阿弥にはない新しさであろう。世阿弥の場合、懺悔語りと修羅の戦いの境界が曖昧であり、それが魅力ともなっている。

現在〈朝長〉は、その暗さ・リアリティー・人情味などから、特別な修羅能として尊重され、演者にとって観客にとっても人気曲となっている。

おわりに

そもそも典型的な修羅能とはどの曲か、執筆に当たって再検討したが、何れもそれぞれに特色がある。中でも特に個性的だと思われる世阿弥作の〈清経〉〈敦盛〉と元雅作の〈朝長〉について、原作をどう活用発展させているか、能の存在が逆照射して原作に与えている影響などについて言及した。

二　軍体と砕動風――『拾玉得花』我意分説をめぐって――

はじめに

『拾玉得花』最後に位置する「我意分」に関する問答では、演技論・物まね論に関する世阿弥最晩年の集大成とも言うべき意味を持っている。

『花伝第七別紙口伝』（以下『別紙口伝』と略す）成立の応永二五年（一四一八）から一〇年間に、まず最初の五年間で『花鏡』・『至花道』（応永二十七年）・『二曲三体人形図』（以下『人形』応永二十八年）・『三道』（応永三十年）と、演技に関する論述が次々と執筆され、五年の空白期間を置いて、金春禅竹に宛てて『拾玉得花』（正長元年）が執筆された。我意分という言葉は『拾玉得花』で突然登場するが、秀曲が次々生み出された世阿弥晩年期おいて、若い金春大夫である禅竹に、世阿弥が伝えたかったことは何か、また空白の五年間の意味するところなどを明らかにしたい。

一　世阿弥晩年期の物まね論

演技の基本を老女軍に定める三体論について、『拾玉得花』がそれ以前のものからさらに展開を見せているか否かを、確認してみたい。

老体は『別紙口伝』「似せぬ位」に関する項において、「花ハアリテ年寄ト見ユル、口伝」に言及している。表面的な写実から自由になる重要な発想であろうが、「見ユル、」とあるように、まだまだ写生という次元から完全に脱却し切れていない状態を示している。

『人形』の段階になると、「老体」を「閑心遠目」という標語でまとめ、裸体図で姿勢を示す。個々の演技のレベルを超越して、基本的な体と心の保ち方を定義づけているのである。そして「老舞」を「老尼・老女、同。神差、閑全之用風出所」とする。

『拾玉得花』では、

> 老体の物まねをなす事、人形云、「閑心遠目」と名付たり。心閑かにして、目を遠く見よと也。〈老眼霞テ、遠見サダカナラヌ風姿也〉。是、老体の風体也。是によく身なりをも心をもなして、さて二曲をいたし、立ふるまう人体をも、それになりかへりて芸風をいたさば、是、老体の我意分なるべし。

と、『人形』の文言をわかりやすく説明し、「老体」の風体に「なりかへる」ことが老体の物まねであると説明する。

次に女体に関しては、『花伝第二物学条々』段階から『三道』女体の項とほぼ同じ分類、つまり「女御・更衣などの上位、曲舞舞い・白拍子・物狂などの芸能者」がなされていたが、それを『人形』で「女体、体心捨力」という標語に一本化している点に特色があろう。「女舞」は「幽玄嬋娟由懸出所」であり、幽玄の代表という認識である。

『拾玉得花』においては老体同様「体心捨力」の説明の後、さらに、

> 「体心捨力」と形木を置きて、其心人になりかへる風姿、是、女体の我意分也。その宛てがいはなくて、

たゞ女に似せんとばかりは、女体の我意分にてはあるまじき也。女を似するは女ならず。さるほどに、女姿の有主風に真実なりてこそ〈似スル位ハ無主風、ニ得ル位ハ有主風也。又、甦位却来シテ無主風可レ至〉、女の我意分にてはあるべけれ。此分目、よく〳〵心得べし。

と、老体同様「なりかへる」ことの重要性を力説している。

『拾玉得花』我意分説は、三体論を継承して、三体らしさ（我意分）を示す三つの標語を具体的に説明し、その標語の意味をよく理解して、似せようとする（無主風）のではなく、「なりかへる」つまりそれに成りきる（有主風）べきであるという論であるから、それ以前の考え方から変化しているようには見えない。

二　軍体とは何か

ところが、軍体の場合はいささか趣を異にしている。

世阿弥能楽論全体を視野に入れて見れば、軍体は修羅能のシテの人体であり、修羅の演技を演じる人体であるという印象である。『物学』の「修羅」の項には、

……但源平などの名のある人の事を、花鳥風月に作り寄せて、能よければ、何よりもまた面白し。……これ体なる修羅の狂ひ、やゝもすれば、鬼の振舞になる也。又は舞の手にもなる也。それも、曲舞がかりあらば、少し舞がかりの手づかひ、よろしかるべし。弓・箙ぐひを携へて、打物を以て厳とす。その持ち様・使ひ様をよく〳〵うかがひて、その本意をはたらくべし。

と記述されている。そして『三道』「軍体」の項に、

仮令、源平の名将の人体の本説ならば、ことに〳〵平家の物語のまゝに書べし。……急をば、修羅がかりの

早節にて入べし。人体によりて怒りてよかるべきもあるべし。

とあって、秀曲例の「軍体」の項にも修羅能ばかりが列挙されているのである。

しかし「軍体」の用語が登場する最初の『至花道』では、

その似せ事多かるべけれども、なをも、まことの上果の芸風に至るべき入門は、三体のみ也。老体・女体・軍体、是三也。助になるべき人体の学び、女になるべき人体の学び、勢へる人体の学び、……

と、軍体は、老体・女体に並ぶ三体の一つとした上で、それは「勢へる」人体であると指摘しているにすぎない。『人形』において描かれている裸体図は武士のようであるが、これだけでは、物学の「修羅」と「軍体」が関連するとは断言できないのである。

『花鏡』「先能其物成　去能其態似」の項には、次のような記述が見られる。

尉にならば、老したる形なれば、腰を折り、足弱くて、手をも短か〳〵と指し引くべし。その姿に先づ成りて、舞をも舞ひ、立はたらきをも、音曲をも、その形の内よりすべし。女ならば、腰をも少し直に、手をも高々と指し引き、五体をも弱々と、心に力を持たずして、しな〳〵と身を扱ふべし。さて、その姿の内より、舞をも、音曲をも、立ふるまふ事までも、その態をすべし。怒れる事ならば、心に力を持ちて、身をも強々と構へて、さて立はたらくべし。その外、一切の物まねの人体、先づ其の物に能く成る様を習ふべし。さて其の態をすべし。

三体論確立直前の考え方が示されており、傍線部のように、「尉・女・怒れる事」がその基本であるという考え方が示されている。

「怒れる事」とは『物学』の「神」の項に

此物まねは鬼がかり也。なにとなく怒れるよそほひあれば、神体によりて、鬼がかりにならんも苦しかるまじ。

とあり、鬼の演技の形容に用いられる表現である。

軍体は当初修羅を演ずべき人体というよりは、「勢へる事」を演じる人体に該当していたのであり、それは鬼の演技と共通しているのである。また『花伝第六花修云』の「強き・幽玄」説において「強き」演技に相応しいとされる「物のふ・荒夷・鬼・神・松・杉」と共通する「物の体」であろう。『花鏡』から『至花道』『人形』あたりの三体論形成期において、軍体の概念は「幽玄」の女体に対応する「強き」を象徴するような武人の人体であったのではなかったろうか。

ところが、『拾玉得花』には軍体の演技の説明が次のようになされている。

又、軍体、「体力砕心」〈力ヲ体ニスル、ソノ心ヲクダカンコト、大事也〉と名付。力を体にして心を砕く所を、よく〳〵心人に宛てがゐて、さてその態をなさん事、是、軍体の我意分たるべし。軍体は、凡修羅の風体なれば、はたらきと者、弓箭を帯し、打つ手、引く手、うけつそむけつ、身をつかいて、足踏も、早足をつかふ心根を持ちて、さて、人ないをばなだらかにして事をばなして、さてあらかるまじき堺をよく〳〵心得てはたらくべし。是、軍体の我意分なるべし。

軍体の具体的演技は修羅の演技であり、それは実際の弓矢や太刀を身に付け、それを使ってなされる演技であることを明らかにしている。『物学』の「修羅」に示される演技が軍体の演技と考えられているのである。

同様のことが女物狂に関してもいえる。『拾玉得花』では、

又、物狂なんどの事は、恥をさらし、人目を知らぬ事なれば、是を当道の賦物に入べき事はなけれ共、中楽事とは是なり。女なんどは、しとやかに、人目を忍ぶものなればぱ、見風にさのみ見所なきに、物狂になぞらへて、舞を舞い、歌を謡いて狂言すれば、もとよりみやびたる女姿に、花を散らし、色香をほどこす見風、

是又なによりも面白き風姿也。

『物学』に「とても物狂に言寄せて、時によりて、なにとも花やかに出て立つべし、時の花をかざしにさすべし」という「とても物狂」の具体的内容を説明し、女という幽玄には最適な人体が、それだけではなかなか面白みのない存在であることを明言し、物狂はその女の形木を一歩踏み出すことにより、「申楽事」（波線部）となることの効果をはっきりと言い切っている。

軍体が修羅の演技（武具を使っての戦いの様）を専らとする人体であることや、女が面白味も少なく、物狂となることでその欠点から脱するという考え方は、『拾玉得花』で到達したわけではないが、若い禅竹に伝えるために、非常にわかりやすく明確な表現を用いて説明しているので、疑問の余地無く具体的に理解できる点に、『拾玉得花』我意分説の大きな価値があるといえよう。

三　軍体と砕動風の関係

さて、ここで問題としたいのが、『人形』において老体には老舞が、女体には女舞の絵が描かれているのに、なぜ軍体にはそれに相当するものがないのかということである。軍体では、いわゆる「軍舞」に相当する絵図が存在せず、替わりに「三体之人形、已上。自是身動足踏生曲移る。」という言葉があって、その後に「砕動風」「力動風」の鬼らしき絵が続いている。軍体までが物まねの基本であり、これ以後は応用としての物まねの人体と解釈し、軍体には裸体図しか描かれていないと考えるのが定説である。

実際『人形』の「砕動風」の項には

形は鬼なれ共、心は人なるがゆへに、身に力をさのみ持たずして立ふるまへば、はたらき細やかに砕くる也。

……惣じて、はたらきと申は、此砕動之風を根体として、老若・童男・狂女などにも、事によりて砕動之心根可有。

と説明されているために、軍体とは別の、鬼系統の人体が想定されており、老人・青年・少年なども含まれ、狂女など物狂の演技もこの応用と解釈できる。

ではなぜ軍体に「軍舞」がないのか。また砕動風・力動風に砕動体・力動体がないのであろうか。

そこで注目したいのが『至花道』の次の箇所である。

老体・女体・軍体、是三也。助になるべき人体の学び、女になるべき人体の学び、勢へる人体の学び、……神さび閑全なるよそをひは、老体の用風より出で、幽玄みやびたるよしかゝりは、女体の用風より出で、身動足踏の生曲は、軍体の用風より出でて、意中の景、をのれと見風にあらはるべし。もし、なをも芸力おろそかにて、此用風生ぜずとも、二曲三体だに極まりたらば、上果の士手にてあるべし。

老体＝助（尉）・女体＝女・軍体＝勢へる人体である点は、先に確認したが、続けて「神さび閑然なるよそをひ」が老体の「用風」から、「幽玄みやびたるよしかゝり」が女体の「用風」から、そして「身動足踏の生曲」が「軍体」の「用風」から生まれるという表現になっている点である。軍体と修羅が結びつけられていない『至花道』においては、これだけ素直に読めば、老舞・女舞に相当するのが「身動足踏の生曲」なのである。これが『人形』においては「砕動風」と名付けられることになる。『人形』では老・女における老舞・女舞がいずれもそれぞれの人体の「用風」という用語で位置付けられてはいないために、老体における「老舞」・女体における「女舞」と同じ関係が軍体における「身動足踏の生曲」にあるとは明確には読み取れない。しかし『至花道』と『人形』を重ね合わせると、それが可能になるのである。

一方『拾玉得花』においては砕動風に関して、

三体の外、鬼人体なんどは、是又、中楽事の似事也。誠の鬼をば見事あるまじき也。仮令、絵に書ける鬼人体なども、似すべき形はなし。さるほどに、大かたを宛てがいて、荒かるべき道理をはづして、そのはたらきを細かに和て、人目を化かす故実の分力、鬼人体の我意分也。是を砕動風〈見風体〉と名付、又「形児心人」〈心行体〉とも云。……

とする。鬼人体を「中楽事の似事」（波線部）とするのは、女物狂が「中楽事」であるのと共通した表現である。いずれも普通の人間の形木から踏み出さないと演じきれない特殊な人体である。鬼人体に関してのみ砕動風と呼ぶのは、本来「勢へる人体」であった軍体の「用風」を演ずるに相応しい人体として鬼人体が想定されたためであろう。『人形』において砕動風に描かれているのが、幽霊らしき鬼であるのも同様の考え方に基づく。軍体の演技は大半が修羅の演技だと断言する『拾玉得花』においては、老体の用風が老舞と同様の関係で言えば、軍体の用風は修羅の演技ということになろう。修羅道に落ちている幽霊の人体であるから誤りではない。しかしそれを敢えて鬼人体と拡大しているのは、軍体における用風実現のためのテクニック、即ち「身動足踏」の演技が、現実的に広範囲の人体に応用可能な優れた演技であったためであろうか。

四　『拾玉得花』我意分説の個性

前述の如く三体論確立初期段階の軍体は、老体・女体に含まれない人体ということで「男体」或いは「鬼人体」と同義的に「軍体」を考えていた可能性があろう。軍体という命名である以上、それは貴族的な優雅な男体ではなく、武士的な「勢へる人体」の概念である。しかし実際の作品を該当させていくと、現実的には修羅能は数多くの秀曲があり、別に幽霊の能が一ジャンルを形成し、また物狂という特殊なジャンルも存在する。狂女は人体としては女体であるから、男物狂とは同じにならない。ということで、演技論の体系と、能作論を完全に一体化することは現実的には不可能であった。『三道』では軍体には修羅能を、狂女は女体に含み、遊狂（男物狂）は別立て、砕動風には幽霊と鬼神体を例曲に上げているのである。

『拾玉得花』は、『至花道』『人形』という演技論としての三体論を確立させた後に、それを能作論に応用して『三道』を執筆、その後改めて実際の作品を念頭に置きながらもう一度演技論としての我意分説を書いたものである。軍体が作品分布上は修羅能の人体とされるべきであること、軍体の用風である砕動風は修羅の演技のみならず、鬼人体総てと物狂にも応用可能な用風であるとの認識に立って、現実的な演技論を展開させているのである。

今回我意分説の見直しに当たって、三体論を体系的に読み直した結果、砕動の演技の再評価の必要性を痛感した。『人形』における軍体の用風は砕動風なのである。それと対極的な位置にあるのが力動風で、これは世阿弥の否定する古風で荒々しい演じ方を象徴しているのであろう。

「閑心遠目」の形木によって生じさせる老舞は「神差、閑全」であり、「体心捨力」の形木から生じさせる女舞は「幽玄妙体」である。これらの限定された舞の風情に対し、もっと広範な働キ総てに通じるような応用力を見せる演技として獲得されたのが、「体力砕心」という軍体の形木から生じる「形鬼心人」の砕動風（身動足踏）である。そして「勢形心鬼」の力動風は生涯一度許される非風という例外であるし、「乗楽心」の天女舞は、女体の内ではあるが全く別系統の例外である。着衣図は以上のような関係の配置になっているのである。

三体論成立初期段階には、鬼人は老人・女と共に物まねの三大ジャンルであった。「幽玄と強き」の概念から発展した演技論・物まね論の中での、老・女に対する「怒れる事」に対する名称を、鬼人体或いは男体とはせず、敢えて「軍体」としたのは、武家文化への配慮もあろうし、急速に存在感が増した修羅能というジャンルを演技体系の中へ組み込む必要性が生じたためであろう。本来修羅と鬼人は区別できるほどの違いは無かったはずである。三体論として整理統合された演技論・物まね論ではあるが、能作論のレベルで別の分類が確立しつつあり、それを考慮して三体論に修正を加えていった結果、軍体の用風としての砕動風という位置付けが曖昧となっていったのではなかろうか。

『拾玉得花』我意分説は、演技論・物まね論という理論と、実際の作品の在り方、演技の在り方の両方を考慮に於いて説かれた、現実的な解説であり、非常にわかりやすい。あまりにもわかりやすく、その中で三体の他の人体として、砕動風を演じるべき鬼人体を位置付けているために、『人形』における軍体と砕動風の関係まで、誤解される結果が生じたのであろう。

禅竹は世阿弥が長い間の試行錯誤を経て、理論と実際を統合した結果到達した、具体性に満ちた演技論としての我意分説を、二十代の若い時代に、まず最初に目にしたのである。禅竹の能楽論・物まね論・能作論は、我意分説からスタートしていることは、その意味で大変重要な意味を持っている。

三　力動風再考

冥途の鬼が登場する能で、世阿弥時代に存在したことが明らかな曲は極端に少ない。世阿弥関連では〈鵜飼〉と〈野守〉のみである。

〈鵜飼〉では、地獄の悪鬼が、罪人を救済して極楽へと送る役割を果たすし、〈野守〉では、浄玻璃の鏡を持って地獄から登場した鬼神が、有頂天から地獄道までくまなく鏡に映してみせる。どちらも、恐ろしいだけの鬼能の演技とは異質である。〈泰山府君〉も五道の冥官泰山府君が後シテで登場するので鬼系の神ではあるが、世阿弥は砕動風に配当している（『三道』）し、天女の手折った桜を蘇生させる優雅さを兼ね備えている。

応永三四年に十二次郎が演じた「酒呑童子」（〈大江山〉）は、鬼畜物で退治される方だし、〈逆矛〉では、鬼神体の荒振る神が登場して奇特を見せる。同じ時に音阿弥が演じた「松山」（〈松山鏡〉）では、地獄から倶生神が罪人を責め立てながら現れ、冥途の鬼の能ながら、浄玻璃の鏡に映る菩薩の姿を見て地獄に帰って行く。〈野守〉と〈鵜飼〉を合わせたような鬼の演技である。金春権守の演じた〈昭君〉では、獄卒のような怖い韓邪将の亡霊が、昭君の亡霊を責める様子が鏡に映る。世阿弥自筆能本〈雲林院〉では、鬼のような基経が登場して二条の后を追い回すが、これは伊勢物語古注世界の具現化である。

どれも一ひねりされていることがわかる。獄卒が罪人を責める趣向の鬼能で世阿弥時代のものは存在しないのである。実はそれ以前のものも消滅してしまっているし、後の時代にも現代まで伝わるような能は作られていない。世阿弥時代が鬼能の転換期であったことが、このことからも解る。

『申楽談儀』「面のこと」の項には次のようにある。

……大癋見をば、他国よりは大和癋見と云。此面也。大癋見、天神の面、もつぱら観阿よりの重代の面也。飛出は、菅丞相の柘榴くわつと吐き給へる所を打。天神の面、天神の能に着しよりの名也。人の借り召されしを、不思議成霊夢有て、返されし面也。家に納めたてまつれ共、又霊夢有て、今も着る也。小癋見は、世子着出だされし面也。余の者着べきこと、今の世になし。彼面にて、鵜飼をばし出だされし面也。異面にては、鵜飼をほろりとせられし也。面も、位に相応たらんを着べし。

観阿弥は大和癋見と呼ばれた大癋見を用いて鬼能を演じたが、現代〈鵜飼〉〈野守〉〈松山鏡〉〈昭君〉等に用いられる小癋見は、世阿弥が〈鵜飼〉を演じるために初めて使用した面だとされている。「異面にては、鵜飼をほろりと」演じたらしい（傍線部）。この面に関する記事に対して二つの疑問がある。一つは小癋見を掛けたときには力動風で演じたのかということ。他の面では「ほろり」と、砕動風の演技であると解る言葉が使われているが、力動風を表すとされる「はらり」は使われていない点が気になる。もう一つは、観阿弥は鬼を力動風で演じていたのだろうかということである。

力動風鬼を世阿弥は「当流ニ不レ得レ心」と否定しており（『三道』『拾玉得花』）、禅竹宛の六月八日の書状では、

……鬼の能ノ事ウケ給候。是ハ、コナタノ流ニワ知ラヌ事ニテ候。仮令、三体ノ外ハ砕動マデノ分ニテ候。力動ナンドワ他流ノ事ニテ候。タヾ、親ニテ候シ者ノ、時々鬼ヲシ候シニ、音声ノ勢マデニテ候シ間、ソレヲ我等モ学ブニテ候。ソレモ、身ガ出家ノ後ニコソ仕テ候へ。メン〳〵モ、コノ能ノ道ヲサマリ候テ、老後二年来ノ功ヲ以テ鬼ヲセサセ給候ワン事、御心タルベク候。

と、禅竹の質問に答える形で、力動は他流のもので、観阿弥は音声の勢いに限定して時々演じ、世阿弥も出家以後にそれを継承していると伝えている。『申楽談儀』序文では

そうじて、鬼といふことをばつゐに習はず。二曲三体の功入て、戒臘を経て、其面影〳〵を今する也。名を得しよりこのかたとても、狂ゐ能をばせざりしと也。

と、習っていないといっている。

では観阿弥の鬼の演技はどう伝えられているのだろう。

又、怒れることには、融の大臣の能に、鬼に成て大臣を責むると云能に、ゆらりききとし、大になり、砕動風などには、ほろりと、ふり解き〳〵せられし也。

「ゆらりきき」と大きく動く場合と、「ほろり」と振り解くように細かい砕動風の場合がる。やはり力動風の用語は使用されていない。

〈鵜飼〉は世阿弥改作曲だが、後の鬼には観阿弥の演じた「融の大臣の能」の後の鬼を移している。その鬼について

彼鬼の向きは、昔の馬の四郎の鬼也。観阿もかれを学ぶと申されける也。さらりききと、大様〳〵と、ゆらめいたる体也。

と伝えている。こちらも大きく揺れ動く様子が共通している。非砕動の演技を、すべて等し並みに力動風と考え、馬の四郎の鬼も力動風鬼だとするのが、現代の定説であろう。

砕動風鬼が幽霊で、地獄の鬼が力動風鬼、と単純に二分できるわけではない。地獄の鬼でも砕動風で演じれば砕動風鬼となるのは、「融の大臣の能」の例でも明らかである。観阿弥以前には、罪人を獄卒が責める能などいくらでもあっただろう。物学条々で「まことの冥途の鬼」を一ジャンルに挙げていることでもわかる。それなのに馬の四郎の鬼と限定しているのは、後に力動風で一括される荒々しい洗練されない鬼の演技が多い中で、特別な鬼が馬の四郎の演じ方だったからではなかろうか。観阿弥がそれを評価して「融の大臣の能」に転用し、世阿

弥も〈鵜飼〉に利用した。それらの演技を象徴するのが「ゆらりきき」や「さらりきき」であり、いずれも重量感を伴わない美しく素早く動く様を連想させる。大きな動作で、揺れ動くことを特徴としたのだろう。これらを力動風とは言っていない。

この記事の前後は、世阿弥が様々な先人の良いところを取り込んでいることを、実例を挙げて示しているが、次は光太郎である。

光太郎の鬼はつゐに見ず。古き人の物語の様、失せては出来、細かにはたらきける也。たうらうの能を書きて、観阿脇に成て、世子せられしに、失せて出で来たる風情をせしを、「光太郎が面影有」と語られける也。彼たうらう、世子の狂い能まねかたの初め也。

「失せては出来」「細かにはたらける」からは、砕動風鬼の登場する復式夢幻能原型を想像させる。観阿弥が相手役で出演しているから、世阿弥は十代、遅くとも二十一・二の頃である。前後の記事から考えると、観阿弥ではなく世阿弥作なのだろう。「狂い能」は力動風鬼に該当するらしく（前掲の『申楽談儀』序文）、ここも力動風鬼風の能と思われがちだが、鬼が登場するという意味では「狂い能」のジャンルで、演技は光太郎風、すなわち砕動風で演ずべき曲目なのであろう。それが「まねかた」と言われている所以ではなかろうか。

観阿弥時代から、地獄の鬼だからといってすべてが力動風の荒々しい芸で演じられていたわけではなく、馬の四郎の優美さのある鬼や、光太郎の砕動風の演じ方というものも存在して、観阿弥がまずそれを積極的に取り入れており、世阿弥も若い頃から砕動風の能を作り、演じていたのだろう。観阿弥自身が、力動風鬼を排除しつつあったのではなかろうか。だから世阿弥には教えなかったのである。

世阿弥の言葉を尊重するならば、観阿弥の鬼がすでに他流の力動風とは違って、特別な演じ方であったという結論に至る。たまに力動風に演じても、音声の勢いに止めていた。世阿弥の工夫によって幽玄美を兼備した砕動風の鬼が生み出されたように理解されがちだが、むしろ観阿弥が京都進出に対応して始めた工夫の一つに、鬼の幽玄化も含まれていた可能性が大きい。

『九位』には、興味深い記述が見られる。最下位「麁鉛風　五木鼠」について

> 芸能の砕動ならぬは、麁（あら）くて鉛（なま）るなり。

と全面否定する。「砕動でない」ということは力動の場合も、「雑でなまくらな芸」であるために最下位に属するのであろう。「九位習道の次第条々」には次のように述べられている。

> さて、下三位者、遊楽の急流、次第に分て、さして習道の大事もなし。但、此中三位より上三花に至りて、安位妙花を得て、さて却来して、下三位の風にも遊通して、其態をなせば、和風の曲体ともなるべし。然共、古来、上三花に上る堪能の芸人共の中に、下三位には下らざる為手どもありしなり。是は、「大象兎蹊に遊ばず」と云本文の如し。爰に、中初・上中・下後までを悉成し事、亡父の芸風にならでは見えざりしなり。其外、一座棟梁の輩、至極広精風までを習道して、正花風にも上らずして、下三位に下りて、終に出世もなき芸人共、あまたありし也。結句、今ほどの当道、下三位を習道の初門として、芸能をいたす輩あり。これ、順路にあらず。然者、九位不入の当道多し。

名人にとって下三位はさして重要ではないとしながらも、「中三位より上三花に至りて、安位妙花を得て、さて却来して、下三位の風にも遊通」することが理想で、これが出来たのは観阿弥唯一人であるとする。観阿弥は麁鉛風も自在に操ったのか、それとも下位に至っていたというだけの意味なのか判断は難しいが、音声の勢いのみの力動風というのが、下の下に相当するのかもしれない。

ところで、応永二八年奥書の『二曲三体人形図』では力動風について、

> 曲風を重ね、風体を尽くしたる急風に一見すれば、目を驚かし、心を動かす一興あり。

と、一日の演能中の最後の切能でだけなら演じても良いという緩やかな制限である。それ以前に記されたと考えられる『花鏡』「知習道事」では、砕動と力動は稽古の年齢を考慮すべき風体として一括されており、これが砕動・力動の最初の使用例である。応永三十年には『三道』が執筆され、その間に力動を全面排除できる何かが起きたということだろうか。

考えられることは、力動の概念の変化である。観阿弥の持つ古風な芸の中の怒れる振る舞いを、当初は力動に組み入れており、切能には欠かせない鬼の演技には必要だった。しかし幽玄的歌舞能理論の体系化が完成して、観阿弥の芸はすべて幽玄に統合できると納得する。麁鉛風にも入れられないような低いレベルとは異質の、高度に洗練された芸は、それだけで幽玄性を保っているのである。力動をもっと狭い、レベルの低い芸に限定したのが、『三道』以後ということなのだろう。

そしてもう一つは力動風に頼らなくても良い鬼能の完成ではないだろうか。小癋見という新しい面も、ただの恐ろしい地獄の鬼ではない鬼の演技に相応しく造形された。粗野な力動風鬼ではなく、強さと勢いと優美さを持った、新しい鬼能が開発されたのである。

四　佐渡における世阿弥

世阿弥が佐渡に配流となったのは、永享六年（一四三四）、七二歳の時であった。配流の理由は定かではない。南朝方のスパイであったためという伝説が信じられていた時代もあったが、現代ではさすがにそれは否定されている。理由は、スパイ容疑ならば、わざわざ費用のかかる配流などの処置をとらず、即刻処刑のはずだからである。将軍義教に憎まれていた世阿弥が、甥で三代観世大夫の音阿弥元重に対して、能の伝書の相伝を迫られ、それを拒絶したというようなことなのではなかろうかと、推測されている。

世阿弥配流の事実を知ることのできる資料が、二つ存在している。佐渡での折々の印象を小謡に作った『金島書』と、娘婿の金春禅竹宛書状である。許されて帰京したのか否かわからない。

佐渡で世阿弥がどのような生活をしていたのか、具体的な様子を知ることはできないが、この二つの資料の内容から、一つの共通する世阿弥の姿を見て取ることができる。まず佐渡よりの書状を見てみたい。

一　不思議ノゐ中

（六月八日付、佐渡よりの書状）

（追伸）ナヲ〱、留守ト申、旅ト申、カタ〱御扶持、申バカリナク候。　D

御文クワシク拝見申候。兼又、此間寿椿ヲ御扶持候ツル事ヲコソ申テ候ヘバ、コレマデノ御心ザシ、当国

の人目実、是非なく候。御料足十貫文、受ケ取り申候。又不思議ニモ罷り上リテ候ワバ、御目ニカ、リクワシク申承候べく候。　A

又、状に鬼の能ノ事ウケ給候。……中略……老後ニ年来ノ功ヲ以テ鬼ヲセサセ給候ワン事、御心タルベク候。　B

マタ、コノホド申候ツル事共、大概シルシテ参ラセ候。ヨク〳〵御覧候べく候。不思議ノゐ中ニテ候間、料紙ナンドダニモ候ワデ、聊爾ナルヤウニカ思シ召サレ候ラン。サリナガラ、道ノ心ハ妙法諸経ノ御法ヲダニ藁フデニテモ書クト申候ヘバ、道ノ妙文ワ金紙ト思シ召サレ候べく候。ナヲ〳〵法ヲヨク〳〵守セ給べく候也。　C

恐々謹言／六月八日／至翁（花押）／金春大夫殿参

（内容ごとに改行してA～Dの記号を付した）

大きく三つの内容からなった手紙で、

A、妻寿椿と自分への扶持の礼

B、鬼能に関すること

C、様々な覚え書きを粗末な紙に書いて送ったこと

D、追伸＝扶持に対する礼

一読して気づくのは、文面の冷静さである。Aの援助に対する礼の部分では、特にそれが顕著である。わが身の不運を嘆くでもなく、卑下するわけでもなく、書くべきことを淡々ときっちり書いている。傍線部は「佐渡の国の人目・外聞も支障なく保たれます。」（『世阿弥　禅竹』表章氏頭注）と、援助がなかったら、不自由したであろうという内容であるが、深刻な内容にしては、落ち着いた書きぶりで、冷静に状況を伝えるのみに止めている。そ

して、二重線部に、「不思議ニモ（万が一）」許されて帰ることができたら、会って詳しくお話ししたいと、胸の内を今は語らないのだという気持ちを伝えている。追伸（D）で、もう一度二人への扶持に対して「申バカリナク候（いいようもない）」と述べていて、いかに禅竹に対して感謝しているかは、まっすぐに伝わってくる文面であるにもかかわらず、感情的になって書いている部分が少しもないのである。

Cで印象的なのは点線部で、佐渡を「不思議ノゐ中」と表現している。Aの「不思議ニモ」についで二度目の使用である。「不思議」は、『不可思議』の略で、「思いはかることも言葉で言い表すこともできない」というのが本来の意味である。Aの「不思議」は、「今は思いはかることはできないけれど、もし万が一にも」というような気持ちを込めて使っている言葉で、帰京への望みが「不思議」だということである。Cは、佐渡の田舎さ加減が「想像を絶する程度」だと思っているのである。当時の都と地方の差、特にいかに大きな島であるとはいえ、本州と地続きではない北国の配流の地は、さぞかし鄙びた土地であったろう。道の大事を書き記すのに、あまりに粗末な紙を使用しているので、「聊爾ナルヤウニカ（無思慮なことと）」思われるでしょうと書かなければならないほど、粗末な紙しか紙も手に入らない所である。しかし、ここでも世阿弥は、そのことを嘆くのではなく、「不思議」ととらえている。「不思議」という言葉は、驚くような過激な状況に対して、素直に驚き、あまりに過剰であるために、その状況をきっちり理解することを放棄して、一種の感動の気持ちを込めて、わからないと突き放す時に使用する言葉である。

佐渡という土地を、世阿弥は「不思議」と認識している。つまりそこに同化することなどはあり得ず、異邦人としてその地を驚きを持って見つめている。しかもそこから抜け出せる可能性についても、「不思議ニモ」と判断しているのである。異邦人として、田舎の佐渡をクールに見つめ、そこから抜け出す可能性についても、判断不能とクールに覚悟しているということが、読み取れるのである。

娘婿からの援助がなければ、島での生活の対面も保てないほどの困窮ぶりや、道の大事を書き記すための紙さえままならない不自由さといった、深刻な事態に直面しているのに、そのことを事実として書き記しながら、それに対して何の感慨も述べていない。妻への手紙であれば違ったニュアンスにもなろう。宛名が「金春太夫殿」であるから、義理の息子への私的な手紙ではなく、芸道の後継者への公的な手紙だからかもしれないが、愚痴は一切述べまいといった、覚悟のほどが窺えるような、あるいは、世阿弥の強靭な精神力をかいま見ているような、そんな印象を受ける書きぶりである。

ちなみに、もう一通残っている禅竹への手紙は、「きや」（京都木屋町かと考えられている）から書き送ったものだが、こちらは少し趣の違った雰囲気の手紙である。

（五月十四日付、きやよりの書状）

（追伸）省略

御状くハしく拝見仕候。北国へ御下向のよしうけ給候。めでたく候。さりながら遠く御下り候へバ身のため便りなくこそ候へ。　ア

……為手御持ち候事ハはやとくより印可申て候。是より上ハ、御心にて候べく候。　イ

……三村殿、近江にての御能を一見申されて候。能が大に御なり候よし、申され候。目利にていられ候間、疑いあるまじく候間、御心安く候。さりながら、千聞も一見にハ如かず候間、御能を見申候て、落居をバ申候べく候。　ウ

はや〳〵御能に安堵の分ハ印可申候也。……御能ハはや得法の見所ハ疑いなく候。手の事ハ、たゞ大ニ、たぶ〳〵と、二曲三体の見聞を御心得べく候。なを〳〵、いかにも〳〵得法の後を。練り返し〳〵、功を積ませ給候べく候。返々、宗師の参学を、御心ニ油断なく持たせ給候べく候。　エ

万事、御能を見申候て申べく候。丹波にての御能よりハ大ニ御なり候よし、御心にも覚えさせ給て候ようけ給候つる。又三村殿も一見申されて候。又、さる人の河内にての勧進を見物申されて候も、褒美申され候。いかさま〳〵疑ひなく、御能ハ大になりたるかと覚え候。得法の事ハもとよりの御事にて候間、かれこれ、成就かと覚えて候。さりながら、千聞も一見にハ如かず候べく候。御能を見申候て、治定の御返事申候べく候。　オ

恐々謹言／五月十四日／世阿（花押）／金春大夫殿御返報

書き出しのアの部分で、まず禅竹が北国へ下向することに対して、祝福した上で「身のため便りなく」と、私にとっては心細いと書いている。その後の本文では、禅竹が自分の能は太夫として合格か否かを問うような内容の手紙に対しての返事らしい。イにおいて、一座の太夫の資格があることは以前許可を出していること、それ以上は努力次第と述べた上で、ウ～オにおいて、実際どうなのかを丁寧に書き説いている。その書き方の特色としては、点線部のように、禅竹の上達ぶりを褒める何人かの言葉を引いて、目利きの評価から判断すれば、上達ぶりは保証されているだろうと言っている。しかし傍線部のように、自分の目で確かめてから、決定的な評価は下すとしている。

繰り返し同じことを述べ、相手を激励し、いっそうの精進を促している。また禅竹に対して目利きの観客達の評判がよいことを喜んでいる様子が素直に出ていて、優しい心遣いが行き届いた、禅竹に対する好意に溢れた書きぶりである。と同時に、最終的判断は、実際に自分の目で見てから出すと結論を避けているところは、何事も他人任せにしないで、自分自身の責任においてすべてを決定するという、芸人としての矜持を強く感じさせる。

この二通の手紙を比較すると、そのときの環境と心境の違いが際だって見えてくるのではないだろうか。きやの手紙が、内容や表現の重複も気にせず、禅竹への好意を顕わにした、明るく開放的で、幸せな感じがするのに

対して、佐渡の手紙には、張り詰めた緊張感が漂っている。心境を吐露すまいと決意した文面とでも言えるだろうか。佐渡の書状は、孤高を持することを決意している人であるからこその、いやに冷静な内容になっている。

いずれにしろ、二通の手紙は、世阿弥の性格を顕著に表しているので、興味が尽きない。

二　『金島書』の執筆態度

世阿弥は「不思議ノゐ中」と評した佐渡を、「若州」「海路」「配処」「時鳥」「泉」「十社」「北山」「無題の小謡（薪の神事）」という八篇の小謡に表し、『金島書』という謡物集を残している。近年落合博志氏が、「時鳥」の虚構性を指摘し、「『金島書』が単に佐渡での折々の見聞や所感を思いつくままに謡い物化した体の作品ではなく、……執筆意識や構想をもって意図的に編まれている(1)」との説を出されている。従うべき見解であろう。

また天野文雄氏は「『金島書』が流人世阿弥の達観したような悠々たる心境で書かれている」として、内容を検討し、「世阿弥が佐渡から帰還できる見通しがついてから作った謡い物を、期間直前の永享八年二月ころにまとめた書で、いわば帰還にさいしての記念という趣旨で成立した書」であると述べられている(2)。佐渡から帰還できたか、できたとしたらいつか、ということは興味深い事項であるし、『金島書』の醸し出す雰囲気を問題にしようというのも、斬新で面白い方法であると考える。ただ、少し気になるのは、『金島書』の書きぶりが「達観したように悠々としている」から、帰還間近であると言えるか否かであろう。確かに、「世阿弥の悠然たる心境」（小林静雄『世阿弥』檜書店　一九四三年）など、『金島書』から受け取れる世阿弥の心境は、諸氏が同様の指摘をしており、誰もが共通の雰囲気を受け取ることは事実なのだが、それが世阿弥の本心か否かは、判断が難しい。前掲した落合氏のご指摘にあるように、全体が意図的に編まれた創作であるならいっそう、安易に正直な心境を吐露していると解釈するのは、危険であろう。

前述した佐渡からの書状からは、帰還できると思っているとは読み取りにくい。ただ、想像を絶するような異文化の地に居ても、それに押しつぶされて、流されてしまわないように、しっかり自己を保って誇り高く生きていたいという覚悟は、読み取れるのではなかろうか。愚痴をこぼしていない、「不思議」という言葉で佐渡を表現しているという二点からの判断である。

そういう世阿弥の姿勢から、『金島書』を読み直してみると、また別の世阿弥が見えてくる。

たとえ最初にある「若州」は、出発から到着までを謡っている。

（只こと葉）永享六年五月四日都を出で、次日若州小浜と云泊に着きぬ。ここは先年も見たりし処なれども、今は老耄なれば定かならず、見れば江めぐり〳〵て、磯の山浪の雲と連なつて、伝へ聞く唐土の遠浦の帰帆とやらんも、かくこそと思ひ出られて、

【歌う】船止むる、津田の入海見渡せば、〳〵、五月も早く橘の、昔こそ身の、若狭路と見えしものを、今は老の後背山。され共松は緑にて、木深き木末は気色だつ、青葉の山の夏陰の、海の匂ひに移ろひて、さすや潮も青浪の、さも底ひなき水際哉、〳〵。

（詠）青苔衣帯びて巌の肩にかゝり、白雲帯に似て山の腰を廻ると

（歌）白楽天が詠めける、東の船西の船、出で入る月に影深き、潯陽の江のほとり、かくやと思ひ知られたり。

この謡の特色は、以前訪れたことのある小浜に立って、昔の記憶と目の前を比較している点、中国の名所と比較している点（点線部）、叙景（実線部）の上にそれらがあるという三点であろう。

これからいよいよ本州とも別れるという時に、この冷静さはどこから来るのだろう。

叙景部分の精緻な描写は、現地で実際に目の当たりにした景色を、写していることを窺わせる。配流となる身への個人的な感情を切り捨てて、あくまでも理知的に、以前と違って見える風景への驚きに焦点を当てている。以前はそうは見えなかったのに、老いた今は目の前の港が、遠い唐土の広大な江に重なって見えるのである。自分の感情におぼれてしまわないで、自己を突き放して見つめることのできる冷徹さは、書状から窺えた世阿弥の態度と共通する。

次は佐渡までの船旅を謡った「海路」である。最後の［クセ］の部分では、

……北海漫々として、雲中に一島なし、東を遥に見渡せば、五月雨の空ながら、その一方は夏もなき、雪の白山ほの見えて、雪間や遠く残らん。なを行末も旅衣、能登の名に負ふ国つ神、珠洲の岬や七島の、海岸遥かにうつろひて、入日を洗ふ沖つ波、そのまゝ暮れて夕闇の、螢とも見る漁火や、夜の浦をも知らすらん。【上】たなびく雲の立山や、明け行天の砺波山、倶利伽羅峰までも、それぞとばかり三越路の、船遥々と漕ぎ渡る、末有明の浦の名も、月をそなたの知るべにて、浪の夜昼行船の、去ること早き年の矢の、下の弓張の月もはや、曙の波に松見えて、早くぞ爰に岸影の、爰はと問ば佐渡の海、大田の浦に着にけり、〳〵。

美しい道行き文となっている。五月四日に都を出発、二日後に小浜に到着して、風待ちをして乗船している。到着は傍線部にあるように、五月下旬、長い船旅の折々に見える風景を、丁寧に描写している。これも、現地で書き留めていなければ、作り得ない克明な叙景である。

続く「配処」でも、

【只ことば】……ここは都にても聞きし名所なれば、山はいかでか紅葉しぬらんと、夏山楓の病葉までも、心ある様に思ひ染めてき。そのまゝ山路を降り下れば、長谷と申て観音の霊地わたらせ給。故郷にても聞きし名仏にてわたらせ給へば、ねんごろに礼拝して、……

都でも有名な名所だからと、紅葉をながめ、観音を拝む。宿所の万福寺では、
懇ろに祈願する。

御本尊は薬師の霊仏にてわたらせ給よし、主の御僧の仰せられしほどに、いとゞ有難き心地して、
(上)しばし身を、奥津城処こゝながら、〳〵、月は都の雲居ぞと、思ひ慰む斗こそ、老の寝覚の便りなれ。げにや罪なくて、配所の月を見る事は、古人の望みなるものを、身にも心のあるやらん、〳〵。

ここで、傍線部のような慨嘆表現があるものの、やはり、直接的心情吐露の表現は見られず、知識欲旺盛にあたりを観察する様子と、神仏には素直に手を合わせる姿を描き出している。

次の「時鳥」は、落合氏論文に詳しいので省略する。「泉」は、順徳院の配処において、院を偲んで詠嘆的に作詞している。この謡では、感情表現が他よりも多いが、そこに自分の心情を重ねることは、していない。「十社」は佐渡の十社に法楽する内容であり、「北山」は、佐渡の神秘を語り、金の島であることを讃えている。最後に付載されているのは、興福寺の薪の神事についてで、興福寺では大事な行事の時常に遊楽が行われることを説いている。

世阿弥の『金島書』執筆態度は、一貫しているのではないだろうか。それは、一言で言えば、感情を理知的に制御した冷静さである。『金島書』によって世阿弥が表現したかったのは、佐渡配流の悲惨さとか、「不思議ノゐ中」にたいする驚きやその地にとけ込めない孤独感などではなく、名所としての佐渡であり、歴史の中の佐渡を発見することだったのではなかろうか。

佐渡を知ろうという姿勢は、おそらく旅の最初からあった気持ちであり、だからこそ、出発の時から、積極的にメモを取っていたのだろう。佐渡の地を美しく謡い上げることによって、自分の置かれている状況の悲惨さを昇華させることをねらったのかもしれない。ともあれ、書状と『金島書』から窺える世阿弥は、自己抑制のよく

効いた、克己心のある、精神力の強い姿であり、これは世阿弥作の多くの能の作法や内容と、矛盾することはない。

注

（1）「世阿弥伝書考証二題　（一）『花鏡』と清家系論語抄、（二）『金島書』における虚構の問題」（『能　研究と評論』17号　一九八九年一二月）

（2）「世阿弥は佐渡から帰還できたか――『金島書』の成立事情の検討からみた帰還の蓋然性――」（『能と狂言』創刊号　二〇〇三年四月）

五　『申楽談儀』世阿弥が語ったこと、語らなかったこと

世阿弥は次男元能に、何を語り、何を語らなかったのか。元能は父の芸談をまとめるに際して、何を書き、何を書かなかったのか。世阿弥の著作全体を見渡しつつ、『申楽談儀』（以下「談儀」と略述する）の特質について考察したい。

談儀に書名が引用される世阿弥伝書は『花伝』『三道』『風曲集』『習道書』などで、その他『五位』『九位』『曲付次第』『五音曲条々』などと関連する内容も散見する。特に能作法に関する記事が多いのは、『三道』が元能のために記された伝書であることとも関係するのであろう。なぜ世阿弥は元能に『三道』を相伝したのか。新たな疑問が湧いてくるところである。

一方『花鏡』に説かれる多くがあまり言及されていないことは、元雅相伝の書ならば当然ではあるが、『花鏡』が棟梁たるべき者への内容であり、談儀はそうではないという特色がきわだって見えてくる。棟梁と、脇に居て支える役割の者と、それぞれ知っていなければならないことの位相の違いが読み取れるのではなかろうか。

世阿弥伝書の使用テキストは岩波日本思想大系『世阿弥 禅竹』であり、その校訂本文と諸注・補注に導かれながら読んでいるし、解釈や読みなどに新説を提示するわけではない。世阿弥伝書を体系的に見渡してみて、その中での談儀の特色を明らかにしようという考察である。当時の能の実態を知ることの出来る便利で有用な伝書として、個別的事例を中心に本書は尊重されてきた。筆者自身長い間利用していながら、総体としてどういう傾向があるのかという見方をしたことがなかったし、そのような観点で談儀が評価されることは他でも無かったと

いってよかろう。主要点のみの言及に留まるが、談儀とはどういう伝書であるのかについて明らかにしたい。

一　元能が書き留めたこと

まず談儀の内容を、項目毎に簡単にまとめて掲載する。①～㉛条は一つ書の記事に通し番号を付して箇条書きにした物で、特に注目したい特徴的な条は見出しを太字にしてある。また他の世阿弥伝書との関連がある場合、次のように区別して表示してある。

書名　他の世阿弥伝書の書名が引用されている場合
→**書名**　同種の記事が見られる場合
×書名　関連記事はあるが、内容的には関係が無い場合

『世子六十以後申楽談儀』

序　舞歌二曲を以て本風とする（翁の舞・翁の神楽歌）
上果は幽玄風、三体。軍体・砕動の芸人は短命　三道
十体論（和州・江州・田楽等）、衆人愛嬌　**花伝＝奥義**
鬼・狂ゐ能は演じない
先祖の芸風　一忠・清次・犬王・亀阿　【先祖の芸風】
一忠→**花伝奥義**、喜阿→**五位**・**九位**、増阿
犬王　天女関係×二曲三体人形図・却来華

観阿↓花伝奥義　自然居士×花伝別紙口伝、ゆらりきき、砕動風にはほろり×二曲三体人形図

世阿弥　十体に亘る演者であること

①　定まれることを知るべし　【演技論】

序破急、乱酒の時の心得↓花鏡時節当感事・序破急之事

膝返り×二曲三体人形図

②　**万事かゝり也↓拾玉得花**　【演技論】

③　**よろづの物まねは心根成るべし**　【演技論】

＊他には見られない個性的な物まね論

謡い方・拍子の踏み方・×花伝別紙口伝（似せぬ位）

似せたる能×花伝別紙口伝（似せぬ位）

④　どつと云位　むくやぎは用↓至花道体用事

⑤　声の事　【演技論】

⑥　音曲のこと　【作能論】

五音・四声↓音曲口伝、五音説↓五音曲条々、有文・無文↓風曲集、曲舞・小歌↓音曲口伝等

⑦　**祝言の謡い方↓曲付次第**　【演技論】

時の調子×花鏡舞声為根、安全音↓五音曲条々

⑧　**曲舞と小歌の変り目↓音曲口伝・曲付次第**　【作能論】

⑨　**たゞかゝり也↓音曲口伝**　【演技論】

熊虎豹のごときもの↓花鏡音習道之事

⑩ **文字訛り・節訛り→音曲口伝**　【演技論】

⑪ **拍子の詰め開き→曲付次第**　【演技論】

⑫ **心根を知る**　風曲集→拾玉得花　【演技論】

⑬ **位の事**　風曲集（無文・有文）　【演技論】

⑭ **能書く様**　三道　【作能論】

前半は各曲の筋目、後半は改作による時代への対応

＊装束・謡い方の工夫の実際の指導

＊基本曲十番＝世阿弥の正統を示す（是が基本形）

＊無駄を略して当世風にアレンジすることの実態

＊新作することばかりが能を書くことではない。

＊時代に応じて手を入れ、改作しつつ対処する。

⑮ **能を書くに**　【作能論】

句長を避ける、順路の入れ替え、複式の良さ、遠見の重要性、吉野は春・立田は秋・富士は夏・平明簡潔が基本

⑯ **音曲（作詞作曲）と『三道』秀曲例の作者**　三道　【作能論】

＊かなり初歩的な作法、特に作詞に関する諸注意

総体を考えて作曲、人体に合わせた言葉選び、同じことを繰り返し書かない、規模の言葉を目立たさせる、見身近な古文・古歌・和歌を多様、平明に、「は」「わ」の区別

＊懇切丁寧で詳細な注意

⑰　勧進の桟敷数　【故実】
＊勧進猿楽の舞台・桟敷と、翁猿楽の演出をめぐるきわめて具体的で詳細な諸注意
⑱　**能の役人　別に聞書→習道書**　【諸注意】
＊装束・持ち物・作物の良し悪しなど具体的指示
　＊楽屋内の音曲の心得など、マネージャー的配慮
⑲　面の額　臨機応変に処理
⑳　**習道書に**（笛・狂言の名人）　習道書　【諸注意】
㉑　田舎の風体　㉒面のこと
㉓　大和申楽　猿楽諸座の由緒　【由緒】
㉔　応永十九年・二十九年の世阿弥に関する霊験譚二つ
㉕　田楽の起源・㉖松囃子　【由緒】
㉗　南都薪のご神事参勤・㉘永享元年薪の神事　【故実】
㉙　日常の心得　㉚稽古の体系化　㉛神事奉仕の心得　【故実】
「定魚崎御座之事」　奥書　獅子舞　声ノ薬　別本聞書

前述の如く談儀に書名が引用されている世阿弥伝書は『花伝』『三道』『風曲集』『習道書』の四本であり、『花伝』は「奥義云」の内容に関して書名が明記されている。また『習道書』は「別に聞書」という表現で記されているが、内容的に見て『習道書』を指すことが明らかである。これらの伝書は、元能が世阿弥から相伝されていたか、そうでない場合でも、目を通す機会が合った伝書であると言える。

次に、世阿弥伝書と内容的に重なる記事の場合には、「↓書名」としてある。『五位』『九位』『拾玉得花』『音曲口伝』『五音曲条々』『曲付次第』『花鏡』などの一部と共通する説が説かれている。全てが大幅に重複しているのではなく、元能既読の可能性のある伝書は『曲付次第』『音曲口伝』くらいで、実際はごく一部に共通する考え方が言及されているに過ぎない。このことからだけでは、元能がこれら全ての伝書を相伝されていたとか、見る機会があった、そこに記されている世阿弥の考えを総合的に理解していたと考えることは出来ない。

「×書名」は、まったく別内容の記事で、書名の伝書とは関係が無い場合である。むしろ『花伝第七別紙口伝』『二曲三体人形図』『却来華』などは見ていなかった、あるいは影響下になかったことの証となるだろう。

このように、全体を概観してみると、世阿弥伝書との重なりが意外に少ないということがわかる。元能が書き留めた内容のうち、項目の下に【先祖の芸風】【故実】【由緒】と付した、主に猿楽の歴史的な記事が全体の一割程を占めている。【作能論】は、基本曲に関すること、『三道』秀曲例の作者を明らかにした内容をはじめ、改作や細かい作詞・作曲・演出の工夫などに関する個別的な内容である。残りの大半は【演技論】としたが、きわめて具体的・個別的な演技法・演出法・表現法に関する批判・評価・理想的あり方といった内容で、世阿弥の他伝書に見られない独自記事が主体で、これが談儀の六割強を占めている。

二　元雅相伝かと考えられる諸本との内容の違い

談儀が、他の伝書との関わりがあまりない個性的な具体例にその大きな特色があることが、項目毎の大まかな一覧でも明らかであるが、二章では、視点を変えて少し詳しく、世阿弥が兄の元雅に相伝した内容と比較してみたい。以下に元能・元雅相伝本を、必要があればその内容の項目や本文も掲載して、検討したい。太字は談儀に関連記事があり、傍線は特に注目したい重容な内容である。『花鏡』は項目毎に⑴〜⒅の番号を付してある。

元能相伝本（既読本）

『風姿花伝奥義云』序　書名命名の目的／和州・江州の変わり目、田楽、十体に亘る必要性／能の名望を得る事／我風体の形木の重要性／秘伝云　衆人愛敬

『三道』・『風曲集』・（『音曲口伝』・『曲付次第』・『五音曲条々』）・『習道書』

元雅相伝かその可能性のある本

『花伝第七別紙口伝』

『花鏡』⑴一調二機三声／⑵動十分心　動七分身／⑶強身動宥足踏　強足踏宥身動／⑷先聞後見／⑸先能其物成　去能其態似／⑹舞声為根／⑺**時節当感事**／⑻**序破急之事**／⑼知習道事／⑽上手之知感事／⑾浅深之事／⑿幽玄之入境事／⒀劫之入用心之事／⒁万能綰一心事／⒂妙所之事／⒃比判之事／⒄**音習道之事**／⒅奥段

『至花道』二曲三体事／無主風事／闌位事／皮肉骨事／**体用事**

『二曲三体人形図』・（『曲付次第』）

『遊楽習道風見』習道体系論／生涯稽古の序破急／諸道芸における色・空／器用と器物

『風曲集』は談儀に書名が登場するので見ていたことは明らかだが、音曲論として密接に関連する内容を持つ『音曲口伝』『曲付次第』との区別が明確には出来ない部分もあるので、これら二書も加えてある。元雅関連では、『花鏡』『至花道』のいくつかの項目を太字にしてある。これらは談儀の内容と少し繋がる部分を含んでいる

からである。例えば④の「能にむくやぎと云は、用也」のように、『至花道』五番目の「体用事」で説かれている「用」という専門用語を用いた説明がされているからで、論全体との関係があるわけではない。
元雅と元能では相伝されている本が共通しないという特色がある。しかも、両者が相伝されている本には、それぞれで顕著な傾向がある。
『花伝第七別紙口伝』『花鏡』『至花道』『二曲三体人形図』『遊楽習道風見』に共通する特色は、道を習い極め、自らは真の花を持つ役者になり、観世座を、大和猿楽を、ひいては猿楽全般をより高みへと導いていくための言説である点に違いない。これらは元雅に与えられたと考えられる伝書である。談儀には、それに通じるような言説は見当たらない。元能が見ていたことが明らかな『三道』『風曲集』『習道書』なども同様である。

三 世阿弥能楽論における重要課題

次に、世阿弥が生涯をかけて追求した重要課題、鬼の演技と天女舞に注目して、検討したい。

【砕動・力動と鬼の演技】

世阿弥が目指した幽玄的歌舞能体系化における最大の課題が、鬼の演技をどう組み込むかということであろう。あらゆる対象をそれらしくまねるという大和猿楽の伝統から出発して、世阿弥が到達したのが「砕動風」である。『二曲三体人形図』には、

砕動風　形鬼心人　身動足踏生曲出所
花鏡云、「身強動足宥踏、足強踏身宥動」云
力動風　勢形心鬼　再風あるべからず

と説明され、砕動風の演技が『花鏡』(2)(3)（二四〇頁参照、以下（）の数字は同様）と一体のものであることがわかる。また本書には最後の項目として「当流之砕動一動之足数之分」について具体的な足数を記した上で、「一拍子より脛熬までは、前へ行足也……」と、詳細に動き方を説明している。「砕動風」という専門用語の発見・獲得と定型的な動きの確立があり、それがここに明示されているのである。

また『花鏡』(12)（『二曲三体人形図』砕動風・力動風の内容と一体）には、

怒れるよそほひ、鬼人などになりて、身なりをば少し力動に持つとも、又美しきかゝりを忘れずして、動十分心、又、強身動宥足踏を心にかけて、人ない美しくば、是、鬼の幽玄にてあるべし。

とあり、幽玄的歌舞能の体系化にとって、重要な考え方が示されている。この論に従っていけば、迷うことなく鬼の演技も幽玄的歌舞能として演じることが可能となる。

一方元能が見ていた『三道』には、

一、砕動風鬼の能作。かやうの能、他分、二切れの能也。初め三段、……後の出物、定めて霊鬼なるべし。橋がかりのさし声……細かに身・足をつかひて……

と、詳細に複式夢幻能の作法が記されており、最後に「此外、力動風鬼有。……当流ニ不得心」と注記されている。そして談儀では、観阿弥の芸風を

怒れることには、融の大臣の能に、鬼に成て大臣を責むると云能に、ゆらりききとし、大になり、砕動風などには、ほろりと、ふり解き〱せられし也。

と説明する。世阿弥の演じ方としては

彼鬼の向きは、昔の馬の四郎の鬼也。観阿もかれを学ぶと申されける也。さらりききと、大様〱と、ゆらめいたる体也。光太郎の鬼はつゐに見ず。古き人の物語の様、失せては出来、細かにはたらきける也。

であり、擬音を多用したわかりやすい説明（傍線部）で、名人芸を活用した実態が明らかにされている。

鬼は、まことの冥途の鬼を見る人なければ、たゞ面白が肝要也。

右は②（第二条二三六頁参照、以下○の数字は同様）の一部で、『拾玉得花』にも同様の記述が見られる部分だが、恐ろしいことが本質の鬼を、砕動風で演じるための心構えについて、現実に即した言及をしている。そして③の、

鬼の能、ことさら当流に変れり。拍子も、同じものを、よそにははらりと踏むを、ほろりと踏み、よそにはどうど踏むを、とうど踏む。砕動風鬼、是也。……

砕動風鬼の演じ方について、他座との違いを拍子の踏み方で説明している。傍線部のようにここでも擬音を多用しており、初心者への指導や素人へ説明をするときにこのようにやればわかりやすい。世阿弥が拍子を踏んでみて、元能がそれを観察していて、このような言葉を用いて描写したのかもしれない。いずれにしろ現代人にも理解可能な一般的な表現である。

談儀に見られる右のような表現は、『花鏡』や『二曲三体人形図』には存在しない。砕動を生み出す演技に関して世阿弥は「動十分心　動七分身」や「強身動宥足踏　強足踏宥身動」という専門用語を編み出しており、どんな場合にも応用可能な普遍化に成功しているのに、なぜそれを用いていないのであろう。文章と話し言葉の違いか、相手の理解力の差か、あるいは一子相伝の秘伝だからだろうか。

【天女舞に関する事】

幽玄的歌舞能実現のためのもう一つの重要な要素が、天女舞の応用であろう。近江猿楽犬王の得意芸であった天女舞を世阿弥が大和猿楽に応用したことが知られている。

『二曲三体人形図』天女舞の項目は「乗楽心」として「……花鳥之春風に飛随するがごとく、妙風幽曲之遠見を成て、皮肉骨を万体に風合連曲」と解説されている。また別項目として、女体の一種であること、天人の舞で

あるから「五体心身を不残、以正力体成曲風遊風」で、「稽古習道之本学」とし、序破急五段の基本的な舞方と破序急延の応用形があることに言及する。人形図の最後に位置し、特別扱いで特に重要な舞であることが強調されている。

そして『却来華』では、天女舞の象徴的所作が「左右左」で、これが全ての人体の基本的動作であると説いた後、「当道に移して舞事、専らなり。」と説明、さらに近江猿楽の犬王が得意であったので、「天女の舞は近江申楽が本なり」と云われるが、

天女の舞の秘曲を犬王分明に相伝したりとは聞えず。まして、いづれの其物の一流の奥義を伝へたりと云、印可の証見あらはれざれば、本とは落居しがたし。凡、天女の舞の故実、人刑の絵図にあらはしたり。よく〳〵習見あるべき也。

と、『二曲三体人形図』を相伝した者が正統的な天女舞の舞手であると主張している。『却来華』は息男元雅に「道の奥義残なく相伝終わりて」いたのに、元雅早世によって、芸道の絶えることを嘆いた世阿弥が、「却来風」の名目だけでも金春禅竹に伝えたいとの目的で執筆された伝書であるから、右の天女舞の記事が付載されているということは、元雅が正統的な天女舞の継承者とされていたことを意味する。

それでは、談儀では天女舞関係をどのように伝えているであろう。まず先祖の芸風の部分で犬王について

天女などをも、さらりささと、飛鳥の風にしたがふがごとくに舞ひし也。金泥の経を脇の為手にやりて、引手より舞ひ出だし、也。初めの段には、左へ扇取ることも、いたくはなかりし也。入はに「何の何して」とか、る時、左に取り、大輪に押して廻りなどせし也。何と舞しやらんと覚えける也。かやうなれども、已上して道は有を、皆、面白しと見て、帯を解ける斗を似せて、結び納むることを知らず。

世阿弥が見た犬王の天女舞の様子が如実に分かる描写で有り、他の人とは一線を画するものであったことがわか

る。犬王の天女舞は、表面的なまねをしても通用しないような、特殊で魅力的な舞であったことが分かる。
また『申楽談儀　別本聞書』には、次のように記される。

観阿ハ天女ヲバセズ。シカレドモ、元清ニハ舞フベキ由、遺言セラレシニヨツテ、世子、山トニ於キテ舞ヰ初メラル。

本編に組み入れなかった理由は不明ながら、暴露的な記事として興味深いし、世阿弥が大和猿楽では最初の舞手であったという重要な情報が含まれている。

談儀の二つの記事が存在しなかったら、天女舞の実態はもっと多くの謎に包まれていたに違いない。エピソードとして面白いだけではなく、価値は大きい。しかし、世阿弥がどんな天女舞を舞っていたのかについては、言及されていないという事実も注目すべきであろう。

【舞に関する記事】

いったい、談儀は舞に関する言及が少ない。あっても非常に微細な指摘に終始している。

①内にて舞を舞ふにも、あひ構へて序破急を習べし。序より謡い出だしたらば、序より舞ふべし。急より「舞へ」とあらば、急の手を舞べし。其時序の手を舞はゞ悪かるべし。乱酒の時、にはかに能などのあらん時の能、貴人の機嫌をうかがふべきこと、又かくのごとし。又、二人出ることに、児など舞いたる上に舞こと、二重成事、心得べし。無下に大人げなく見ゆ。初めの舞を序にして、破の末をちと心根に見せて、急をそと舞て入べし。

又、扇落しの手とて、……

②舞に目そと歪む、面白所有。左へはさのみは歪むまじ。右へは目そと歪むべし。……

③ⅰ舞止むる時の扇は、広げたる端にて袖の口を受けて、じつと止むる也。

以上のごとくである。①は『花鏡』(7)(8)と関連があり、「序破急」という専門用語を用いての説明だが、序破急理論の解説ではなく、現場に則した対応の仕方という視点から語られている。

③ii又、舞を見ぬ舞有。舞を見るとは、わが舞ふ時の指の先などを、目をやる也。首筋などをも、ねそますやうに持ちて、肩と首との間、遠くなすやうにして、手先を上ぐべし。……身を常よりも遅く、静々と動かさば、ちやと早く止むべし。〈こゝの段は、幼くて聞し間、能も覚えず。〉

③iに続く舞に関して唯一のまとまった記事である。次のiiiと違って、前後左右に気を配り、緩急のバランスを考えた安定感のある舞い方を、総合的に論じた内容である。ところが傍線部のように幼少のころの記憶を頼りに書いているという注記がある。成長してからはあまりまとまったことを聞いていないのであろうか。

③iii舞の長く見ゆるは、面白もなきゆへ也。「あはれ面白からんずるよ」と見る所に、面白もなくて通るゆへに、長き也。
内の舞の時、上下引つくろふことは、会釈にて、つと立たんことの硬くすげなきを色どる体成を、是を似するほどに、あまりにて目につく也。

以上が舞いに関する全ての記事である。
懇切丁寧に良く指導しているし、それを元能も良く書き留めている。しかし幼少のころの記事以外は、どれもレベルの高い指摘ではない。『花鏡』(6)に見られる「舞声為根」という体系的な舞の論などを考えている世阿弥が、個別的事例でどのように反応しているかが手に取るように分かる。まじめで努力家で一つ一つの指導については従順に受け止めるのに、原則を教えてもそれを応用出来ない人に対しての指導ぶりと言っても良い。幼少の記事が目立つくらいに、舞手としての元能の印象は希薄である。このようにレベルの低い事柄をいちいち言わなければならない程度であり、世阿弥は元能に、舞について発展的に応用できるような重要な事を伝えてはいないのである。そのことから見て元能は、舞手としての才能が開花しなかったのではなかろうか。

四　世阿弥が最も重視した「能を知る」という事

世阿弥伝書を体系的に見渡してみて、世阿弥が終始最も重視していたのが「能を知る」という事ではないかと考える。『花伝第六花修云』に

為手によりて、上手ほどは能を知らぬ為手もあり、能よりは能を知るもあり。貴所・大所などにて、上手なれ共、能をし違へ、ちゝのあるは、能を知らぬがゆへ也。又、それほどに達者にもなく、物少なる為手の、申さば初心なるが、大庭にても花失せず、諸人の褒美いや増しにて、さのみに斑のなからんは、為手よりも能を知りたるゆへなるべし。

弟四郎に相伝された伝書であるから、当然元雅も伝えられているはずである。「能を知る」とはどういうことなのか、ということも難しい問題だが、世阿弥は技術に対比させて論じており、最後に「能を知りたらんは、一座建立の棟梁には勝るべきか。」と、まとめている。一座を率いる棟梁に必須の条件が、「能を知る」ことであると主張している。

『花鏡』は、「能を知る」というテーマで執筆されていると言っても過言ではない。⑱奥段で次のように述べている。

此一巻、条々、已上。この外の習事あるべからず。たゞ、能を知るより外の事なし。能を知る理をわきまへずば、此条々もいたづら事なるべし。まことに〳〵、能を知らんと思はゞ、先、諸道・諸事をうち置きて、当芸ばかりに入ふして、連続に習ひ極めて、劫を積む所にて、をのづから心に浮かぶ時、是を知るべし。

これに対して談儀には、「能を知る」というような抽象的な言説は見当たらない。特に個性的で、当時の能の実態を知るには重要度の大きい①～⑬は、すべて個別的具体的演技指導に終始しているのである。『至花道』体用論の所に言及される「抑、能を見る事、知る物は心にて見、知らざるは目にて見るなり。心にて見る所は体也。目にて見る所は用也。」という説を踏まえるならば、用のレベルでの指導が中心といえるのであろうか。体をどうすれば良いかということに言及はない。

元雅相伝と考えられている『花伝第七別紙口伝』（第四郎に『古本別紙口伝』が相伝された）には次のようにある。

同ジ音曲・風情ヲスルトモ、上手ノシタランハ、別ニ面白カルベシ。下手ハ、モトヨリ習イ覚エツル節博士ノ分ナレバ、メヅラシキ思ヒナシ。上手ト申スハ、同ジ節ガカリナレドモ、曲ヲ心得タリ。曲トイウハ、節ノ上ノ花ナリ。同ジ上手、同ジ花ノ内ニテモ、無上ノ公案ヲ極メタランハ、ナヲ勝ツ花ヲ知ルベシ。ヲヨソ、音曲ニモ、節ハ定マレル形木、曲ハ上手ノモノ也。舞ニモ、手ハ習ヘル形木、品カカリハ上手ノ物ナリ。

上手と下手の違いについての論である。個別的にどれだけ指導されても、それは「形木」をなぞっているだけで、上手の境地に達することは出来ない。談儀に書き留められている【演技論】は、形木のレベルの内容なのである。

五　世阿弥が元能に伝えたこと

世阿弥が元能をどのように教育したのだろうか。

【謡、特に祝言謡・直成るかゝりの重視】

謡に関しては談儀中に『風曲集』の書名が見られるが、其外にも『音曲口伝』『曲付次第』との関係が密な内容が散見され、かなり重点的に語っていたことが分かる。特に注目したいのは次のような記事である。

⑥直成かゝりは祝言也。是を地体として、幽玄のかゝり、恋慕のかゝり、哀傷・無常音など、其かゝり〳〵、有文・無文の心根尽きて、闌けたる位にも上るべし。一返に心をやりて余を嫌ふべからざること、能の十体に渡ることを知るべきがごとし。たゞ、音曲は、美しく、吟にかなへるが上果也。

⑦安全音と云こと、祝言のみとは思ふべからず。闌けたる位に上りて後は、幽玄・恋慕・哀傷、何も自在成は、安全成べし。……大勢並み居て謡ふこと、皆上手也共、大勢具行は悪かるべし。

⑬美しく吟にかなひたる音曲、上果也。至り〳〵て、安き位に成て、節より自然に出で来るもの也。……

このように、謡に関しては五音説の内の最高位、蘭曲に言及したり（傍線部）、上果すなわち安き位に関することを繰り返し語っている（二重傍線部）ように、トップクラスの正統派を目指す指導が見られる。現代の地謡の全身である同音謡の心得（点線部）もあるように、謡い手の統率者・指導者として期待していたのではなかろうか。

【能作の実態】

元雅に対する言及が談儀中二例見られるが、いずれも本人の意向を尊重する姿勢を見せている。③にある〈隅田川〉の子方論議でも世阿弥は自分の主張を保留して、「して見てよきにつくべし」と言っているし、⑭〈石河女郎〉について「後ちと弱き歟。女に物を言はせたきや。主のまゝに問うべき也」と、批判しつつも、作者である元雅の考えに従うよう指示している。四章で確認したように、元雅に与えたと考えられる伝書は原則論中心であり、大切なことは能を知ることで、正しい修行によって真の花へと至ることを主張、あとは自由に本人の意思に任せても大事ないと考えていたのであろう。

一方元能は『三道』を相伝され、能作者として指導されたことは事実である。『三道』に従えば自ずと幽玄的歌舞能の制作が可能となるように、単純明快で体系的な能作論が展開されている。談儀では⑭⑮⑯条にかなり長い紙面を割いて、能作法がまとめられている。前掲（二三六頁）のように、才能ある作者であれば当然理解しているような、かなり初歩的な諸注意が懇切丁寧に説かれ、『三道』の原則論を補うような解説が多くなされたと推測できる。

その中で特に重視したいのは、改作の重要性を説く箇所である。秀曲・基本一〇曲など数々の能について個別的に言及し、世阿弥の正統を示した後、⑭の最後は、次のようにまとめられている。

「応永年中の所作、末代にもさのみ甲乙あらじ」と、三道にも言へり。然ば、此新作の能共を、本意に失はずして、当世をち〻と色どり替うべし。

『三道』に掲げた秀作も、当世風にアレンジするよう説いている。⑭全体から読み取れる、世阿弥の主張は、新作することばかりが能を書くことではなく、時代に応じて手を入れ、改作しつつ対処することにある。⑯は【作能論】の最後に位置し、次の言葉で締めくくられている。

詳しくは三道に有。此三道は、応永三十年に書かれ氏程に、それより後、本に成べき能、いくらも有べし。

元能が書き留めた【作能論】は、【演技論】と並んで、談儀の中心的主要部分で有り、当時の能の実態を知る上で最良の第一級史料である。細部重視、改作・演出の工夫の重要性が説かれている。談儀から窺える世阿弥は多弁であり、好意と熱意を持って語っている。元能は忠実な弟子として、敬意を持って正確に記録する姿勢を貫いている。ここまで濃密な親子関係・師弟関係は他に類を見ない。そしてここから浮かび上がってくるのは、世阿弥の世界からはみ出さないこと、世阿弥の打ち立てた幽玄的歌舞能を継承していくことであり、そのために細心の注意を世阿弥は与えているし、元能も良く理解してそれを書き留めている。

【マネージャー的役割】

談儀の内容は次の二つに大別できる。

1　【故実】【由緒】など古くからの仕来りや、芸の伝来に関すること、つまり能の歴史的資料

また⑱には、

2【演技論】【諸注意】【作能論】上演に当たって臨機応変に対処して、興行を成功に導く為の心得

女能には、小袖をも長々と踏み含み、肌着の練などをも、深々と引廻し、……又、帯などの先、かたちぐ成所、心得べし。狩衣の時は、下になるとて、ゆるかせ成べからず。……幕屋などをも、能々塞ぎて、人に見せ度もなし。女などに美しく成たれ共、まさしく、幕屋にて裸に成て、大汗だらけなれば、匂ひ少なく、思ひ做し悪き也。

など、着付けの注意や楽屋内でのマナーにも言及する。

以上のことを総合的に考えると、元能は世阿弥の作り出した物を守っていく役割が与えられていたことが判明する。謡に関してはリーダー的存在だが、スタープレーヤー的存在ではないだろう。レパートリーを増やし、ちょっとした演出上の工夫や、間違いを正して、興行を成功裏に導く為の裏方的存在という姿が浮かび上がる。

換言すれば談儀に書かれているのは、六十を過ぎた世阿弥にとって保守的な内容であり、それまでに世阿弥が完成させた世界を打ち破って、さらに発展拡大させていくための革新的な方向性は持っていない。元能は世阿弥の良き理解者であり、語り部であり、談儀に書かれていることは、世阿弥の言わんとするところを、あるレベルにおいては正確に捉えている。つまり、目で見える、耳で聞こえる、表象のレベルにおいてはという意味である。もちろんその意味では非常に優れた内容を持っている。

しかし能というものを本質的に理解し、自由に飛躍して新しい世界に導いていくようなことは、語られてないし、書き留められていない。それは若き日の世阿弥の領分であり、その才能は元雅や禅竹に継承されていく。世阿弥と対峙して世阿弥を超えていく、元能にはそういう才能はなかったのだろう。

六　住することなき世阿弥

「世阿弥は幽玄的歌舞能確立のために何をなしたか」、従来この視点でばかり世阿弥を論じてきたが、最近少し違った角度から世阿弥とその時代の能のあり方を考えるようになった。自作の能を上演する際、新作の場合は観客にとってそれだけで珍しいが、再演・再々演などの時、どのように新鮮さを演出したのかということである。『申楽談儀』を、次代に対して何を望んでいたかという視点で読み直してみると、それまで重視してこなかった一面が明るみに出てくる。新作を大切にする態度はもちろん窺えるが、すでに定評のある既存の秀作について、演出を変えて演じることの重要性を、世阿弥は力説しているのである。和歌を活用して、幾通りにも解釈可能な意味の世界を、あえて限定せずに利用する手法が見られる。このことについては、以前〈融〉〈鵺〉〈檜垣〉などを例にして論じた（本書第三章九「動き出す言葉」参照）。本稿はその続編的な位置にある。世阿弥の作能意識には、演出を固定し定型化を促すよう形式を整備する傾向がある一方で、古典化されることよりもむしろ、時代に応じて変化し続ける自由度の余地を残した作品を是とする傾向も見られる。以下、常に前を見て歩み続ける世阿弥の姿を点描したい。

『申楽談儀』第十四条「能書く様」は、作能論という立場での見出しの付け方だが、実は既存の個々の能をどう評価していたかを具体的に示した内容である。まず作能の際の模範曲という意味合いで、神能・女能・修羅能の良き能を例示した後、

西行・阿古屋の松、大かた似たる能也。後の世、かかる能書く者や有まじきと覚へて、此二番は書き置く

也。

石河の女郎の能は、十番を一通りして、中年寄りて、元雅すべき能也。千方も、年寄りて、しみ出で来てすべし。石河の初めの出立、身をやつしたる体成べし。夏ならば、彩みて縫いたらんかたびら、側へつんがうてよかるべき歟。水衣をち、と彩みたる体もよかるべき歟。近江ならば白帽子成べきや。こなたにてもめづらしかるべし。後ちと弱き歟。女に物を言はせたきや。主〈元雅〉のまゝに問うべき也。「恨みは末も通らねば」より、新座向きに、なをさらりと謡ひ度歟。是にても苦しからず。節聞く時也。

西行の能、後はそと有。昔のかゝり也。砧の能、後の世には知る人有まじ。物憂き也、と云々。

「西行・阿古屋の松」は「後の世、かかる能書く者や有まじきと覚へ」書き置いたという。この二曲は古風すぎて、作能の規範とはならないのだろう。次に、元雅のための「石河の女郎の能」と「千方」に言及する。〈石河女郎〉の演出について、装束を変えることで違った印象を醸し出せること、田楽の新座風にさらりと謡うことも、大和猿楽風に謡うことも可能であることが語られている。違う効果を生む様々な演出を考え、どれか一つに限定していない点に注目したい。

続いて「西行の能」を「昔のかゝり」とした後、「砧の能、後の世には知る人有まじ。物憂き也」がある。「西行・阿古屋」が「後の世＝後代」という使い方なので、ここも「後代」と解した方がよいであろう。これら今後の演能に適さない曲に対して、次は「かの十番、遺物の為書き給ふ能なれば、殊に本成べし。能・音曲、わが一流の本風たるべき由申さる。」である。「かの十番」（具体的には不明）は手本にすべき基本曲である。

その後が改作例である。〈卒都婆小町〉は長い能で、後には玉津島明神の御先が登場したのを、当世では省略すると語る。そして、

道盛、言葉多きを、切り除け〳〵して能になす。丹後物狂、夫婦出でて物に狂ふ能也し也。幕屋にて、には

かに、ふと今のやうにはせしより、名有能となれり。然ば、能も当世〳〵を心得て〈笠間の能、今程不相応か〉、昔はかく成とのみ心得べからず。

と、〈通盛〉〈丹後物狂〉という改作の成功例を挙げる。世阿弥は改作の重要性を説き、当世の好み、流行に対応して、常に変化していくのが本来であり、保守的になることを戒めているのである（傍線部）。

あまり小細工を労せずきっちりと守っていくべき基本形もあれば、現代に対応しきれない古風な作品もあるが、多くは常に面白くする工夫が肝要なのである。

十四条は次の言葉で締め括られている。

「応永年中の所作、末代にもさのみ甲乙あらじ」と、三道にも言へり。然ば、此新作の能共を、本意に失はずして、当世をち、と色どり替うべし。

応永年間は、世阿弥による能の革新時代であったのだろうが、それを経た時期にどう対処するか。旧態依然として演じていては、それら秀作でもすぐに飽きられてしまう。では捨て去るのか。どんどん新作が生み出されるのであればそれも可能であろうが、世阿弥は、秀作を大事にしつつ、常に時代にあった新しい工夫を施して対処するように説く。かつて前時代の能を大胆に改作していった自分を省み、次代に対しては自分の演出にこだわらずに、どんどん変えろと主張しているのである。

ここで想起されるのが、『花伝第七別紙口伝』冒頭部分である。

花と、面白きと、めづらしきと、これ三つは同じ心なり。……いづれの花なりとも、人の望み、時によりて、取り出だすべし。物数を極めずば、時によりて花を失うことあるべし。……ただ、花は、見る人の心にめづらしきが花なり。

傍線部のように、花とは観客が珍しいと感じることであるとし、そのために広い芸域と、多くのレパートリーを持ち、臨機応変にそれを取り出して、新鮮な驚きを生じさせる努力の重要性を説いている。

ここでは、演じることのできる能の数を多く持ち、その時々に応じて適切な選曲をすることの重要性を説いていると解されるが、同じ別紙口伝の「能に十体を得べき事」では

まづ、五年・三年の内に一遍づつも、めづらしくし替ふるやうならんずる宛がひを持つべし。また、日を重ねたる、申楽、一日の内は申すに及ばず、風体の品々を色どるべし。……


と、常に演出上の珍しさを追求する重要性が説かれている。同じ曲を同じように演じていたのでは、すぐに飽きられてしまうと考えていたのである。冒頭部分も、レパートリーを多く持つことのみならず、演じ替えも想定しての選曲を念頭に置いた考えなのであろう。

わかりやすい具体例としては、〈高砂〉〈井筒〉がある。「能の現代⑧〈高砂〉後シテは老若何れの神?」（『花もよ』8号　二〇一三年七月）ですでに指摘したので詳述はしないが、〈高砂〉の後シテを世阿弥は老若いずれか敢えて限定しておらず、わざと演じ分けが可能なように作っているのではないだろうか。〈老松〉がいやに老体であることを強調しているのとは異なり、どこにもどんな神かは言及されていない。同様のことは〈井筒〉にも言える。若い女だと思い込ませておいて、ある時魅力的な中年の女を登場させて驚かせる。変幻自在な演出の可能性を持たせた作能を、していなかったと断定することはできまい。

〈隅田川〉に子供を出すか出さないか、〈鵜飼〉を演じる際、小癋見と他の面で演じ方を替えるなど、『申楽談儀』には、大胆な演出上の違いのある例が散見される。

『花伝別紙口伝』や『申楽談儀』十四条などを考慮に入れると、演出上の幅がある方が、様々な局面での対応可能な便利な曲であるということになる。住することを嫌い、常に観客を面白がらせる努力を怠らないことが、最も重要であると考えていた世阿弥である。能そのものに、変幻自在な演出の仕掛けを施していてもおかしくは

なかろう。各流演出の幅がありながら、古典芸能として固定的に考えがちな現代の能のあり方とは、大きく違っていたはずである。

世阿弥の作能法を考察する際に、演出の幅をどのくらい持たせていたかという観点を、導入しても良いのではないだろうか。

七　世阿弥の能楽論と死生観――世阿弥と元雅――

一　命には終りあり、能には果てあるべからず

世阿弥の死生観を考えるとき、真っ先に頭に浮かぶのが、『花鏡』の「命には終りあり、能には果てあるべからず。」ということばである。

『花鏡』は、息男の元雅に相伝した、応永三十一年（一四二四）奥書の習道論である。「多年にわたる断続した著述の集成[1]」で、成立にいたる複雑な過程が考えられているが、右の一文が含まれているのは、「世阿弥芸論の真髄[2]」として評価の高い「奥段」であるから、応永三十一年、すなわち世阿弥は六十二歳、出家して元雅に大夫を譲った二年後の時期に執筆されている。

奥段は、「能は、若年より老後迄習徹るべし」つまり、一生稽古であるという考えを力説した内容で、「初心忘るべからず」という名言が含まれている。「初心」は、「始めの気持ち」という単純なものではなく、その時その時の新鮮な気持ちを意味している。能に取り組み始めたばかりの若い人の初心、年盛りの頃、老後にいたるまで、その時々の初心を忘れず、年齢に応じて修得した芸風を忘れないように身につけていれば、レパートリーはあらゆる風体に及んで数が尽きない。

このような「時々の初心を忘るべからず」と説いた後、『花鏡』を締めくくる最後の文章として、次のように

言う。

一、老後の初心を忘るべからずとは、命には終りあり、能には果てあるべからず。その時分〳〵の一体〳〵を習ひわたりて、又老後の風体に似合事を習は、老後の初心也。老後初心なれば、前能を後心とす。五十有余よりは、「せぬならでは手立なし」と云り。せぬならでは手立なきほどの大事を老後にせんこと、初心にてはなしや。

さるほどに、一期初心を忘れずして過ぐれば、上る位を入舞にして、終に能下らず。しかれば、能の奥を見せずして生涯を暮らすを、当流の奥義、子孫庭訓の秘伝とす。此心底を伝ふるを、初心重代相伝の芸安とす。初心を忘るれば、初心子孫に伝はるべからず。初心を忘れずして、初心を重代すべし。

命には終わりがあるが、人の才能には限界は無く、生涯精進稽古を重ね、その人の芸道に行き止まりがあってはならないという考え方である。

この「能には果てあるべからず」（傍線部）に関しては、能勢朝次著の『世阿弥十六部集評釈』（一九四〇年八月）に次のように紹介されている。

芸術家としての世阿弥が、如何に真摯な態度を能芸に対して持してゐたかを知るであろう。西諺に「生命は短く芸術は永し」という句がある。一見すると、「命に終あり、能には果あるべからず」といふに似て居る如く感じるであらうが、この西諺は芸術作品の時間的生命が人間の生命に比べて永世にわたる事を謳歌したものであつて、其の深さに於ては世阿弥の言に比べて、比較にならない浅薄さを持つ。「能の奥を見せずして生涯を暮らす」（点線部）といひ、「上る位を入舞にして、遂に能下らず」（二重傍線部）といふ語も、これを浅く見れば、見物人に対しての対策の如くにも見え、又、さうした心持もたしかに含めて語られてはゐるが、かやうな要件を充足せしめんが為に費される努力と精進と自己反省の厳粛さが、如何に偉大なるものであり、如何に苦しいものであるかを思ふ時、まことに頭の下る感じがするのである。思へば芸道こそは、生涯を通じての孤軍奮闘であり、悪戦苦闘である。

（（ ）の注記は筆者による）

「命には終りあり、能には果てあるべからず」という言葉を、単独で見ると、能勢氏の指摘するように、西洋で言う「芸術は永遠である」に近い言葉のように受け取られがちだが、前後の内容から、世阿弥の言わんとするところは明らかである。特に身体の衰えた五十有余には「せぬならでは手立てあるまじ」と『風姿花伝年来稽古条々』で述べていたことを受けて、しないということ以外方法がないという厳しいチェックを経た上で、敢えて為すという困難な挑戦こそが老後の初心であるとしている（点線部）。三十代半ばの若い頃に、他者を観察しながら考えた「せぬならでは手立てあるまじ」は、他人から見た場合の気楽な全否定であり、老年期に達している者にとっては、一種の「生からの逃げ」を意味するような言葉であろう。五十歳をはるかに超えた年齢になって、それだけでは片付けられない現実に直面したとき、生涯挑戦し続ける役者魂とでもいうべき自己を発見した言葉と見ることが出来る。

初心者の初心、時々の初心を説いた後、改めて老後の初心を取り上げるということは、それだけ特筆すべき重要事項なのであろう。出家後、文字通り老境に達した世阿弥の、新たな覚悟と言えるかもしれない。

この言葉が端的に示すように、世阿弥はたゆまぬ努力と向上心を持って、生涯を能とともに生きた人であったに違いない。積極的な生への姿勢の強い人であると、言って良いであろう。その世阿弥がどのような死生観を持っていたのか、能楽論の中に明らかに述べられてはいないが、死後を思って生を生きるという人であったとは、考えられない。

二　世阿弥における信仰について

世阿弥は六十歳のころ出家したらしい。『満済准后日記』応永二十九年四月十八日の条に、世阿弥を「観世入道」と記しているから、出家はそれ以前であったことが明らかなのである。香西精氏によって、世阿弥が奈良の補巌寺に永代供養を願って妻の分と共に田を一反ずつ寄進していること、おそらく二世竹窓と師檀の関係にあって、曹洞宗の儀に従って補巌寺で出家したことが明らかにされた[3]。田の寄進も出家時に行われたはずである。元雅に大夫職を譲り、観世座の行く末に安心を見出し、将軍義持との関係も良好な時期である。多くの能や能楽論が著述された。老後や死後の安定を求めて、当時の富裕層に共通して見られる永代供養の手当である。

世阿弥の曹洞宗への傾倒は、どの程度信仰に裏打ちされていたものなのだろう。応永十五年義満亡き後、世阿弥伝書に禅的教養が散見されるようになり、禅の用語が急増する。補巌寺竹窓との接近が影響しているだろうと、同じく香西氏によって指摘されている[4]。香西氏は、将軍義持の奉ずる臨済宗ではなく、大衆教化・地方進出の林下活動が頂点に達していた曹洞宗であったことは注意に値するとし、臨済宗が破壊的・飛躍的であり、高踏的・貴族的過ぎるのに対して、曹洞宗は思想に親近性が感じられると同時に、教化活動が庶民に向けられていて、猿楽者の受け入れ体制が整っていたからだろうと指摘しておられる。

世阿弥の関心が用語だけではなく、内容にまで関わっているとしても、彼の能楽論や手がけた能を見る限り、切実な信仰の傾向は見て取れない。あくまでも禅やその他の仏教思想は、知的関心であり理解で、理性的に対処しているらしく見えるのである。なぜそのような印象を抱くかというと、それは世阿弥の息子の元雅との比較によるのかもしれない。元雅は三十代半ばで世阿弥よりも先に死んでいるが、宗教に対して、何か激しい眼差しを感じるのである。

三　世阿弥と元雅の能の違い

たとえば元雅作で、世阿弥自筆能本が残る〈盛久〉は、清水観音のご利生により、処刑の場で刀が折れて命が助かる奇跡の物語である。盛久の観音信仰の熱心さが強調されており、実際に舞台上で観音の起こした奇跡が演じられる。神や仏の起こす奇跡は、当時一般に信じられていた事柄で、役の行者の力によって死者が蘇る〈谷行〉や、熊野権現に救済される〈檀風〉など、能でも枚挙に暇がない。奇跡が起きた事そのものへの感動を見せる能と言えようか。

ところが、世阿弥にはそのような奇跡への感動を描いた作品が一つも存在しないのである。神仏は目出度い御代を祝福するために降臨するが、慶祝の目的だけで、何ら個人的利益をもたらさない点が特色である。〈養老〉の場合は、薬の水の威力を物語る前半と、そこに養老の神が出現して御代を慶祝する後半で構成されており、若返りの奇跡が目前で行われるわけではない(5)。神が出現することだけで奇跡であると言えるが、神が手を下して奇跡を起こすことを能として描いていないのである。神の存在には敬意を払い、それを出現させて、神舞を舞わせるという演出上の効果は十分考えているが、出現によって起こる奇跡を見せることで、神の力の偉大さへの感動を与えようとはしていない。

古作改作曲〈海人〉では、海人の亡霊が、息子の供養によって龍女に変身して成仏するが、変身の奇跡を見せるのではなく、龍女となったシテが法華経を讃えて舞を舞うことが眼目である。月の住人（一種の天人）となった融の大臣の亡霊が舞う〈融〉と近い設定である。

同じく〈鵜飼〉は、榎並の左衛門五郎の古作を世阿弥が改作した作品であり、後シテとして地獄の鬼が登場する。禁制の殺生をして殺された鵜使いを地獄から極楽に送るための使者としてである。一種の個人的利益をもたらす奇跡を描いているという点では、〈盛久〉的要素があるといえよう。この部分は世阿弥が書き加えた可能性が高い。しかし地獄の鬼は、鵜使いを極楽に送ると告げるだけで、法華経賛嘆が中心的演技内容であり、奇跡の起こる場面が劇的に演じられるわけではない。その点〈養老〉と同様である。

このような古作改作曲では、個人的利益をもたらす神仏の出現を扱う曲もあるわけだが、世阿弥新作の神能は前述の如く、神は御代を慶祝するために出現する。

物狂能において、神仏への祈願により、出会いが実現するという構図は、世阿弥の常套手段である。〈百万〉では、曲舞舞いの名手百万が、清涼寺において、子供との再会を祈請して法楽の舞を舞うと、そこで子供に会える。いかにも仏の力によって、親子の出会いが実現したかのような設定であるが、その奇跡を感動的に描く場面は存在しない。世阿弥の描く世界では、神仏は確かに存在し、力を持っており、祝福を与える。人はそれに祈りを捧げ、その御利益を蒙る。しかし、それは能を成立させるための手段として図式的に利用しているような印象が強い。世阿弥は神仏を理性的に客観的に理解し、普遍的な形で形式的に用いていると言えよう。

物狂能における救済の描き方について、世阿弥と元雅の違いを比較してみると、世阿弥が如何にクールに処理しているかわかる。

元雅作の〈隅田川〉では、大念仏の声の中に、一年前に死んだ息子の亡霊が母親の前に姿を現す。その出現に観客は衝撃を受ける。仏による救済が行われないことが描かれる場面に、念仏の力によって亡霊が出現するという皮肉な結果となっている。世阿弥は、この場合は亡霊だから子方を出さなくても良いのではないかと主張し、元雅はそれでは出来ないと断言したことを『申楽談儀』に伝えているが、ここで亡霊姿の子方が出現することは、非救済の事実を描くのに圧倒的な説得力を持っている。大念仏に参加している民衆という役割を担った地謡によって行われる念仏、その力の起こす奇跡を、ここまで印象的に感動的に描いている能は、他に類を見ない。元雅が神仏の起こす奇跡を、ドラマチックに扱っている二つめの例である。

〈弱法師〉では、天王寺彼岸の中日を舞台に、父親に救い出される盲目の乞食を取り上げている。天王寺という万民救済の特殊な空間の大施行の当日、シテの俊徳丸は日想観（西に没する太陽を観察して、西方の極楽浄土を想い浮かべる修行）を拝む。徐々に高揚していく精神活動によって、本当に極楽を観じるのである。そして盲目の眼に見える難波の風景は、極楽浄土さながらの美しさで、そのすべてを「満目青山心にあり」と、心の眼に納める。動きの少ない〈弱法師〉の中で、ドラマチックに扱われている奇跡的体験である。

俊徳丸の体験した奇跡は、信仰の勝利、仏の御利益と思えるのだが、それもつかの間で、またもとの弱法師となって、醜態を人目に晒すことになる。この落差は強烈で痛々しく、現実に対して情け容赦のない、作者の眼差しを感じるところである。結局仏による救済はなく、父通俊が俊徳丸を保護する。〈隅田川〉においても、子供の亡霊の出現という奇跡は起きたが、母が子供を取り戻すことが出来るわけではない。やはり仏による救済はなかったのである。〈盛久〉では、処刑寸前で刀が折れるという奇跡を清水観音が起こしているが、最終的に盛久の命を保証するのは頼朝である。

元雅は仏の起こす奇跡を、ドラマチックに描いているにもかかわらず、本当の救済は与えていない。元雅作と考えられる修羅能〈朝長〉でも、観音懺法の行われている場に表れた朝長の亡霊は、修羅道の苦しみはこの世で体験した苦しみの再確認であると語り、なお一層の供養を乞いながら姿を消す。世阿弥の修羅能が源平合戦の様子を華やかに、どちらかというと嬉しげに再現するのに比べて、格段に暗い印象の後場であり、描かれている苦悩は深い。ワキの僧は朝長の傅（下掛りは乳母子）であるから、通常の旅の僧よりも必死で供養している様子で描かれている。にもかかわらず、朝長は救いも成仏する気配も無いままに、終わってしまうのである。観客には、戦というものの持つ救いようのない暗さが、印象深く残るのである。

世阿弥の修羅能では、〈敦盛〉が、自分を殺した熊谷次郎直実、出家して蓮生法師の手厚い供養によって、共に成仏することを約束される目出度い結末である。〈清経〉では死ぬ直前の十念が功を奏して、成仏を約束されている。世阿弥は『五音曲条々』において哀傷の謡について、

当世何事モ祝言ヲ以本トスルユエニ、サノミノ哀傷ノ曲聞ヲバ、斟酌アルベキナリ。連歌ナドノ一座ニモ、哀傷ノ部ハ、ハヤ絶エタル分也。

と述べている。あまりに悲しみの色濃い内容を、世阿弥は能に適さないと考えていたのであろう。修羅能の場合においても、祝言の雰囲気の中で一曲を終わるということは、重要なことだったに違いない。〈実盛〉〈忠度〉〈八島〉〈頼政〉など、世阿弥の修羅能において、終曲部で成仏が明言されていない曲も多いが、語られる戦語りに、〈朝長〉ほどの暗さがないため、僧の供養によって、おそらく成仏するに違いないという期待感を観客に持たせるような雰囲気がある。そのあたりに、祝言を重視する世阿弥の配慮が有るのだろう。

元雅は世阿弥に比べて信仰を重く捉えているのではないだろうか。仏の起こす奇跡にも無関心ではいられない。しかし安直に仏による救済を信じているのではなく、深刻に考えているだけにむしろ、疑っているということなのかもしれない。

四　世阿弥の生への眼差し

一項で、世阿弥は生に対して前向きでひたむきであったに違いないと推測したが、それだけに、人の生き方や、

人生に対して、厳しい観察をしているのではないだろうか。作者としての、人間観察者としての、冷酷な眼差しを感じさせる能がある。

例えば〈檜垣〉では昔白拍子だった老女の亡霊が登場するが、「貧家には親知少なく、賤しきには故人疎し、老衰おとろへ形もなく、露命窮まって霜葉に似たり」と、老惨さの描写における容赦のなさは、恐いほどである。このような老女の亡霊が、成仏を願い、懺悔に在りし日の様子を再現する場面は、残酷と言っても良いほどである。それが面白いという評価があって、現在まで演じ続けられているばかりか、三老女として最も重い扱いになっているのであるから、遊女であった老女を登場させて老醜を描くという狙いは、図に当たったと言えよう。

世阿弥がもっとも手厳しく扱ったのは〈求塚〉のシテ菟名日処女なのではなかろうか。二人の男に同時に愛されて、選べずに入水したため邪淫地獄に堕ちている。『万葉集』や『大和物語』に見える話を本説にしているが、邪淫地獄での責めの苦しみの描写は現存曲最高である。なぜ敢えてそのような苦しみを負わせる能を作ったのか。美女が苦しむ姿は能としては玉の中の玉のようなものだと『三道』において指摘してはいるが、それにしても情け容赦がない。生に対して積極的でない者に対し、世阿弥は否定的な感覚を持っているのだろう。

一方、妙に甘い、ロマンチックな面を見せる曲もある。晩年の作品であると考えられている〈砧〉は、三年都から帰らぬ夫の誠意を疑って死んでしまった妻の物語だが、江戸時代には武士の妻には相応しくないと考えられたらしく、ほとんど上演されなかった。そのような妻らしくない振舞をした女を、世阿弥は夫の手厚い供養によって、成仏させている。この妻は、夫を待ち続けただけで、何もしなかった。せいぜい砧を打っただけなのだが、世阿弥は生をも賭したひたむきさをそこに重ねているのだろう。物狂能において、我が子や恋人を探して諸国を彷徨う狂女達が、必ず幸せになれる結末を持つのも、同じような女の姿を見ているからに違いない。一方は何もしないで待つだけだったが、狂女達は、家から出て行く行動力を持たされているという差があるだけで、純粋さという意味では一致しており、それを肯定しているのだろう。

おわりに

世阿弥と元雅を重ねてみると、二人の違いが際だつ。元雅が篤く信仰やそのもたらす救済を描くのと比べると、世阿弥はそれらに対して如何にもクールである。夢幻能形式を作り出した世阿弥であるから、死後の世界を能の中で大いに利用したことは事実であるし、神仏や鬼など人間でないものが頻繁に登場する。供養による成仏も扱っている。しかしそれらは、便宜的に整えられた形式上の手続きとして利用されており、元雅のように、真正面から問題にするということはない。元雅の方が当時の人々に近い感覚で、世阿弥がクール過ぎ、時代を超越した現代人的感覚に近い人なのかもしれないし、元雅も信じ切ってはいないようだから、根は世阿弥と同じで、若いだけに苦悩しているのかもしれない。元雅は三十代で亡くなったために、歳を重ねてどう変化していったかを見ることが出来ないのが残念である。

注

（1）　表章、岩波思想大系『世阿弥 禅竹』（一九七四年四月）解題。
（2）（同前、頭注）
（3）「世阿弥の出家と帰依——補厳寺文書に照らして——」『文学』（一九六〇年三月号『世阿弥新考』所収　わんや書店　一九六二年）。
（4）「世阿弥の禅的教養——特にその用語を中心として——」『文学』（一九五八年一二月号『世阿弥新考』所収）。
（5）　間狂言では、里人が水を飲んで若返るが、この場面は後の増補で、間狂言のない一場形式が本来の形であった。

第五章　禅竹の世界

一　六条御息所の変貌――能と物語の間――

『源氏物語』の六条御息所をシテとした能に〈葵上〉と〈野宮〉がある。〈葵上〉は『申楽談儀』に、近江猿楽の名手犬王が演じたことを伝える古い能であり、一方〈野宮〉は、世阿弥の娘婿金春禅竹作である可能性が高い夢幻能である。能作者が読み取った六条御息所像から『源氏物語』を逆照射したとき、どんな人物像が浮かび上がってくるであろうか。

一　〈葵上〉の場合

シテ六条御息所は、死霊として造型されているのではないか。〈葵上〉の不思議なところは、そういう立場でも一応解釈が成り立ってしまう点にある。

たとえば前シテ登場の3段［一セイ］では、

［一セイ］三つの車に法の道、火宅の門をや出でぬらん。夕顔の宿の破れ車、遣る方なきこそ悲しけれ。

生霊となって夕顔の上を取り殺したこと、賀茂の祭の車争いで牛車を壊されたことなどが、「夕顔の宿の破れ車」に込められており、過去の出来事が原因で鬱屈している姿は、生前の世界を引きずって成仏できずにいる、夢幻能前シテそのものであると言えよう。しかも『申楽談儀』所収の犬王所演の記事に含まれているから、作曲面で世阿弥が改作しているとしても、作詞に関してこの部分は後人の改作ではない。

シテの第一印象が亡霊的なのである。しかも「御物怪」（1段）の正体について、「怨霊」という表現を3・5・9段で三度使用するが、「生霊」という言葉は一度も使用されない。さらに5段［クドキ］では

［クドキ］……われ世にありしいにしへは、雲上の花の宴、春の朝の御遊に慣れ、……花やかなりし身なれども、衰へぬれば朝顔の、日陰待つ間の有様なり、ただいつとなきわが心、ものうき野べの早蕨の、萌え出で初めし思ひの露、かかる恨みを晴らさんとて、これまで現はれ出でたるなり

「われ世にありしいにしへは」と語る。「皇太子妃として時めいていた頃」の意味だが、「生前は」とも読むことは可能な表現である。意図的に死霊扱いしているようにも見受けられるのである。

しかしやはり〈葵上〉は生霊御息所の物語として作られている。その決定的な部分は、6段［段哥］の次の部分である。

［段哥］……もとあらざりし身となりて、葉末の露と消えもせば、それさへ殊に恨めしや、夢にだに、返らぬものを我が契り、昔語になりぬれば、なほも思ひは真澄鏡、その面影も恥ずかしや、枕に立てる破れ車、うち乗せ隠れ行かうよ、

「葉末の露と消えもせば」という仮定表現は、「もし露のようにはかなく死んでしまうとしたら」と、亡霊の回想ではなく、御息所の生々しい現実の感情を表現している。

「源氏はもう夢の中にさえ登場しなくなった。二人の恋は終わったのに、自分はまだ源氏を慕っており、昔語りにされるといっそう恋しさが募る」と訴える御息所。御息所は源氏の心が離れてしまっていることを悟っていると同時に、自分はいっそう激しく源氏を求めていることもわかっている。それを邪魔しているのが葵上であるから、命を取ろうとする。

前半の構成上の頂点に生身の御息所がはっきりと姿を現している以上、他の部分も同次元で解釈しなければな

らない。前述とは逆の意味で不思議なことに、終曲部以外は矛盾なくそれができてしまう。終曲部は〈通盛〉とほぼ同文で、亡霊の成仏を示すに相応しい内容であり、異質感は拭いきれない。御息所の魂を救いたいと願う後人の付加であるかもしれず、とすればその際に、「生霊」とされていた部分（前出の三ヵ所）が「怨霊」と変更された可能性もあるだろう。

しかし、実は生霊自体が『源氏物語』成立当時でさえ、珍しい存在であったことが、藤本勝義氏『源氏物語の〈物の怪〉』（笠間書院　一九九四年）に指摘されている。「生霊」という言葉は『紫式部日記』『枕草子』にも見られるが、いずれもいるらしいという噂を記したもので、実態は認識されていない。その後も死霊に関しては様々な情報があり、具体的イメージが与えられているが、架空の物語にしろ、日記類にしろ、生霊は六条御息所以外にその実例が存在しないのである。

梓の法の名手である照日の巫女（ツレ）が唱える清めの詞や霊魂を呼び寄せる歌（2段）も、当時現実の場で梓巫女が死霊を呼び寄せる場合に用いたものを利用している。〈葵上〉の作者は、生霊の登場を意図したとしても、具体化するだけの情報が集まらず、対応策として死霊のイメージをそのまま便宜的に用いたのではなかろうか。

この曲の特色として注目したいのは、御息所が二重の苦しみを背負っている点である。無常の世に生まれた苦悩と、葵上への激しい恨みである。それが前シテ登場の段から強調されていることが、夢幻能的印象を生む原因ともなっている。

［サシ］……人間の不定芭蕉泡沫の世の習ひ、昨日の花は今日の夢と、驚かぬこそ愚かなれ、身の憂きに人の恨みのなほ添ひて、忘れもやらぬ我が思ひ……

「人間の不定（不確かな存在であること）は芭蕉泡沫の世（無常の世）の習いである」と語る部分を、諸注は「人間の不定は芭蕉泡沫のようなもので、それが世の習いである」とする。文法的に見てもそれでは不正確だが、さらに、意味の上で「無常の世における不定の存在である私が、一時も忘れられない恨みをずっと持ち続けている」という、この表現の持つ凄みを生かし切れていない。

御息所が無常を実感したのは、華やかな皇太子妃時代からの境遇の変化であると、作者は解釈しているらしい（前掲［クドキ］）。源氏の心変わりに対する言及は一言もなく、それをも含めて無常として受け止めている。そのあきらめの境地と対照的に存在するのが、葵上への永続的な怨恨で、裏返せばそれは源氏への衰えぬ恋情ということになろう。

この対照こそが、平安時代成立の原作にはなかった視点である。中世的無常観の中で捉え直された、人間の感情の普遍性への憧れといえようか。シテ御息所は、自分の内部に変えようのないものを抱えて、無常な世の中に必死で対抗する、極めて内省的な美しい女性として造形されている。後妻打ちも般若の姿も、シテの内面世界の具象化であり、それは醜悪さとは無縁の、美化された形である。

だからこそ［段哥］の「面影」は、源氏でなければならない。伊藤正義氏は新潮日本古典集成『謡曲集上』（一九八三年）「葵上」の頭注において、この「面影」を源氏とする解釈を優先させ、御息所自身と解する説もあると紹介するが、御息所とする場合が大半である。諸流の仕舞の型にしても、葵上の枕元に置かれている鏡に自分の姿が映るのを見て思わず扇で顔を隠すという演じ方が一般的であるので、御息所自身と解釈して演じている場合が多いのだろう。しかし、ここは今もなお源氏を恋し続けている誇り高い御息所としては、醜い自分を見て現実を知るというのはそぐわないであろう。無情の世の中で普遍的な存在としてあり続ける美しさが描かれているのである。「増鏡」は、実際に鏡が置いてあって、それに映る姿を見ているのではなく、もう昔語りとされている二人の恋であるにもかかわらず、自分の源氏への思いは今も「なおも増しており」そのために「面影を思い浮かべるだけで恥ずかしい」という二つの意味を繋げる要に「増鏡」という言葉を使っているのである。

このような御息所なので、終曲部で成仏を約束する必要もないはずなのだが、どの時代にか改作されて〈通盛〉と同文のキリが付けられ、まだ生きている人間に、亡霊が成仏するとしか思えない終わり方とされてしまったらしい。

二　〈野宮〉の場合

〈野宮〉は、美しい女の亡霊が、過去を偲んで大小序之舞（太鼓の入らない舞）を舞う、夢幻能である。世阿弥の代表作〈井筒〉を下敷きにして作られている。この二曲は秋を代表する最も優雅で美しい曲である。〈野宮〉の作者に関する外部情報は存在しない。しかしこの曲は、ほぼ確実に禅竹作である。禅竹が世阿弥の作品を下敷きにして、新作を書き下ろすことは、〈玉葛〉でも明らかであるが、形式・構成に関しては〈浮舟〉を参考にしながら、内容には大きな違いがあるように、〈野宮〉は〈井筒〉の形式・構成をほぼそのまま踏襲しながら、できあがった能には、かなりの隔たりがある。その違いの大きな要因がシテの人物造型にあり、それが〈玉葛〉と共通しているのである。

禅竹作の能、たとえば〈芭蕉〉〈定家〉〈小塩〉なども人物造型の方法には共通性があり、また、〈玉葛〉とは、『源氏物語』という難しい本説を、当時の解釈の仕方や、流布していた梗概書のようなものを参照しながら、彼なりに消化吸収して、連歌寄合の言葉なども積極的に利用して詞章を構成していく方法にも共通するものがある。さらに、その曲を支配している美意識が、一般とは少し違った個性的な感覚で作り出され、それが能の世界を形成していると同時に、シテの人格と密接な関わりを持たされている。禅竹が表現したいのは、まさにそれなのではないだろうか。

世阿弥は本説の物語を、正確に理解し、正確に伝えることを目指しているようだが、禅竹は物語の紹介にあまり積極的でないばかりか、かなり恣意的に変更を加える。勝手に創作するというのではない。禅竹なりの解釈に基づき、禅竹好みの世界を作り上げてしまうのである。目指しているのは、本説の正確な紹介ではないのだろう。世阿弥のような過不足のない安定した世界の構築というのとは違う。もっと偏っていて、もっと特殊で、何かが足りなくて、何かが多すぎる。そういう危なげな感じが魅力的な世界である。

〈野宮〉の場合、叙景と心象風景の一体化が、世阿弥の〈井筒〉よりもさらに進んで、巧みに行われている点に、特徴がある。前シテ登場の段を例に上げると、

［次第］花に慣れ来し野の宮の、花に慣れ来し野の宮の、秋より後はいかならん。

［サシ］折しもあれ物の淋しき秋暮れて、なほ萎り行く袖の露、身を砕くなる夕まぐれ、心の色はおのづから、千種の花に移ろひて、衰ふる身の慣らひかな。……

［次第］では、秋草の咲き乱れる野宮を印象付けているが、［サシ］で「千種の花」と「心の色」が一体化されることによって、シテが目前に見ている野宮の風景は、すなわちシテ自身であることが明らかにされる。「秋より後」の野宮とは、「衰ふる」我が身であると言っているのである。〈野宮〉のシテの六条御息所は、このように衰え行く秋草の花のイメージを与えられて、懐旧の情を訴え、舞を舞うが、生霊になって葵の上を取り殺した恐ろしい女の一面は皆無である。このような御息所像は、本説の『源氏物語』本意で見るならば、非常に個性的であるといえよう。

しかも、本説は読み変えられている。ワキの求めに応じて九月七日の物語をする4段では、

［サシ］……光源氏のわりなくも、忍び忍びに行き通ふ、心の末のなどやらん、また絶えだえの中なりしに。

［クセ］辛きものには、さすがに思ひ果て給はず、遥けき野の宮に、分け入り給ふおん心、いとものあはれ

なりけりや、……かくて君ここに詣でさせ給ひつつ、情を掛けてさまざまの、言葉の露もいろいろの、おん心の内ぞあはれなる。……。

光源氏が「辛きもの」にさすがに思い果ててしまわれずに、野宮までいらっしゃったと語る。しかし『源氏物語』では、

つらき物に思はて給なむもいとおしく人き、なさけなくやとおほしをこして野の宮にまうて給（『源氏物語』の本文は角川書店CD－ROM版所収の大島本、以下特に断らない限り同じ、河内本は「つらきかたにのみ」以下、小異あり）

と、御息所が源氏の心がすっかり冷めてしまったと諦めきってしまわれるのも気の毒だし、また人ぎきも悪いからと思って、野宮に行くのである。室町時代の注釈では、今川範政の『源氏物語提要』（永享四年）が、それを一歩踏み込んで、

源氏御こゝろにはふかく覚しめさねとも、此みやす所は度々怨霊に成給へは、もし又、紫上なとへつかれてはいかゝと覚しめして、野の宮へもたつねとふらひ給ふ也。

という見解を述べている。しかし一方で二条良基の『光源氏一部連歌寄合之事』（貞治四年）のように

さすがにわすれもはてすしてうきものなからいせまでくたり給ふなごりもおしく思して

と、能と同解釈のものも存在し（『異本源氏小鏡』も同様）、禅竹の勝手な読み変えとはいえない。しかし禅竹は源氏の心変わりではないという立場を強調的に用いて、せっかく真心を尽くしてさまざまの言葉をかけてくださったのに、それを振り切って伊勢へ下った自分の心が恨めしいと結んでいる。光源氏から愛された秋野の花のような女という、能独自の御息所像を作り上げてしまっているのである。

後場冒頭の車争いの段は、ほぼ本説のまま紹介するが、葵上方の人々が何をしたのかを、御息所の目からのみ描いているから、悪いのはすべて相手であり、自分は「身の程ぞ思い知られたる」（9段［哥］）ために、妄執に

取り憑かれていると語る。

『源氏物語』の中の六条御息所は、苦悩の末源氏との決別を覚悟し、きっぱりと能動的に生きることを選ぶのに対して、能の中の御息所は、受動的に愛される喜びだけにこだわっている。中世的なはかない美しさを与えての人物造型という仕掛けが施されているために、その意外性と、美しさへの共感から、こういう御息所も良いじゃないかと、観客に思わせてしまうのである。

おだやかで、控えめで、過去ばかりを振り返っている貴婦人、このような主人公は、原作とそんなにかけ離れているのであろうか。あるいは、原作の中にそういう要素が潜んでいて、禅竹はそれを鋭くかぎ分け、抽出したのだろうか。そのような目でもう一度『源氏物語』を読み返してみると、もう一人の御息所が浮かび上がってくる。

三　上等な衣を着た普通の人

紫式部の作り出した六条御息所は、極めて個性的な人物であるような印象を受ける。その特質は大きくまとめれば、次の五点になる。

1　誇り高い

大臣家の息女（葵巻）で、前東宮妃という身分。桐壺帝と同腹の兄弟で東宮だった人に寵愛された。東宮存命であれば、当然中宮となったと考えられている。桐壺帝から、御所に住むよう再三誘われる（寵愛を受けるという意味）が、とんでもないことと思っていた（葵巻）。

2　物事を思い詰めて考える。

生来の性質に、かつて重い身分であったという誇りが複雑に作用して、軽々しい振る舞いができないし、されることが嫌いである。何事も深刻に受け止め、対処しなくては気の済まず、相手が息苦しくなるような性格を作り出している。

3　世間体を気にする

『源氏物語』の登場人物の大半が、人の目を気にしている。人に知られることがすなわち罪であり、知られさえしなければ、何をしてもよいと考えていたのかと思えるほどに、人の評判に立つことか否かが、人々の行動の基準となっているが、御息所はその最たる例。誇り高く、しかも今は重んじられていないという引け目感が、いっそうこの傾向に拍車を掛けているのではなかろうか。

4　当代きっての教養人。仮名文字の名手。洗練された趣味

生霊になるほどに思い詰めていても、風雅な趣向に気を配ることだけは、絶対に忘れない。ここのところが大変不思議なところである。

心にくゝよしあるきこえありてむかしより名たかく物し給へは野の宮の御うつろひのほとにもおかしういまめきたる事おほくしなして殿上人とものこのましきなとは朝夕の露わけありくをその比のやくになむする……（葵巻）

御息所の評判は、「心にくし」「よしある」と定着している。その時のＴＰＯに応じて、細やかな配慮がなされ、あまりに奥ゆかしく趣深いために、接した者は皆感動するとされている。だから、野の宮の仮宮生活でさえ、現代風の珍しい洒落た趣向が凝らされていて、好き者の殿上人たちが日参する場所となっているのである。この「今めく」というのが、御息所の趣味の特色らしく、常にこの形容が用いられる。

葵上が急死した直後、御息所からの弔問の文が届く。

菊のけしきはめる枝にこきあをにひのかみなるふみつけてさしをきていにけりいまめかしうもとて見給へは宮す所の御てなり（葵巻）

菊の花が開き始めている枝に、濃い縹色の文を結び、何もいわずに、置いていったのである。源氏は「いまめかしうも」（気の利いたことを）と思って、開いてみると、御息所からの文であった。傷心の源氏がふと心を動かさずにはいられないような、心憎い配慮がなされた文の形である。御息所は自分の生霊が葵上を取り殺したことを知っていながら、こういうところに気を配る余裕のある人なのである。

5　それを満足させられるだけの経済力がある。

なんといっても大変な経済力があるらしい。父大臣から受け継いだものと、前東宮妃としての収入の両方なのだろうが、豊かな財力があればこそ、今めいた風流三昧の暮らしぶりが可能となる。

御息所が源氏の正室になることにこだわったのは、源氏との結婚によって社会的地位を獲得できるからだという考え方がある（増田繁夫「葵巻の六条御息所」（国文学解釈と鑑賞別冊『人物造型からみた『源氏物語』』一九九八年五月）。しかし御息所がこだわったのは、源氏の軽い扱いによって傷付けられた誇りと、そのことが世間に知れ渡ったという事実である。なによりも馬鹿にされるのが大嫌いで、自分が第一に重んじられていなければ、気が済まない。だから正妻の座に着くのが当然と思っていたに違いないが、自分の対社会生活を獲得するためにそれを望んだわけではない。

御息所は経済的にしっかり自立しており、かつてのような華やかな中心的存在として世の中に重んじられなくても、趣味人たちの集まるサロンを提供して、優雅に暮らしていた。伊勢からの帰国後も、同様の生活スタイルを守っている。だから、源氏との関わりさえなければ、その趣味の良さを尊重されながら、誇り高く静かに、それなりの生活を続けられたに違いないのだ。

御息所は特別な人であるという意識が、どこかにある。当代きっての教養人であり、趣味人であるという評価がそう思わせているのだろうか。それとも生霊や死霊になって、源氏と関わる女たちを取り殺すほどの激しさのためであろうか。

よく考えてみると、御息所はかなり普通の人なのではないだろうか。かつては世間から重い扱いをされたけれど、今は取り残されているという人は、多かれ少なかれ誇り高いものだろう。その人が、自分よりもずっと若い美男子に言い寄られ、なびいたと同時に飽きられてしまい、そのことが世間の評判となったなら、立ち直れないほどの痛手を負うのは当然である。

人によって違いが出るのは、その場合の対処の仕方である。御息所は、ものごとを深刻に突き詰めて考える一方、万事に控えめで、自分を押さえようとする性癖が強いため、とことんまで悩み苦しみきることもできない。たとえば、女三宮降嫁後の紫の上のように、その苦悩が心身を蝕み、死に至らせてしまうというような苦しみ方はできない人である。そうでなければ、行く末をどうしようかと思い悩んでいるときに、風雅な生活の気を配るなど、やっていられないはずである。生活のたしなみ、世間の評判、そういうものが何よりも大切で、その上での悩み事なのである。

紫式部が生霊という形で御息所の苦悩を表現したというのは、それしか自己表現の方法のない悲しい女の姿なのだが、言い換えれば、中途半端で弱い性格ゆえに、これしか方法がなかったともいえるのである。御息所は決してこちらが恐れ入るような、りっぱな賢い人という設定ではないのである。ただ源氏が、

中宮の御はゝみやす所なんさまことに心ふかくなまめかしきためしにはまづ思ひいてらるれ……（若菜下）

と紫の上に語ったために、なんとなく、そういう印象を持たされているだけなのだろう。

そういう眼で、御息所の行動をもう一度見直してみると、彼女のやっていることは、けっして立派な行いとは

言い難い。

たとえば、生霊事件のそもそものきっかけとなった、賀茂の祭りの行列見物である。彼女はなぜ見に行ったのだろう。しかもなぜことさらやつして行かなければならなかったか。どうせ見に行くなら、どうどうと行けばいいのに。誇りはどうなったのだ。あるいは、やつす以上、誰からも悟られないように徹底すべきではなかったのか。源氏の晴れ姿が見たいというごく普通の女心（それが悪いのではない）と、中途半端な誇りの折り合いを付けた結果、世間体のためにはやつしている、つまり知られていないという安心感を持ちながら、しかし自分は他ならぬ六条御息所だという自負心だけは片時も忘れられずに、彼女は見物に出かけた。車争いとなった葵上一行の反応は、初めは気づかず、途中で相手が誰かわかった者たちは、知らない振りをして、追いやってしまう。知らない振りをしてくれたのだから、目的通りなのに、御息所はそんなことはそっちのけで、自分と葵上との比較ということに、集中してしまうのである。なんと自分勝手で、ごく普通の、女の心の動きであろう。

この場面で大方の読者は、あの誇り高い御息所がこういう仕打ちを受けたら、さぞかしこたえるだろうと同情と共感を覚える。なぜかといえば、もし自分がそういう立場に置かれたら、自分だって当然同じようにこたえるに違いないと、たやすく想像できるからである。「あの御息所だったら当然」そういう共感で、御息所は生霊になっても憎まれることなく、一夫多妻制であった当時の女性の、鬱屈したあり方の犠牲者として、読者の支持を得るように、できている。

それはなぜかといえば、御息所はごく普通の女だからである。紫の上は立派すぎて、あの生き方がまねできるとはちょっと考えられない。藤壺も、源氏の子ども（後の冷泉帝）を身ごもった後の対処の仕方は、やはり常人とは違う。見事に世間に隠し通して、我が子を天皇の位に無事つけてしまうやり方は、冷徹といえるほどに理性的な、断固たる態度である。それに対して、御息所はくよくよと思い悩むばかりで、責任のない生霊になるくらいが関の山である。そこが普通人である一般の読者には、共感を得られやすいのではないだろうか。

紫式部の偉いところは、そういうごく普通人に、前東宮妃とか、当代きっての教養人・趣味人・仮名の書き手などという、立派そうな衣を着せたことである。外側の特殊性に幻惑されて、内側まで特殊であると錯覚させられつつ、しかし作者はそのあたりのからくりは十分計算の上で、あれだけショッキングなことをしながら、憎まれない、むしろ好意的に受け入れられるという、特異な女性像を作り上げたのである。

おわりに

〈野宮〉は、名作〈葵上〉で描かなかった六条御息所を登場させようというところが、発想の出発点なのであろう。細心の注意をはらって、〈葵上〉と重ならないように工夫している。その結果、原作から生霊の要素を取り除いた場合、いったい何が残るかという非常に面白い考察を可能にした。残ってくるのは、意外にも平凡な人物像である。

物語は複雑な人間関係の中で、伏線もあり、書き込まれ、描き込まれた様々な要素があって、一人の登場人物に関しても、場合場合で多面的に造型されている。一方能は、単純化、普遍化の作業を通して、その人物のある一面をすぱっと描き切る作業である。観客には示された断面を見ながら、自由にイメージを膨らませ、原作の世界との対比を楽しむ。こういう側面もあったのかと、能から物語の理解が深まることも、たまにはあるのではなかろうか。

二 〈野宮〉の作者——身にしむ色——

〈野宮〉は禅竹作の可能性が高い。それは現代では常識のようになっているが、筆者が一九八六年に国立能楽堂春の特別展示「金春禅竹——人と業績——」のお手伝いをして、パンフレットを作成したころは、世阿弥グループの作品で、名作だけれども作者のわからない曲とされていた。筆者自身は禅竹の能の作品分析を主な研究テーマにしていた頃で、〈野宮〉は禅竹作に違いないと、少しおそるおそるパンフレットには書いたものだった。その後伊藤正義先生が、「僕もそう思ってはいるのだけれどね」とおっしゃったことを覚えている。その後伊藤正義氏がやはり禅竹の作能法とのことから、禅竹作であろうとされている（新潮日本古典集成『謡曲集下』各曲解題、一九八八年一〇月）が、伊藤説と拙稿では部分的に重なりはするものの、別個の根拠に基づいている。本稿では〈野宮〉の主題にかかわると考えられる語句を取り上げて、いささか私見を述べてみたい。

〈野宮〉の禅竹らしさは様々なところに表れてはいる。前シテ登場の段の美しい謡が、晩秋の嵯峨野の風景と、シテの心象風景の、完全な二重写しになっている。これは世阿弥の〈井筒〉などにも見られるが、何気なく行われている〈井筒〉に比べ、その狙いを明確に聞き手に知らせることを意図した、見事な作詞術を見せている。この登場歌によってシテは、六条御息所といえば生霊というおぞましさを払拭し、枯れていく寸前の、秋野の草花の持つ凛とした控えめな美しさを、イメージとして獲得している。禅竹の美意識は、かなり複雑・繊細で屈折しており、それが現代人には、かえって共感されやすい。

前場の中心的見せ場［クセ］では、典拠の『源氏物語』賢木巻の紹介をしているが、里の女が土地に伝わる過去の物語を語っているはずだったのに、だんだん感情が昂ぶってしまい、最後には自分のことのように、切実に訴えている。禅竹は複式夢幻能において、世阿弥のように、前場は客観、後場は主観という描き分けをしないことが多い。

後場の舞は、車争いの再現から序ノ舞へ、さらに短い破ノ舞へと連結されている点に特色がある。波が引いては返すように、悔しさの激情から静かな回想へ、その中からわき上がる恋情といった、感情の交錯が表現されている。抽象的な舞で感情表現をするのは、世阿弥時代には無かった、おそらく禅竹の新しい試みなのだろう。なかなかそれを証明することは困難なことではあるのだが。

前述の如く、〈野宮〉の作者については、作品の内部徴証から金春禅竹の可能性が大きい。

〔序ノ舞〕〔破ノ舞〕を含む〈野宮〉の舞の段は、「昔を思ふ花の袖。月にと返す気色かな」（〔詠〕）と、懐旧の舞として舞われるのだが、この場合の想起されている過去は非常に限定的である。舞の段の謡は大半が野宮の描写に費やされており、唯一例外はシテの感情が述べられる

〔ノリ地〕……露打ち払ひ、訪はれしわれも、その人も、ただ夢の世と、古り行く跡なるに、たれ松虫の音は、りんりんとして、風茫々たる、野の宮の夜すがら、懐かしや。

の部分である。つまりここで懐かしんでいるのは、華やかであった若い日全体ではなく、光源氏が野宮を訪問した九月七日その日であり、訪れたその人を迎えた自分を偲んでいるのである。ということはこの舞が源氏への恋慕の情の表現としての意味を持つということになる。

いったい〈野宮〉という曲は、その基調となっているのが、捨てられた身の詠嘆や怨恨などによる妄執ではなく、光源氏への沈静化された恋慕の情であって、それを晩秋の野宮の景と重ねて描いているのが特色である。そのように作品世界を統一するために、かなり本説の取捨選択・変形化を行っているが、その第一が九月七日の重

視であり、その日の源氏と御息所の関係の美化であろう。九月七日以前の物語は［クリ・サシ］で極めて簡単に紹介されるだけで、大半は省略されている。九月七日の源氏の訪問を中心に、御息所の変わらぬ恋心を描いていく構成のなかでは、後シテ登場の段の車争いだけが異質のように感じられるが、車争いが伊勢へ下る決心をさせた直接的原因と見る『源氏小鏡』などの説を媒介にすれば、別れの原因となった事件への激しい憎悪の表現は、すなわち源氏への恋情の別の表れとなる。〔序ノ舞〕との不連続性は表面的な印象に過ぎず、作者の意図は御息所の恋情の「激」と「静」の対比的描き分けにあったのではなかろうか。

〈野宮〉は恋慕の能として計画的に構成されている曲と考えられるが、そこで注目したいのが、前シテ登場の段の［上ゲ哥］である。

野の宮の、森の木枯らし秋更けて、森の木枯らし秋更けて、身にしむ色の消えかへり、思へばいにしへを、なにと忍ぶの草衣。来てしもあらぬ假の世に、行き帰るこそ恨みなれ、行き帰るこそ恨みなれ。

従来傍線部は意味が曖昧であるとされてきた。『謡曲大観』・岩波日本古典文学大系『謡曲集下』・小学館日本古典文学全集『謡曲集1』などの諸注は「美しかった花の色はすっかり消えてしまって」としている。前掲の新潮日本古典集成では、その部分の現代語訳がない。しかしここはそういう使い方をしていないのではなかろうか。

この句は『申楽談儀』に言及される〈笠卒都婆〉に使用されており、〈野宮〉がそれを転用したのであろうが、〈笠卒都婆〉と同じ意味で使用していると考える必要はないであろう。「身にしむ色」は『古今和歌六帖』の

吹きくれば身にもしみける秋風を色なき物と思ひけるかな

を本歌として、主に秋風の形容として使用される歌語であるが、〈野宮〉が禅竹作であるとすると、藤原定家の

白妙の袖の別れに露落ちて身にしむ色の秋風ぞ吹く

の歌が重要になってくる。後鳥羽院の命により『新古今和歌集』巻一五「恋歌五」の巻頭一三三六に据えられ、

『定家卿百番自歌合』『定家八代抄』にも選ばれている定家の代表作であり、定家に心酔していた禅竹であれば、「身にしむ色」といえば当然念頭においた筈の歌であろう。そして定家の「身にしむ色」とは、後朝の別れにながす紅涙の色であり、別れの淋しさからいっそう見にしみて感じられる秋風を形容する語であり、さらに秋風は「飽き」に通じるためにより切実に身にしむのである。つまり定家はこの歌を、別れにつながる恋のイメージと結び付けて使用しているのである。この歌の印象は鮮明であるから、定家の歌を知っている者にとって「身にしむ色」は、恋のイメージと切り離しては考えられないであろう。〈野宮〉における「身にしむ色」も当然そのような語として使用されていると言わねばなるまい。とすると該当部分は「今日九月七日にあたり昔の跡に来ると、あのとき同様秋も更けて木枯らしが吹き、それが身にしみるが、またあの後朝の涙の色、別れの淋しさが蘇ってくる」という意味になる。

「消えかへり」は

①すっかり消え果る

②心が消え入りそうに思い詰める

③霜・泡などが消えてはまたできる

の三種の用法があるが、能では「露の身ながら消えかえる」（経政）など、露との縁で用いる③の用法が一般的である。禅竹作の〈定家〉でも

露霜に消え帰る、妄執を助け給へや

と、やはり③の意味で使用している。〈野宮〉の場合、露・霜に類する語がそばにないために、③に訳されなかったのであろうが、定家の歌を下敷きにすると、「身にしむ色」は袖の露の色であるから、それが消えてはまた結ぶと続けることは可能であろう。また「消えかへり、思へばいにしへを」と続くから、消えてしまってはおか

しいのである。「思へば」の縁からも「身にしむ色」は、思いに関連する語である方がよい。右のように単なる情景描写ではなく、九月七日の別れを思い起こすシテの心の状態を表す語句であったのだ。

〈野宮〉における九月七日の重要性、シテの恋情による統一性などから見ても、一曲の内容を象徴する前シテ登場の段には、当然あってしかるべきキーワードであろう。

三　「飽かぬやいつの寝乱れ髪」

玉鬘十帖は、『源氏物語』の中で独立した感じのする物語である。光源氏は三十六歳、太政大臣の位につき、政治の中心にいて多忙を極めるという生活ではなくなっている。壮大な六条院の造営が完成し、四季の町にそれぞれの女主人が移り住んで、理想的な生活が営まれつつあった。四年後の女三宮降嫁によるその崩壊前の、しばらくの平穏な時期である。玉鬘十帖の物語の特色は数々あるが、その第一として指摘したいのは、玉鬘は突然やって来て、また突然いなくなってしまい、そのことが体制にはなんの影響も与えなかったということであろう。それだけに彼女の思い出は美しく残り、何とかならなかったのかという残念な後味とともに、鮮やかな印象を残して、物語の中心から退場するのである。

足かけ二年間、六条院の最もいい時期に、玉鬘は六条院に居たことになる。そこで最高に贅沢で最高に雅な生活を体験し、吸収し、成長する。理想化された風雅な生活の中で、季節の移ろいとともに、玉鬘はだんだん洗練され、魅力を増していく。その様子が、光源氏の眼を通して描かれて行くのである。

源氏は玉鬘と近しく接して、その山吹の花にたとえられるような明るい華やかな美しさ、「気近く今めきたる（近づきやすく現代風）」な人柄（蛍巻）、頭の良さなどに惹かれていく。どうすれば一番いいのか、兵部卿宮など誰か適当な男と結婚させるか、尚侍として冷泉帝に入内させるか、自分の愛人にしてしまうか、思い迷う源氏が描かれている。

源氏がそこまで愛情を傾ける玉鬘を自分のものにしなかった理由は何だったのだろう。まず根本的には、紫式部はこの物語を、完全に入れ子式に独立的に扱いたかったからなのではなかろうか。源氏の政治力や経済力、将来性などの社会性を抜きにして、純粋な男性的・人間的魅力を余すところなく引き出しているのが、玉鬘十帖である。続く女三宮関係の物語群における、老いを自他ともに意識し始めている、権力志向で、貴種好みで、若い女が好きな、滑稽でかなりいやらしさの目立つ中年男、の源氏とは対照的な、すべてにスマートで、好人物の源氏である。季節は推移しているにも関わらず、六条院の、源氏の周りだけは時間が止まったままのような、理想郷での日常生活である。

そのような理想郷において源氏は、純粋に玉鬘を愛する。玉鬘も、対社会的な意識の上では「うとましく」思っていても、根本的には源氏を許し、慣れ親しんでいる。

ようやく涼しい秋風が吹いた立秋のころ、そのころは和琴を教えるという口実で、源氏はしばしば玉鬘のもとを訪れ、一日中共に過ごしている。そんなある晩、夜更けに二人は琴を枕に添い臥しする。この場面は玉鬘十帖の中でも、特に非現実的で、幻想的な場面である（篝火巻）。他人の介入しない美しい時間を、共に過ごす二人の様子が、さりげなく、しかし印象的に描かれている。

光源氏と玉鬘の関係は、第三者を介在させない、隔絶された世界にいる限り、相思相愛の間柄であったことを、紫式部は周到な計画のもとに、細心の注意を払って、丁寧に描いている。しかしそれはあくまでも、「もしも」という仮定であって、現実には源氏は紫の上以上の扱いはできないという分別に縛られているし、玉鬘の方は、源氏は養い親であるという常識に捕らわれている。玉鬘の恋の相手が誰かという視点で玉鬘十帖を分析してみると、光源氏以外あり得ない。大切なことは、現実のこととしては、自分にも相手にも「許さない」恋であるということである。

禅竹が目を付けたのは、そういう玉鬘の懊悩している心の奥の奥のことである。

玉鬘という人は、聡明な人という設定である。いつもきっちりと現実を見据えていて、自分や相手の感情に流されることなくどうすべきかを考え、割り切って対処できる人である。だから髭黒の正妻となって、多くの子供を育てて、継子にまで慕われる。一般的には、当時の女性の生き方としては大成功であると評価することができるのだろう。しかし、それでもやはり、玉鬘はあまりに賢すぎてなんだかつまらない気がしてならない。この人はそれで本当に満足だったのかと。

禅竹も同じことを感じたのではなかったろうか。禅竹という人は、女心のわかる人である。一番知られたくない、つい隠している心の奥の感情を、情け容赦なく引っ張り出してきて、舞台の上に乗せてしまう。そう捉えることによって、見ている者自身が自虐的快感を覚えるような人物の描き方をする。

能〈玉葛〉の中で、シテは恋の妄執に囚われて地獄で苦しんでいる。どうやらそれは、生前の行いによる罪のためではなく、今も続く「恋」という気持ちのためのようだ。後シテが最初に口にするのは玉鬘巻の巻名、そして女君の名前の由来でもある、玉鬘にとってはテーマソングとも言うべき、光源氏の歌である。

恋ひわたる身はそれなれど玉かずらいかなる筋をたどり来ぬらん（玉鬘巻）

「夕顔を恋しく思い続けている私は昔のままだが、亡き夕顔の娘であるあなたは、いったいどのような縁で私の所に来たのだ」という源氏の歌を変形して自分の今の状態を述べる歌とする。

［下ノ詠］恋ひわたる、身はそれならで玉葛、いかなる筋を、たづね来ぬらん。

シテの現在の状態は「恋ひわたる」つまり、恋という想いが継続している状態である。だから私は玉ではない、つまり「玉鬘」の名にふさわしくないと言う。恋を敢えて拒絶して賢く振る舞った、物語の中にいる玉鬘らしくはないのである。

心は恋に乱れていて、成仏できない。彼女は、〈定家〉における式子内親王とは違って、成仏を願っている。

「尋ねても、法の教へに逢はん」という意志を示して姿を現しているのであるから、成仏を望んでいるのだが、そう言いながら狂乱してしまうほどに、心は恋に取り憑かれている。

［〈サシ〉］〈シテ〉尋ねても法の教へに逢はんとの、心引かるるひと筋に、そのままならで玉葛の、乱るる色は恥づかしや

［〈ワカ〉］〈シテ〉つくも髪。

〔カケリ〕

［〈一セイ〉］〈シテ〉つくも髪、われや恋ふらし面影の、〈地〉立つや徒なる塵の身は、〈シテ〉払へど払へど執心の、〈地〉永き闇路や〈シテ〉黒髪の。〈地〉飽かぬやいつの寝乱れ髪、結ぼほれ行く思ひかな。

〔カケリ〕前後で繰り返されるひと言は、〈玉葛〉では「つくも髪」だが、それは、〔カケリ〕が、どういう状態を表しているのかを端的に表現する象徴的で重要な言葉である。「つくも髪」は、けっして美しさとか若さとか、妖艶さといったイメージの湧かない、むしろ汚いような印象の言葉である。この言葉は、『伊勢物語』六十三段を背景とした、老女というほどの歳になっても恋を求めてやまない、積極的な女を象徴する。

物語のなかで、外に向かって投げかけられることの無かった恋心に、死んでから取り憑かれた女である。傍線部分は、払っても払っても去らないどころか、千々に乱れる思い。それはまるで激しい恋の一夜の寝乱れ髪のようだが、残念ながら彼女にはその具体的な思い出はなく、「いったいいつの夜の」と、自問することになる。「飽かぬ」は闇路が「明けぬ」の意味がかかり、「黒髪」の縁で「赤」でもあるのだが、耳に入ってくる最も中心的な意味はやはり「飽きない」であり、「結ぼほれ行く思ひ」が「飽きない」のである。

能〈玉葛〉において玉葛は、想い乱れる心の内側をあからさまに見せ、自由に動き回る。しかも恨みの感情を他者、すなわち光源氏にぶつけるという方法はとらない点に、この曲の特色がある。すべて自己の内面の問題

として、処理されているのである。この曲には玉葛と右近以外の固有名詞は、光源氏さえも、一つも出てこない。物語の説明はすべて間狂言に任せるというつもりなのか、あるいは、物語の説明など、観客には蛇足だと、禅竹は考えていたのか。

世阿弥は本説紹介の物語にこそ、夢幻能の面白さがあると考えているようだが、禅竹は物語紹介を目的として夢幻能を作っているわけではないのであろう。禅竹の興味はひたすら、物語の主人公の内面に向けられている。

四　一条兼良と金春禅竹

はじめに

与えられたテーマの「相承」という言葉を、「仏教ばかりか学問・芸能の広い分野に広がって、秘密独自の説、技能などを親から子へ、師匠から弟子へと伝授相承されるようになった。」という「伝授」とほぼ同義的に考えてみた。能という芸能、すなわち、パトロンである上流貴族達の前で演じられる能において、古典学がどのように反映しているのか、という視点から、一条兼良という室町期を代表する古典学者と、金春禅竹の関わりを考えてみたい。

金春禅竹は、世阿弥の娘婿であり、金春流の事実上の祖といえる人物である。問題とする時代は、世阿弥によって幽玄的歌舞能が大成された後、東山文化の形成期にあって、世阿弥を突き抜けた新しい魅力を持った能が作られた時代、いうなれば能作の爛熟期ということもできると考えているのだが、その中心的存在が、金春禅竹である。

禅竹の能のいくつかには、一条兼良の古典学の影響があって、それが新しい能を生み出す重要なきっかけとなっているのではないかということを、指摘したい。

一　兼良と禅竹の交渉

兼良と禅竹は、三歳違いの同時代人である。

兼良　応永　九年（一四〇二）～文明十三年（一四八一）

禅竹　応永十二年（一四〇五）～文明三年（一四七一）以前

禅竹は、彼のライフワークともいうべき「六輪一露説」の最初の完成形態である『六輪一露之記』に対して、兼良に儒教的立場から注を付けてもらっている。宗沅注成立の康正元年（一四五五）以前の時期である。これだけなら時の権力者であり、時代を代表する学識者兼良の注による箔付けという効果を狙っただけだとも考えられ、個人的な交渉があったか否かは定かではない。

しかし、一条兼良自身による『申楽後証記』（文明三年六月奥書）が、二人の個人的交渉関係のあったことを示している。

故金春大夫禅竺は近代の達者たりき。禅竺申侍りしは、異国本朝の故事、さるがくにしのこしたる事はすくなし。しかれども狭衣の能今にこれなし。大概をつくり下さるべきよしを申。此道に於て露ばかりも寸学を得ずといへども、所望もだしがたきによりて、朽木かたをかきつかはす所に、舞の手、ふゑの声にあわせて、所々添削して、正花風体となづけて返納せしを、応仁の乱に都をのがれ出し時、身にしたがへざりしかば、しらず灰とや成ぬらん、塵とやなりにけん。禅竺が嫡子元氏、箕裘を堕さず、色糸の妙をあらはせり。いつか又此道の事しるし申事あるついでに、後證のため一筆をかきつかはす所也。（『金春古伝書集成』）

禅竹の依頼により兼良が狭衣の能を作り、応仁の乱の時消失した由が記されている。

また次の二つは、息子の元氏と兼良の交渉を示す資料である。

◎『藤河の記』（新日本古典文学大系）文明五年五月二一日

かねては、枝村に泊るべしと定めしかども、とかくして日も暮れ方に成ぬれば、小野といふ所まで行て、その夜はさる小庵に一宿しぬ。今春太夫（七郎元氏、法名宗筠）、来逢て一声を出して羇愁を慰め侍り。

◎『粟田口猿楽記』（庶民文化資料集成）

永正第二仲呂中澣、於粟田口勧進猿楽之記。今春（八郎元安、法名禅鳳）、生年五十二歳。……細川讃岐守（細川成之）なをざりならず、此道の数寄にて侍る。……むかし今の物語申あひし程に、此道の事を申出されて、深秘のつたへなど、此一座に侍るよし申されき。故大夫宗寅（宗筠）故一条の禅閣後成恩寺殿へたづね申。又かしこき事どもうけ給はらせ給ひたる。邯鄲のうたひに、「よものかこめ」にてしかるべきとなむ。はじめは「よもの門辺」と侍し哉覧。うねめの「草木国土成仏」も、これは性宗の法門なり。相宗擁護の春日の明神にてわたらせ給ふなれば、うねめもさは申まじき言葉にても侍らんかしとあれば、言葉をとりかふるまでもなく、「たゞかりそめにうふるとも、神木とおぼしめして」よく侍らんと宗寅申し、などかたられき。

……

文明五年兼良の美濃紀行である『藤河の記』には、金春大夫（元氏）が旅先まで尋ねてきて、謡の一節を謡った由が記されている。二つ目は永正二年四月に行われた金春禅鳳（元氏の息子）の勧進能の記録である。細川成之がこの道の数寄者であることを伝える内容であるが、宗筠（元氏）が兼良へ謡の文句に関する相談をしていたことを伝える記事が含まれている。〈邯鄲〉「四方の門辺の玉の戸を」（6段［上ゲ哥］）を「四方のかごめの玉の戸を」と変更したのである。

これらから、元氏が兼良と個人的に親しかったことは明確であるが、それは父の禅竹時代からの継承であるに違いない。禅竹の一方的な接近、というよりも、兼良の方も、かなりの好意を禅竹に見せている。『猿楽後証記』の執筆は、懇望によるものであるとしても、「近代の達者たりき」という直接的な評価、つまり実際自分が禅竹の能を観て、そう判断しているという表現であり、狭衣の能を依頼に応じて書き下ろしたこと、応仁の乱でそれが消失したことを残念がる書きぶりが窺える。これらを総合的に考え合わせると、兼良と禅竹の間には、たんに面識があるとか、形式的な関係よりは濃密な関係があったのではなかろうか。

特に禅竹にとっては、当代きっての大学者であり、『源氏物語』の講義をはじめ『古今集』『伊勢物語』などの注釈活動も盛んに行っている兼良は、同時代人として無視できない大きな存在であったにちがいない。そのような兼良が出席している能会において、兼良の否定する学説に基づく能を、禅竹が平気で演じたであろうか。観客の好みに応じた曲目の選択が重要であることは、世阿弥も繰り返し説くところである。「古典芸能、無形遺産」という枠の中で演じている現代と異なり、観客至上主義は室町時代の能役者達にとって最も基本的なことであった。何事も観客次第、特に有力者、上流貴族の趣味嗜好に敏感に反応して、気持ちよく観能させることが重要である。

そうだとしても、一介の能役者が、いちいち学者の説を気にするはずはないというのが、一般の常識的反応であろう。

しかし、こと禅竹に関しては、そう簡単に片付けることは出来ない。『源氏物語』『伊勢物語』などの古典を読みこなし、藤原定家に私淑して、『拾遺愚草』を愛読し、鵜鷺系偽書と呼ばれる、定家に仮託した歌論書なども身近において自分の能楽論に応用していた禅竹である。広範で現実的な知識や言葉のセンスにおいては、世阿弥に劣っていたとしても、古典的教養では世阿弥を凌いでいる。世阿弥に比べて、学者的性向の強さに特色があったようだ。

特に今回は『伊勢物語』を題材とする禅竹関係の能における、諸注との関わりを、問題としたい。

それは、『伊勢物語』の注釈の歴史において、一条兼良の果たした役割の大きさのためである。兼良によって、注釈の方法は一変され、物語の読み方も大きく変化した。兼良以前、鎌倉期に記された荒唐無稽な「古注」に対して、兼良は、学問的正統性を重んじ、といっても室町という時代的制約のなかでではあるが、それでも基本的には牽強付会な解釈を否定して、『伊勢物語』本文のみから読みとれる解釈に力点を置いて、注を付けた。その際、藤原定家の説を非常に重視している点も注目される。以後兼良の流れを汲む室町期の注を「旧注」と呼び、江戸期の「新注」と区別するのが、定説のようである。

『伊勢物語』には、ページをめくるようにはっきりと、古注と呼ばれる鎌倉期の注に対して、一条兼良の『伊勢物語愚見抄』を始まりとする旧注の世界が存在する。その兼良の注釈作業、初稿本『伊勢物語愚見抄』（寛正元年奥書）、再校本『伊勢物語愚見抄』（文明六年奥書）と、禅竹の活動期が、ちょうど重なっているのである。

二　〈杜若〉の場合

金春禅竹作の可能性大とされる曲〈杜若〉から検討したい。記録上の初出は観世による寛正五年糺河原勧進猿楽である。

杜若の精がシテ、業平と高子の后の形見の冠・唐衣を着用し、伊勢物語の根本を語り舞う。特色は、古注の世界を色濃く反映していることであろう。

〈杜若〉（鴻山文庫蔵金春喜勝節付二番綴本）

5［問答］……（して）これこそは歌に詠まれたる唐衣、高子の后の御衣にて候へ、またこの冠は業平の豊の明の五節の舞の冠なれば、形見の冠唐衣、身に添へ持ちて候ふ也……又業平は極楽の、歌舞の菩薩の化現なれば、詠みをく歌の詞もみな、発心説法の妙文なれば、草木までも露の恵みの、仏果の縁を弔らふなり

［掛ケ合］……（して）仏事をなすや業平の、昔男の舞の姿、（わき）是ぞすなはち歌舞の菩薩の、（して）仮に衆生と業平の、（わき）本地寂光の都を出て、（して）普く済度、（わき）利生の（して）道に……

6［クリ］（同）抑この物語は、いかなる人の何事によって、思ひの露の忍ぶ山、忍びて通ふ道芝の　はじめもなく終りもなし。

［サシ］（して）昔男初冠して奈良の京、春日の里に知るよししてかりに往にけり、（同）仁明天皇の御宇かとよ、いとも畏き勅を受けて、大内山の春霞、立つや弥生の初めつ方、春日の祭りの勅使として透額の冠を許さる、（して）君の恵みの深きゆへ、（同）殿上にての元服のこと、当時其例まれなるゆへに、初冠とは申とかや。

［クセ］……かりに現れ、衆生済度のわれぞとは、知るや否や世の人の、（して）暗きに行かぬ有明の。（同）光普き月やあらぬ、春や昔の春ならぬ、わが身ひとつは、もとの身にして、本覚真如の身を分け、陰陽の神と言はれしも、ただ業平のことぞかし、……

実線部は古注を反映していると考えられる部分である。

①『書陵部本和歌知顕集』（片桐洋一『伊勢物語の研究　資料篇』明治書院　一九六九年）

鳥、そもそも、まづこのものがたりは、いかなりける人の、なに事を詮として、かきたりけるものぞ。……

この人は極楽世界の歌舞の菩薩、馬頭観音と申菩薩也。……

かの業平、馬頭観音として、この事を案じ給しに、小町はおなじく菩薩如意輪観音として、ともに議し給て、かれはたはれをとなり、是はたはれめとなりて、おなじ世にいで給へりし人也。

わざと次第不同にみだれたるすがたの物語にか丶んとしたるものがたりなれば、伊勢や日向といふ儀をもちて、伊勢物語とはつけたる也。……

②『伊勢物語』九段「唐衣」の歌

『冷泉流伊勢物語抄』（『伊勢物語の研究　資料篇』同前）

かきつばたといふは、人のかたみにいふ物也。されば二条の后の御事を御方見といはん為に、かきつばたと云也。……

（参考）『伊勢物語愚見抄』

古今の旅の部に入たり。かきつばたの五文字を句の初にすへてよめり。都の妻をこふる哥也。……

③『伊勢物語』一段「初冠」

『冷泉流伊勢物語抄』

十六の年、承和十四年三月二日に仁明天皇の内裏にて元服する也。……承知十四年一月三日（ママ）の祭の勅使に行也。……俄に二日業平元服せさせて三日ちよくしにたつる也。

（参考）『伊勢物語愚見抄』

うゐは初也。かうふりは爵也。五位のかうふりと云は、叙爵をいへば業平中将初て叙爵したる事をいへり。彼叙爵は仁明天皇御宇嘉詳（祥カ）六年正月七日とみえたり。……

『伊勢物語難義注』（『伊勢物語の研究　資料篇』同前）

むかし、ふかくさのみかどの御時、かすがのりんじのまつりを、なりひらうけ給て、大内よりれうのすがたにていでし時、すきびたいのかぶりを給はりし故に、ういかぶりといふなり。……もとより、わらはてんじやうして、げんぷくせしかば、うゐかぶりともいふなるべし。

右のように、古注の説を踏まえていることが明らかである。ところで、古注に対しての兼良の考え方、態度は愚見抄序文に明示されている。

『伊勢物語愚見抄』〔初稿本〕長禄四年（鉄心斎文庫本）ゴチック体は〔再校本〕文明六年（時雨亭文庫蔵本）

伊勢物語の末書に知顕抄といふは、大納言経信卿の筆作といひ伝たり。其にはあらで、又十巻の抄世間に流布せり。誰人のしわざとも知ず。相伝の家訓には随分の奥義とのみ思へり。ひそかに是を披見するに、来歴と引のせたる和漢の書典、一として実ある事なし。昔物語の本意を失なふのみならず、詞花言葉のたよりにも成がたし。末学の輩、努々信用すべからず。邪路に趣かん事疑がふべからず。

次にかの知顕集に、業平中将は馬頭観音、小野小町は如意輪観音の化身といへり。そのほかうろんなる事のみ也。これは後世に色このみの人の此道のかたうどにせんために、経信卿の名をかりて擬作せるにやとぞ覚侍る。まことにかの卿の筆作ならば、定家卿は見給はぬ事はあるまじきを、物語の名をはじめとして、一事もちひたる事見え侍らず。いとおぼつかなきこと也。故にこの抄もかならずしも規模とせざる者也。

此物語の名字に付て、いせが書たると云説あり。又在五中将みづからをのれが事を昔の事に書成たるといふ説あり。両説未一決。……

業平中将の通ひ侍る女は、をのづから物語の中に其名を顕し侍るは申に及ず、又代々の撰集などの中に、其哥に付てまゝ作者をのせ侍る事あり。然を近古の末釈に一々に其名を顕し侍る。いとおぼつかなきことなるべし。縦其世に生れあひたり共、かゝるみそかわざを遍く人しるべからず。いはんや数百年の後にをしはかりに云べき事は、縦名哲の口伝たりと云共、信用にたらぬ事成べし。

或説に業平は東へは下らず、此物語に東国の事（名所）を顕し侍るは、東山或都近き所にかたよ（別本ど）りて云といへり。是大成あやまりなり。東へ下たる事は、古今・後撰・大和物語などに文明にのせたる上は、是に過たる證拠あるべからず。

愚見抄の初稿本と再校本、またその中間形態の本も紹介されており、諸書本文の異同も多いが、注釈態度の基本線に変更はなく、より的確な表現へと推敲を重ねていると考えてよい。序文において、兼良は古注の説を否定し、定家の説を尊重することを言明している。

一方〈杜若〉は、何の疑問もなく、古注によって作られている点に特色がある。それはまた、観阿弥の演じた〈葛の袴〉も、そして世阿弥の傑作〈井筒〉も同様である点、世阿弥時代以前の『伊勢物語』に対する認識のあり方として、古注への興味というのが大きなウエイトを占めていたと点が注目される。

三　〈小塩〉の場合

『**蔭涼軒日録**』寛正六年九月二十五日の項に、将軍足利義政、春日若宮御祭見物のため南都下向の際、一条院にて、四座立会猿楽の記録が書かれている。

……仍四座申楽。今春・金剛・観世・宝掌。依観世有寵顧、第一番被抽之。其餘三座、以鬮定次第。金剛、宝掌、今春、仍如此也。各出寄、尤為壮観也。各勤三番、仍十二番、以後観世勤一番也。**今春、音阿弥、雖為老者各勤一番也**。四座四翁列舞、希代奇観也。中楽首尾十三番也。

同（十月）十七日

前二十五日四座申楽次第。一番観世、出雲トツカ。二番金剛、二見ノウラ。三番宝掌、浦島。**四番竹田大夫、小原野花見**。五番観世十郎、鶴次郎。六番金剛、クマンキリ。七番宝掌、打入ソカ。八番今春、梶原二度ノカケ。九番観世音阿、サネモリ。十番金剛、ナカラノ橋。十一番宝掌、星ノ宮。十二番今春、誓願寺。十三番音阿、ウカイ。以上。

「小原野花見」は〈小塩〉の原名で、この機会に禅竹による書き下ろし新作の可能性大と言われている。兼良は来ていないようだが、公卿四人、殿上人九人を含む大人数が将軍に祗候し（大乗院寺社大乗院寺社雑事記）、尋尊は十月二日に、御礼言上に参賀、その時は兼良とも対面している。

このような晴れの場で上演するための新作能〈小塩〉は、大原野の花見の場に花をかざした老人（前シテ、業平の化身）が現れ、『伊勢物語』七十六段の歌について語り、姿を消す。夜になって小塩の神でもある業平（後シテ）が姿を現し、昔の恋を懐かしみ舞を舞うが、夜明けと共に姿を消す。

特色は、古注の開陳のような趣は全くなく、耽美的な世界の描出に主眼を置いていることである。

〈小塩〉（鴻山文庫蔵吉川家旧蔵車屋本）

3［上ゲ哥］（同）都べは、なべて錦と成りにけり、〳〵、桜をおらぬ人しなき、花衣着にけりな、時も日も月も弥生、あひにあふ眺めかな、げにや大原や、小塩の山も今日こそは、神代も思ひしられけれ〳〵。

4［問答］（わき）……是は扨いかなる人のご詠歌にて候ふぞ（して）ことあたらしきおほせかな、是は大原の行幸に供奉し給ひし時、在原の中将業平の御詠歌ぞかし、忝なくも后の御身の昔を思ひ出て、神代のこととは詠みしとかや、申すにつけて我ながら、そら恐ろしや天地の、神の御代より人の身の、妹背の道は浅からぬ

（中略）

7［□］（わき）不思議や今の老人は、……扨は小塩の神の代の古跡、和光の影に業平の、花に映じて衆生済度の、姿現し給ふぞと

8［一セイ］（して）月やあらぬ、春は昔の春ならぬ、我が身ぞもとのみも知らじ。

［掛ケ合］……ありし神代の物語、おもひ出るや昔男の、心あらはすばかり也、（わき）あらありがたの御ことや、他生の縁は朽ちもせで、（して）契りし人もさまざまに、（わき）思ひぞ出づる（して）花も今……

9［クリ］（同）それ春宵一刻値千金、花に清香月に影、惜しまるべきはただこの時なり。

［サシ］（して）思ふこと言はでただにや止みぬべき、（同）われに等しき人しなければ、とは思へども人知れぬ、心の色はおのづから、思ひ内より言の葉の、露しなじなに洩れけるぞや。

［クセ］（同）春日野の、若紫の摺り衣、忍ぶの乱れ、限りしられずと詠ぜしに、陸奥の、忍ぶもぢずり誰ゆゑ、乱れそめにし、我ならなくにと、詠みしも紫の、色に染み香にめでしなり。又は唐衣、着つつ馴れにしつましあれば、はるばるきぬる旅をしぞ、思ふ心の奥までは、いさ白雲の下り月の、都なれや東山、これもまた東の、果てしなの人の心や。（して）武蔵野は、今日はな焼きそ若草の、（同）妻もこもれりわれもまた、こもる心は大原や、小塩に続く通ひ路の、行方は同じ恋草の、忘れめや今も名は、昔男ぞと人もいふ。

［（ワカ）］（して）昔かな。

〔序ノ舞〕

［ワカ］（して）昔かな、花も所も月も春、（同）ありし御幸を、（して）花も忘れじ、（同）花も忘れぬ。

［ノリ地］（して）心や小塩の、（同）山風吹き乱れ、……木の本ながら、まどろめば、桜に結べる、夢か現か、世人さだめよ、〳〵、寝てか覚めて、春の夜の月、曙の花にや、残るらん。

伊勢注との関係では、古注特有の説を踏まえることを示す実線は無く、兼良注とは重なる点線のみである点注目される。古注に特徴的な、様々な人との契りを列挙して、誰と何時と言うような情報が皆無である。『伊勢物語』原典を直接踏まえていると言うことも可能なほどである。そして、それは愚見抄と矛盾しないということが、重要な点である。

たとえば9段［サシ］は、一二四段「おもふ事」の歌の解釈に関わる部分である。

『書陵部本和歌知顕集』

これは、業平やまうにわづらひて、いまはかぎりなめりとおもひて、としごろ秘してもちたりつる武内の仙宮の三巻の坊内集をやきすてんとしける時、かくはよめりける也。……業平しにてのち、伊勢が業平の家集にもかきいれ、伊勢物語にもかきいれたる也。

『冷泉家流伊勢物語抄』

好色和哥の深義をおもへば、我にひとしき人なければ、思ふ事をいはでやみなんといふ也。是も三つの秘事の内也。好色わが深秘をいはで、たゞやみぬるとは、推してこそたれもある覧。別に秘事有と聞へたり。

『伊勢物語愚見抄』

此歌を秘密玄極の事と云人有。皆例の誤也。中将の心何事としりがたし。心中におもふ事も、きゝしるべき人なければ、いはぬならひ也。これは、朝夕のことぐさ、又、教内教外の道にいたるまでも知音にあはねば、いはれぬもの也。中将の心、何事としりがたし。それを房内秘密の術など釈せる説あり。大なるあやまりなり。なに事と条目をいふ程ならば、はや人にもいひきかせたるになりぬ。さるにとりては、物語にも、しか〳〵のいはれをかくべきか。かきあわはさぬにてしりぬ。えもいはぬ事なるべし。慈鎮和尚歌、おもふ事などゝふ人のなかるらんあふげば空に月ぞさやけきとよみたまへるも、此物語の歌をおもへるにや。

古注では、「漏らしていない別の秘事がある」と解釈するのに対して、愚見抄では「特別な何かが存在するわけではないが、その時々の中将の心が推しはかりがたい」と解釈する。〈小塩〉は「自分としては、人には理解されがたいから、言葉にするのは止めようと思っていたが、心の色は自ずと現れて、世の中にも知れるようになった」という立場である。特別な何かを隠しているのとは違う。その点、愚見抄よりの立場と言えようか。

ところが7段の、長短の点線部は、業平を小塩の神として、衆生済度の姿を現すとする。歌舞の菩薩の化現（前出①二九六頁）という古注の立場に通じる設定ではある。しかし〈杜若〉のように古注にぴったりと添って、陰陽の神としての業平を描くのではなく、花の精のような業平であり、古注色は極力反映させない配慮が読みとれるのではなかろうか。

兼良が見ても、不快感を持たない配慮と言っても良い。

結論

『伊勢物語』の能と言えば、それ以前は、牽強付会な古注色濃厚、あるいは古注の開陳を目的としていた。珍しくて大切な説を敢えて能として紹介する価値である。愚見抄序にも、兼良も、読むまではそう思って重んじていたと記されているように、一般的に古注ということで、重んじられていたにちがいない。

ところが〈小塩〉は摩訶不思議な秘伝の開陳という『伊勢物語』関係の能の持っていた役割から解放され、業平個人の人格的特色（恋多き男、色好み、雅びな人、心あまりて言葉足らず）が注目され、それが桜の花とイメージ的に重ね合わされることによって、美しい男の、優美な能、しかも『伊勢物語』本来の姿である、雅な世界を見せてくれる新しい『伊勢物語』の能が誕生している。なぜそれが可能になったかといえば、そこに兼良の影響力を感じるのである。

兼良が不快感を持たないように、との配慮かもしれないし、尊敬する兼良が否定する古注を禅竹も採用したくなかったのかもしれない。これこそ『伊勢物語』の正しい読み方であると考え直したのかも知れない。

禅竹の兼良への傾倒ぶりを思わせるもう一つの事例として、定家尊重の態度がある。兼良の愚見抄では、殊の外定家がどう言っているかを重んじているのである。禅竹の定家びいきは有名であるが、そのきっかけを作ったのが、兼良である可能性も考えられよう。

「禅竹の能は曖昧である。何を主張したいのか具体性がなく、ベールで覆われたような、朦朧とした世界である。つまりは世阿弥よりも明らかに劣っている。」というのが、おおむねこれまでの禅竹評価であった。『伊勢物語』古注の世界から見れば、〈小塩〉も同様であろう。しかし、『伊勢物語』関係の能の中での〈小塩〉の存在は、世阿弥と禅竹の拠って立つ世界が、すでに異なっていることを感じさせる。二条良基をはじめとする北山文化と、一条兼良の東山文化、その時代的な違いが顕著に現れた一例が、『伊勢物語愚見抄』であろう。禅竹は兼良との交渉のなかで、いちはやくその変化を摂取し、自作の能に反映させたのではあるまいか。禅竹の教養を再評価する必要があると考える。

兼良の新しい『伊勢物語』の読みの影響下にあるのではないかと考えられる、もう一つの能が〈雲林院〉である。

世阿弥自筆能本と、現行諸流（金春以外）で演じている形と二通り存在する。自筆本では、『伊勢物語』の秘伝を聞くために、芦屋の公光が雲林院を訪れて、業平の化身の老人と出会う。やがて二条の后と藤原基経の霊が現れ、「鬼一口」の場面を再現する。一方現行形では、後場に業平の霊が現れて、古を物語って舞を舞う。自筆本が非常に明確に古注の世界を描いてみせることを目的としているのに対して、現行形は自筆本のきわめて具体性のある古注色を払拭し、古注・旧注のどちらにも対応しうる柔軟性を見せている。この改作に関しても禅竹の関与が考えられるが、紙面の関係上、詳しい検証は、別の機会に譲りたい。

＊本稿は平成一四年度中世文学会春季大会シンポジウム「中世文学と相承――南都における学芸――」（二〇〇二年五月二五日慶應義塾大学）における講演をもとに、論文として書き下ろしたものである。

五 〈定家〉と『百人一首』

世阿弥の娘婿であり、世阿弥の「歌舞幽玄能」、すなわち「歌と舞を中心的見せ場に据えて展開する優美な能」の発展的継承者でもある金春禅竹に関して、次節の「〈姨捨〉の作者」と連続で、二つのことを提案したい。両者は別々に論じるが、いずれも禅竹の和歌的世界との関係に関する論考であるという点では、繋がりがある。禅竹が藤原定家に私淑し、作能の際に『拾遺愚草』からも多く歌を引用していることや、能楽論にも定家作に擬せられて当時比較的よく流布していた『三五記』などを参照していることが知られているが、禅竹と和歌の関係は、さらに濃密であった可能性がある。

一 〈定家〉の曲舞

禅竹作の能は、世阿弥と違って同時代の確実な作者に関する資料が存在しないので、後代の作者付や内部徴証などから、総合的に判断して認定する方法が取られている。その中でほぼ確実に禅竹作と考えられているのが〈定家〉である。

〈定家〉は、藤原定家と式子内親王の恋の物語である。旅の僧（ワキ）が定家の時雨亭を訪れると、里女（前シテ）に声をかけられる。女は蔦葛に纏われる石塔に案内し、それが式子内親王の墓であり、定家の執心が死後に葛となって纏わり付いているのだと言う。そして二人の恋の物語を語り、供養を願うと、自分が式子内親王であると告げて、姿を消す。僧が薬草喩品を読誦すると、蔦葛が緩んで、そこから式子内親王の亡霊（後シテ）が姿を現して舞を舞うが、やがてまた蔦に捉えられ、墓そのものが蔦葛に埋もれて見えなくなる。

式子内親王は後白河天皇第三皇女で、賀茂の斎院として十年間奉仕した。定家とも歌を通じて交流はあったが、身分の違いや十三歳年長であることから、現実的には二人の間に恋愛関係はあり得ないと考えられているが、『源氏物語大綱』などに見える、式子内親王と定家の忍ぶ恋の物語を本説として作られている。醜聞めいた噂話的題材ではあっても典拠があり、全くの作者の創作であるとは言えない。以下に『源氏物語大綱』「真木柱」を掲げておく。

> ある物語に、式子内親王に定家の卿、心をかけて忍び契り給ふを、後鳥羽院聞し召して、内親王を召して、大いに誓ひをさせ給へり。内親王明くるより契るべからずとて誓文をたて、さて、その暮に内親王、定家卿へ、
>
> 　ながらへて明日まで人は辛からじこの夕暮に訪はば訪へかし、
>
> 御門の前にて、誓ひをたつる程に、明くるより参り逢ふべからずといふ歌なり。その暮に、定家卿来り給へば、内親王手をとり、涙をはらはらと流し、面をも胸に押しあて、くだんの意趣を語り給へり。この思ひがはじめとなりて、定家卿後に死せり。内親王も果て給ふ。されば定家の卿の思ひ、かづらとなりて、内親王の墓をとり巻き給へりとなり。（稲賀敬二『中世源氏物語梗概書』中世文芸叢書2、一九六五年一月、私に校訂）

能には後鳥羽天皇によって妨げられたことや、内親王の歌は紹介されていないが、概ねこのような素材が踏まえられて作られている。ごく短い恋の顛末だけが伝えられているので、これを基に本説紹介の物語を作る場合には、かなり作者が手を入れ、肉付けする必要がある。

前場四段の曲舞（クリ・サシ・クセ）が、本説紹介の物語である。少し長いが全体を掲載する。

［クリ］（地）忘れぬものをいにしへの、心の奥の信夫山、忍びて通ふ道芝の、露の世語り由ぞなき。

［サシ］（シテ）いまは玉の緒よ絶えなば絶えねながらへば、忍ぶることの弱るなる、心の秋の花薄、穂に出で初めし契りとて、また離れがれの中となりて、（シテ）昔は物を思はざりし、（地）後の心ぞ果てしもなき。

［クセ］（地）あはれ知れ、霜より霜に朽ち果てて、世々に古りにし山藍の、袖の涙の身の昔、憂き恋せじと禊せし、賀茂の斎きの院にしも、そなはり給ふ身なれども、神や受けずもなりにけん、人の契りの、色に出にけるぞ悲しき。包むとすれど徒し世の、徒なる中の名は洩れて、よその聞こえは大方の、そら恐ろしき日の光、雲の通ひ路絶え果てて、少女の姿留め得ぬ、心ぞ辛きもろともに。（シテ）げにや嘆くとも、恋ふとも逢はん道やなき、（地）君葛城の峰の雲と、詠じけん心まで、思へばかかる執心の、定家葛と身はなりて、このおん跡にいつとなく、離れもやらで蔦もみぢの、色焦がれ纏はれ、棘の髪も結ぼほれ、露霜に消え返る、妄執を助け給へや。

未だに忘れられないという感慨から始まる恋の思い出語りで、最後は定家の執心が蔦葛となって墓に纏わり付いて離れず、この世に執心が残って成仏できないので供養して欲しいと願って終わる。

［クリ］は、『伊勢物語』一五段

信夫山忍びて通ふ道もがな人の心の奥も見るべく

の引用（一重線部）から始まる。禅竹は［クリ］を、全体を総括する内容で始めることが多いが、この場合も「露見してしまった忍恋の物語なんて、詰まらないですが」と、よく知られた古歌を冒頭において、派手と言ってよいような始め方である。

［クリ］も含めて曲舞を取り出して、和歌の引用部分に傍線を引いてみると、様々な和歌の引用によって全体が展開していることが理解できる。特に［クセ］の最初と後半の恋物語の締めくくりに、次に掲載する『拾遺愚

草』所収の定家の歌二首を、ほぼ完全に引用している（波線部）のは、定家の物語であることを印象づけるためであろう。

　哀れしれ霜より霜に朽ち果てて世々にふりぬる山藍の袖

　嘆くとも恋ふとも逢はん道やなき君葛城の峰の白雲

このために、曲舞全体が定家の立場からの物語とも解釈できるという見方をされることも多い。(1)しかしこの曲舞における重要な特色は、世阿弥であれば第三者的立場を貫いて、客観的に本説紹介の物語に徹するのに対して、「妄執を助け給へや」と、自分自身の救済を願う言葉で締めくくられており、いつの間にか、本人の独白的な語りへと移行していることであろう。この傾向は〈玉葛〉などにも見られ、禅竹の能作上の特色と考えてもよいであろう。(2)とすれば、式子内親王の立場で、定家との苦しい恋を物語るという目的で作詞されていることは明らかである。

　シテの一人称的な恋物語を作詞する際に、どのような素材を選択し、組み合わせるか。〈定家〉の場合、美しい文章で綴られた古典作品が存在する訳ではない。掲載した曲舞を改めて眺めてみると、面白い傾向に気づく。人口に膾炙した和歌が七首引用されて、それらを中心に展開しているということである。(3)その他にも歌語や慣用歌句、和歌的修辞が認められるが、すぐそれとわかる歌の引用ということに限定すると、傍線を付した七首であろう。

　物語の中心的存在である［クセ］の最初と最後を飾る二首は定家の歌であり、しかも『拾遺愚草』という定家の私家集からの引用であるから、定家を崇拝する禅竹らしいマニアックな引用といえよう。

それと対比させるように、［サシ］は式子内親王の代表歌から始まる（二重傍線①）。

　玉の緒よ絶えなばたえねながらえばしのぶることのよはりもぞする

なのであろう。

『新古今和歌集』恋一　一〇三四の歌で、選者五人とも選んでいるので、当時から名歌として評価の高かった歌

百首歌の中に、忍恋を

という詞書きがなくても、「忍恋」の苦しさを真正面から読み据えたような内容で、命を賭けるほどの真剣さがあってはじめて純粋な恋といえるのだと覚悟を決める、直球勝負のような歌で、そこに作者の人柄を重ねてみたくなる。いよいよ物語の内容に入る最初に用いる、きわめて意図的な選歌といってよかろう。それに続けて、秘めていたのに露見してしまって仲が絶えたことを訴え、二重傍線部②へと展開する。

逢ひ見ての後の心にくらぶれば昔は物も思はざりけり（『拾遺和歌集』恋二　七一〇　権中納言敦忠）

逢えなくなって後の心痛を、歌を上手く利用することで、わかりやすく、しかも共感を得やすいよう工夫されている。［サシ］は、忍恋の苦しさ、しかも式子内親王という特殊な女の特殊な苦しさを的確に表現することに成功している。その要因はこの二首の引用であろう。式子内親王の歌はシテの代表歌であるのだから当然かも知れないが、敦忠歌はなぜ利用されたのであろう。共感を呼ぶ、人口に膾炙した歌でないと、あまり効果的ではない。そこで気づくのが、二首とも『百人一首』入集歌であるということである。だから現代人は、二首ともよく知っている。式子の忍恋の苦しい心情を、親しみのある二首の歌によって、たやすく理解できる。

敦忠歌は『古今和歌六帖』や『拾遺抄』の段階では後朝の歌として解釈されていたようだが、『拾遺和歌集』以後に「逢不逢恋」の歌と解する説が濃厚になり、〈定家〉においても、その形で利用されている。また、波線部は室町中期以降の書写・注釈の過程で「昔は物を」の本文が生じたらしく[4]、本曲でもそれを踏襲しているから、『拾遺和歌集』から直接の引用ではあるまい。

そこで［クセ］を見てみると、もう二首、『百人一首』所収の歌が引用されていることに気づく。二重傍線③

と④である。

③しのぶれど色に出でにけり我が恋は物や思と人の問ふまで（『拾遺和歌集』恋一　六二二　平兼盛）

④天つかぜ雲の通ひ路ふきとぢよをとめの姿しばしとゞめむ（『古今和歌集』雑上八七二　良岑宗貞）

③は「色に出でける」と一句のみの利用であるが、忍恋が露見したことを効かせるために、この一句で一首全体を導入しているとみるべきであろう。有名な天徳四年内裏歌合の歌ではあるが、『百人一首』所収の歌でもある。④は、「手立がなくなって会えない」ことを、「雲の通い路」が「絶え果てて」、「少女の姿」を「留め得ぬ」と表現する。この歌の存在によって意味が取りにくくなっており、意味上では引用の必然性が感じられない。[5] むしろ、後場の舞が

9［哥］……ありし雲居の花の袖、昔を今に返すなる、その舞ひ姫の小忌衣

と、五節舞のまねをするという設定であることに響かせている可能性が高い。とすれば、五節舞の舞姫の姿をしばし留めたいという引歌そのものを聞き取って、そのイメージを受け止めさせたい意図があると解釈すべきであろう。島津忠夫氏は、「この歌は、『和漢朗詠集』にもとられ、古来有名な歌であったが、……百人一首にこの一首が取り上げられて、特に有名になってくるのである」と述べておられる。[6]

最後に残った一重線部は、『古今和歌集』恋一　五〇一の

恋せじと御手洗河にせしみそぎ神は受けずぞなりにけらしも

を引用している。御手洗川における禊ぎの歌で、斎院であった式子内親王との関連で引用したことは明白であろう。

以上のように、「露の世語り」（［クリ］末尾）の内容である［サシ］［クセ］は、定家と式子内親王に関わりの深い波線・一重線・二重線①の和歌と、関係のない②③④の歌で構成されている。そのような歌群の中で『百人一

首』所収歌（①～④）の存在することには、特別な意味があるように思える。『百人一首』所収歌であることを積極的に評価すれば、全て二人に関連する歌が選ばれていることになるのである。[7] 本説として具体的な物語のない〈定家〉において、本説紹介の物語の段を作るために、定家に関連ある多くの和歌を引用し、疑似本説の世界を構成しようとしたのであろう。これは世阿弥が『三道』種の項で言及している「作り能」の手法に共通する。

【『百人一首』の流布状況】

拙著「対訳で楽しむ〈定家〉」[8] では、この特色を重視して引用歌に「百人一首所収」と注記を入れたが、その時点では『百人一首』の流布状況を考慮していなかった。禅竹が『百人一首』[9] を見ている可能性はあるのか。あるいは、観客は、定家の撰した『百人一首』から多く引用されていると理解しながら〈定家〉を鑑賞し得たのかという問題が生じる。

『百人一首』の成立、流布に関しては不明な点が多く、未だに解明されていない部分が多いらしい。近いところでは『国文学　解釈と教材の研究』（学燈社　二〇〇七年十二月臨時増刊号）が、「百人一首のなぞ」という特集を組み、その中で錦仁・江橋崇・島津忠夫・鈴木元氏らが、様々な角度から現時点での研究上の謎の所在がどこにあるのかを論じている。

『百人一首』が藤原定家の手になることは現代では定説なのだろうが、成立の方法はともかく、どのように流布していったのかは、不明な点が多いらしい。『日本歌学大系』（風間書房）所収の『井阿抄』には「（附　桐火桶抄）」が末尾に納められており、その中に

百人一首とて上古以来歌仙百人を定家卿えらばれて候

との一文が見られる。「百人一首」という固有名詞が使用されている例としては、早い時期ではないかと思うが、これに関して井上宗雄氏は

静嘉堂本井阿抄脱漏・彰考館本水蛙眼目に付されている桐火桶抄は、偽書桐火桶が定家撰でない事を指摘した小冊であるが、久曽神氏は偶然付せられたもので、井阿抄とは別本、頓阿作かどうか決し難いという。石田氏（藤原定家の研究）・釘本久春氏（群書改題第九）・風巻景次郎（和歌文学大事典）は頓阿の作としている。頓阿の作なら桐火桶制作の下限として重要資料となるが未だ速断できない[10]。

とされる。さらに『百人一首』に関しては

百人一首が文献に現れる最初は頓阿の井阿抄雑談の跋の部分の一文で、「嵯峨の山荘の障子に、上古以来の歌仙百人のにせ絵を書て、各一首の歌をそへられたる」云々とある（もっともこれを後人の偽作と考える立場もある）。……次は応永十三年仲夏藤原満基と末にある注釈で（書陵部に筆跡本と思われるものを蔵する）、ただしその内容は宗祇抄と殆ど一致している。宗祇抄は常縁の聞書で、文明三年のものである事はいうまでもない。

……

全くの推測にすぎないから、現在見る満基奥書注釈や宗祇抄のもとになったものが頓阿のものであるとは断定できないが、百人一首に関する諸文献がすべて頓阿に帰着している所からみて、頓阿が百人一首の注釈に何らかの形で関与している事は認められるのではないかと思う。

と、頓阿の関わりの可能性大であることを述べた上で

ただ何れにしろ百人一首が二条派の権威を高めるのに都合のよいものだ、と気づいたのは宗祇である。

と、室町後期から始まる『百人一首』の流行は宗祇が仕掛けたとされる。吉海直人氏も、「古注は概ね定家の権威を背景とする二条流の注であり、頓阿の注を幻視しつつ[11]」と、同様の見解を示しておられる。宗祇以後の註釈の資料やその研究は多く見られるが、それ以前については、推測の域を出ない。しかし頓阿が何らかの関わりを持って『百人一首』の流布に貢献していたというのが、現在の定説であろうか。

金春禅竹は応永一二年（一四〇五）～文明二年（一四七〇）ごろの人で、宗祇の応永二八年（一四二一）～文亀二年（一五〇二）と、活躍時期は一応重っている。頓阿ごろから『百人一首』が流布し始めたとするならば、定家の撰集と知って『百人一首』に注目しないはずはなかろう。宗祇以前のことが曖昧模糊としている『百人一首』を、大和を中心に活動する猿楽者が手にすることが出来、それを利用して能を作っているとすれば、これは『百人一首』の流布に関する考察に一石を投じることになろう。

当時一般の観客達が、四首の歌の引用から誰でも『百人一首』を連想することを期待して作詞したとは考えられない。素材を選ぶための参考資料として利用したということなのであろう。しかし、演能の主賓への配慮という観点から、もう少し積極的に考えるならば、藤原定家を題材とした能を見ていて、見せ場に『百人一首』から多く歌が引かれていることに気づける人、気づいてそれを喜ぶ人も居た時期なのではなかろうか。二条派の和歌に通暁していて、最新情報を知りうる立場にある人物、例えば禅竹と交流のあった一条兼良などであったら、〈定家〉に『百人一首』所収歌が複数あることに興味を引かれるのではないだろうか。想像の域を出ないが、特殊な観客にだけの限定的なサービスとしては、面白い仕掛けとなろう。江戸期以後『百人一首』はかるたとして普及し、百首を暗記して楽しむことが浸透した。それによって、〈定家〉の楽しみ方の一つに、本説紹介の物語の中に、『百人一首』を発見するという要素がプラスされたことは事実である。禅竹が仕掛けたか否かは判断できないが、そうなっていることは事実である。

二　禅竹の作詞法

禅竹が『百人一首』をもとにしている可能性のあるもう一つの作品が〈玉葛〉である。前シテ登場の段の［上ゲ歌」、舟人姿の女（玉葛亡霊の化身）が、身の感慨を嘆く場面で、二首の引用がある。

身の程は、なほ浮き舟の楫を絶え、綱手悲しき類いかな

（傍線部）由良の門をわたる舟人かぢをたえゆくゑもしらぬ恋の道かも（『新古今和歌集』恋一　一〇七一、曾禰好忠）

（点線部）世の中は常にもがもな渚こぐ海人の小舟の綱手かなしも（『新勅撰和歌集』羇旅五二五、源実朝作）

「楫を絶え」「綱手悲し」と二種類の歌句を引用し、それぞれの本の歌の世界全体を踏まえて「身の程」がその「類い」であるとする。ごく一部しか引用されていないが、引かれている歌を連想できないと（特に「綱手悲し」）、正確には何を言っているのか理解できないような作詞である。[12]換言すれば、この謡を聞くと観客はすぐに、本の歌を連想できるはずだという信頼感があって、このような作詞になっているのだろう。そしてこの引歌も二首とも『百人一首』所収歌なのである。

〈定家〉や〈玉葛〉の例を見ると、禅竹はあたかも『百人一首』に撰集された歌ならば、他ならぬ定家が自ら選んだ有名な秀歌ぞろいだから、どれをどのように引いても、即座にその歌だと皆理解するに違いないと信じて利用しているように見える。百歩譲って単に便利なアンソロジーとして利用しているに過ぎないのだとしても、禅竹は定家撰と理解して『百人一首』を持っていた可能性が高いのではなかろうか。禅竹にはアンソロジーを手軽に利用する傾向がある。例えば〈熊野〉における『断腸集抜書』からの引用[13]や、〈小塩〉［クセ］で『伊勢物語』の有名歌を次々引用する手法である。

注

（1）岩波日本古典文学大系『謡曲集下』〈定家〉備考など。

（2）拙著『歌舞能の確立と展開』「禅竹の物まね論」（ぺりかん社　二〇〇一年二月）参照。

（3） 和歌の利用に関しては、今井孝子が「謡曲『定家』の歌結び考（『論究日本文学』二〇〇八年一二月）に詳述されている。

（4） 有吉保、講談社学術文庫『百人一首』（一九八三年一一月）によると、『拾遺集』諸本や、定家の『二四代集』、定家の筆跡を集めた小倉色紙（『集古十種』所収）には「昔は物も」とあり、これが原形であるが、室町中期以降の書写・注釈の過程で「昔は物を」の本文が生じたとされる。

（5） （注2）「舞歌二曲を本風とする現在能」参照。

（6） 角川ソフィア文庫『新版百人一首』（二〇〇六年八月）

（7） ②〜④を敢えて選ばなければならない理由はあるのだろうか。③は有名な「天徳四年内裏歌合」で壬生忠見の歌と番えられ、後日談が『沙石集』に収められている有名な歌ではあるが、能での引用は〈定家〉が早いようである。④は〈定家〉以前では、〈泰山府君〉で使用されている以外は使用例が無い。②については、能において使用の前例がない。つまり四首とも、能の慣用歌ではない。また『三五記』など禅竹が見ていた定家偽書などにも所収されていない。

（8） 檜書店 二〇一〇年一月。

（9） 『百人一首』と前後して成立している『百人秀歌』は、伝本が冷泉家・書陵部など三カ所にしか伝わっていないので、この場合は考慮する必要はなかろう。

（10） 『中世歌壇史の研究 南北朝期』（改訂新版 明治書院 一九八七年五月）

（11） 『百人一首注釈書目略改題』（和泉書院 一九九九年一一月）

（12） 点線部に関して「みちのくはいづくはあれど塩釜の浦漕ぐ舟の綱手かなしき」（『古今和歌集』東歌一〇八八）も該当するという指摘もあるが（岩波日本古典文学大系『謡曲集下』補注11）、ここは「身の程」のたとえに用いている歌句であるので実朝歌に特定出来る。詳しくは（注2）「禅竹の歌語意識」参照。

（13） 伊藤正義「作品研究「芭蕉」（『観世』一九七九年七月号）

六　〈姥捨〉の作者

三老女の一曲として江戸期以降最も重く扱われている〈姨捨〉（金春・喜多流は「伯母捨」）は、『申楽談儀』の次の記事によって、世阿弥時代に存在したことが確実であり、複式夢幻能の形に則っているので、世阿弥作の可能性が高いと考えられている曲である。[1]

　姨捨の能に、「月に見ゆるもはづかしや」、此時、路中に金を拾ふ姿有。申楽は、遠見を本にして、ゆくやかに、たぶたぶと有べし。然を、「月に見ゆるもはづかしや」とて、向かへる人に扇をかざして、月をば少も目にかけで、かい屈みたる体に有ゆへに、見苦しき也。「月に見ゆるも」とて、扇を高く上げて、月を本にし、人をば少目にかけて、をぼをぼとし、し納めたらば、面白風成べし。

この一文が入っているので、世阿弥が関係したことは明らかであり、これを主たる根拠として、世阿弥作だろうと考えられているのである。

しかし、筆者は禅竹作ではないかと考えている。『申楽談儀』の奥書である永享二年（一四三〇）に、禅竹は二六歳である。世阿弥の娘婿で『六義』や『拾玉得花』の相伝を受けた応永三十五年、二十四歳の時にはすでに世阿弥と婚姻関係にあったであろうと考えられている。[2] また現存する世阿弥自筆能本のうち、生駒の宝山寺に所蔵される七本（臨模本〈弱法師〉、久次本〈知章〉も含む）は、禅竹に相伝されたと考えられるものであり、奥書のない〈柏崎〉を除いて、全て応永三十年から正長二年の六年間の年記を持つ。特に〈江口〉は、料紙裏側左端の曲名の下に「金春殿」と宛先を明示されている。おそらく禅竹は幼少のころから世阿弥に親しく指導を受けており、十代後半には、伝書や能本も相伝されていたのであろう。二十六歳は若いが、能作ができない年齢ではない。以下禅竹作の根拠とする理由を挙げて、検討したい[3]。

一　本説処理の方法

まず〈姨捨〉のあらすじを少し詳しく紹介する。

八月十五日、旅人（ワキ）が、名月を眺めようと、信濃の国姨捨山へやって来る。どこからともなく現れた里の女（前シテ）に、旅人が昔姨捨のあった場所を尋ねると、「わが心慰めかねつ更科や姨捨山に照る月を見て」と詠んだ人の旧跡ならば、この桂の木陰だと教える。女は、自分が捨てられた老女であり、仲秋の名月の夜毎に執心の闇を晴らそうと現れるのだと言って姿を消す。旅人は里人（間狂言）に姨捨伝説を尋ね、老婆の亡霊と出会ったことを知る。夜も更ける頃、月光に包まれて、白衣の老女（後シテ）が姿を現す。月を讃え、在りし昔を偲んで静かに舞う。懐旧の思い止みがたく呆然とたたずむ老女。白々と明るくなった朝の光の中で、その姿が旅人の目には見えなくなって、旅人は帰路に着き、老女は一人取り残されて、また姨捨山となってしまう。

『古今和歌集』雑上八七八、題知らず、読み人知らずの歌

わが心なぐさめかねつ更科やをばすて山にてる月を見て

をめぐって、古来様々な伝説が生まれた。歌の意味するところは、「更級の姥捨山に美しく輝く月を見ていると、自分で自分の心を慰めかねる」という内容であるが、どうして「我が心」を「慰めかねる」のだろう。月が美しすぎるせいか、都から遠く離れた地にいるからなのか、それとも「姥捨」という残酷な行為のせいなのか、判然としない。またこの歌を詠んだ場所はどこなのか。姥捨山を他の場所から眺めているか、姥捨山に居て詠んでい

るか、歌だけではやはり特定することができない。題知らず・読み人知らずで、そこから類推することもできず、この歌は意味するところが曖昧なのである。反面、曖昧であるだけに、想像力をたくましくできるという魅力がある。あまりにも美しい月は、その美しさ故に、もの悲しいような、切ないような、不思議な気分をひき起こす。月を前にして去来する様々な物思い、そのような割り切れない心の動きに、「姥捨」という地名を結びつけて、様々な物語が作られたのだろう。

主な姨捨の物語は、二系統ある。一つは『大和物語』『今昔物語集』などに所収の話で、甥が嫁にそそのかされて、世話になった伯母を山に捨てた後、その山の頂から美しい月が昇るのを見て、一晩嘆き悲しみ、この歌を詠んだとする話が所収されている。甥は結局捨てたことを後悔して、伯母を迎えに行く。もう一つは『俊頼髄脳』で、姪が伯母を捨てた話として紹介される。八月十五夜の月が澄み渡る中、姪は伯母を騙して山に連れて行き、置き去りにする。伯母はそこで美しい月を一晩中眺め暮らし、この歌を詠んだとされる。能は『俊頼髄脳』の話に近いとされている。

ここで注目したい点は、姨捨伝説について一切シテには語らせていないということである。姥捨山の地で老女が歌を詠んだという設定である点から見て、『俊頼髄脳』系の素材を踏まえているらしいことが判断できるだけで、誰にどうして捨てられたかなどの経緯は、全く説明されない。具体的な物語の内容紹介は、間狂言に一切ゆだねられているのである。当時の観客は、姨捨伝説と言えばどういう内容を指すかははっきりわかっていて、疑問の余地がないので、説明する必要がないと考えていたという、可能性がないわけではない。しかし実際には当時よく知られていた『大和物語』と『俊頼髄脳』の二系統の話形が存在するのであるから、どこかで物語を説明しなければ、どういう話なのか、具体的なことはわからないということになる。

現存する間狂言はやはり二系統有り、現存最古の間狂言資料である大蔵流の『貞享松井本』では、次のごとくである。

……彼在所にとある夫の御座候へしが。……彼者の姨不便に思ひ。親のごとくに養立てやういく仕候へしが。……彼者の女此おばをあながちににくミ男に申やう。我いと心ぼそくて居たりしに。あの姨のおひかゞまり、こゝろさがなく悪敷由云て。……深き山に捨給ひて。心やすき目を見せさせたまへとせめけれ共。養立てくれたる親の事なればおとこ同心せず。女腹をたてゝいたく云ける間。さあらバすてんとおもひて。月のあかき夜に。姨ごぜんいざゝせ給ひ、あの山の奥へ阿弥陀の御ふりにて。きせんくんじゅをなしおがミたつとミ候間。拝ませ奉らんと云けれバ姨ハ誠と悦。いそぎつれて参給へと云程に。其まゝ山につれて入。かぎりもなく高き山の。あらぬさまなる所に捨て帰りぬ。彼姨前後もわきまゑず。我をば捨置たるかなさけなの事やとて。なげき候へども是非に及ぬ事なれば。終に其所にて空しくなり執心の石と成て。姨石とて爾今御座候。又有る歌にも、わが心……と。御座候よし承及て候。……（能楽資料集成16）

亡くなって石になるという形は、現行大蔵流も継承している。説話として現在は伝わっていないが、そういう話も伝承されていたのかも知れない。和泉流では、盲目の伯母を騙して、山頂の桂の木の下にある石が有り難い阿弥陀仏だから拝みなさいと、置き去りにして逃げ帰り、亡くなったかどうかは語られない。

姨捨伝説には様々な話形があり、観客もどの話を元にして見たらいいのかがわからないはずで、間狂言の役割は非常に重くなっている。現代においても、どちらの間狂言を選択するかで、かなり踏み込んだ解釈をすることになる。

一方世阿弥は、どういう物語世界を持っているかを、シテに語らせたいという欲求の強い作者である。本説を持つ夢幻能では、どの曲でも例外なく、シテの物語の段で、本説とされる典拠の物語が紹介される。詞章をそのまま引用する場合もあるが（〈実盛〉など）、物語の要点を要領よくまとめて、独自の観点から説明し直して紹介する場合も多いし〈敦盛〉〈忠度〉〈融〉など）、和歌を中心に展開させることもある〈井筒〉など）。本説の踏まえ方、本文への引用の仕方は固定的ではなく、むしろ曲によって様々に変化させている点に特色があるが、常に筋書きへの強い興味が示されていて、どのような物語であるかは、明確に示されている。故に前後場を繋ぐ間狂言の語りは、前半の内容のわかりやすい繰り返し、後半で起ることの予言という意味合いはあるが、能の構成上は不必要なのである。しかし世阿弥自筆能本〈江口〉では、間語りが記されている。

これはこの程も尊い人の夢にも、昔の江口の長、川舟にて鼓唱歌にて遊び給ふが、のちには普賢菩薩となって、天に上がり給ふと夢にも見、または幻にも月夜なんどには見え給ふと仰せられ候ふぞ、

世阿弥当時から、間狂言の場で前後場の内容と重複するような説明を、間狂言にさせていることがわかる。〈江口〉では主に後場に対応している。

世阿弥にはある間狂言の内容の重複が、〈姨捨〉には見られず、逆に間狂言が存在しないと、シテは物語的背景がわからない人物ということになる。間狂言次第で変幻自在の人物造型といってもよい。

そして禅竹作の〈小塩〉〈芭蕉〉が同様の傾向を持っていることは以前指摘したことがある。[4]〈玉葛〉も『源氏物語』玉葛十帖に対する禅竹独自な解釈で恋に狂乱する玉葛の姿を描くが、物語的背景が説明されていないので、おそらく源氏への恋心だろうと解釈はできるのだが、具体的に示されているわけではない。どうも禅竹は、和歌や漢詩を中心に詩的世界を能にすることに熱心で、散文的な説明を軽視していたのかもしれない。あるいは、それは間狂言の担当と割り切っていたのか、観客の想像に任せるということなのか。いずれにしろ、これらの曲と〈姨捨〉は本説処理において共通する傾向が見られる。室町後期の観世信光頃に成ると〈船弁慶〉のように、間狂言の場も見せ場として面白く展開させる能が出てくるが、筋書きの解説を担当させるという禅竹の間狂言処理法も、能作史の中では、重要であろう。

二　〔序ノ舞〕の意味

舞の段の設定法にも禅竹的な傾向が見られる。世阿弥は歌舞能確立に大きな貢献をしたが、物まねの舞という枠組みから自由にはなれなかった。必ずどういう舞かということを場面の中できちんと意味付けする。神が御代の祝福のために現じて舞う場面には、様々な舞姫の登場を謡の中で表現して、舞楽を舞う様な設定にしたり（〈高砂〉）、犬王の天女舞を導入して歌舞の菩薩や天女の舞を見せる（〈箱崎・鵜羽・呉服〉など）など、物まねが成立しない超人間的な舞の場合は、比較的安易に舞の場面が形成できている。一方人間の場合、たとえば遊女なら芸能者として遊女の舞を舞えるが、普通の女では舞う理由がない。舞うにふさわしい物語を本説とする（〈江口〉）、狂乱状態を見せる（〈松風〉）とか、歌舞の化身である業平に移り舞（まねの舞）をする（〈井筒〉）とか、何か理由を付けて舞わせている。男の舞の場合も〈融〉は、月世界の人、すなわち天人の男バージョンという処理をしているし、〈西行桜〉は、桜の老木の精なので、人間の老人が舞うという唐突さはない。

ところが〈姨捨〉は、懐旧の念のようなものでそのまま舞ってしまう。舞には具体的な意味がない。この老女が生前舞と縁があったとは考えにくく、物まねというレベルでは、舞うべき人体ではない。同じ三老女のうち、世阿弥作の〈檜垣〉は、白拍子のなれの果てであるから、舞と縁のある人体であるし、〈関寺小町〉では、童舞のまねをして、不様な姿をさらすという設定である。三老女として重んじられていく中で、物まね的な色彩が希薄になり、老女の気品が強調される傾向があっただろうから、三曲の差異が見えにくくなっているかもしれないが、原作レベルでは、舞の段の設定だけでも全く異なった作風を示している。

〈姨捨〉では全体に美しい月世界が再現されて行く中での舞なので、舞うことに違和感はないが、世阿弥的な物まねの次元では、とらえることができない。世阿弥よりも一世代新しい作者の手になると考える所以である。禅竹作の夢幻能では〈定家〉〈芭蕉〉〈野宮〉など、なぜ舞を舞うのか物まね的な理由は付けられていない。〈芭蕉〉は芭蕉の精という設定で人間の女ではないから、世阿弥の判断基準では理由なく舞ってもよい人体かも知れないが、〈定家〉の式子内親王や〈野宮〉の六条御息所が人目に姿をさらして舞うという事は、なにか特別な理由がなければ成り立たない。〈定家〉では一応薬草喩品を読誦してもらったことへの報恩と言い、〈野宮〉では懐旧の舞という設定になっているが、世阿弥はこのレベルの処理では女舞の場面は設定していない。この〈野宮〉と〈姨捨〉はいずれも懐旧の舞ということで、たやすく舞の段が置かれているのである。世阿弥はオリジナルに夢幻能形成を成し遂げた人であり、いちいち理由がなければ場面構成ができない、そうでないと観客からクレームが付く世代である。禅竹は世阿弥の確立した形式に則って作能できる世代である。〈融〉や〈井筒〉といった遊舞能の名作が存在するので、観客に対しても、終曲部に舞を舞う設定に対して、わざわざの説明は必要なくなっていたであろう。

本説世界との繋がりという点で、理由もなく舞の段が置かれており、その意味で、〈姨捨〉は禅竹的である。

三　老いへのまなざし

世阿弥の場合、老女に対する残酷なまでの冷たいまなざしが特徴的である。三老女となる以前、世阿弥新作段階での〈檜垣〉〈関寺小町〉は、老惨さを見せることを目的として作られたと言っても過言ではなかろう。誰にでも訪れる極めて人間的な現象を老女の身に集中させて。不自由な身体、悟れない心などを物まねとして面白く作り出している。

それに対して、〈姨捨〉の老女は、月の人かと思えるような白衣の女人である。その点で世阿弥作の〈融〉の女性版のような作風を示していて興味深い。〈融〉は夜明けに月の世界へ帰って行くが、老女はまた一人取り残されてしまうという逆の結末だが、八月十五夜の夕暮れから夜明けまでを描き、舞台のどこかに月を配置しているという作り方や、一曲全体を支配するわけではないが、懐旧の念に涙するという場面があるなども通じる。殊更老いを強調して醜く演じることも可能ではあろうが、詞章のどこにも残酷さは表現されていない。残酷な姨捨伝説は間狂言に全てゆだねて、能の謡では、一切それには触れない。名月を愛でる遊狂的気分と懐旧の念が交錯する老女である。この世に現れた理由としては、「古も捨てられて、……執心の闇を晴らさん」（中入リ前［上ゲ歌］）と簡単に説明するが、通常の妄執物のようにワキは旅僧で、供養を懇願するという設定にはなっていない（ワキは風雅を愛でる旅の男）ので、執心の闇がそれほど深刻なようにも見受けられない。それなのに終曲部、旅人が帰ってしまって一人取り残される老女の姿には、演者や観客の様々な思いが重ねられて、深い余韻を残す仕掛けとなっている。

これは明らかに世阿弥とは違う老いのとらえ方である。

四　月を愛でる心

月に対する思い、素晴らしいということが悲しみまで感じさせてしまうという心の動きを、平安時代以降繰り返し和歌に詠み、さまざまなバリエーションを生んで継承させてきた。私たち日本人が共通して持っている月への思い、〈姨捨〉はそのような月の本意を基盤に据え、和歌の世界を基本に創作されている。[5] 和歌を知っていれば描写されている世界はなじみ深い世界なのだが、和歌のことを知らないと、この世界は作れない。世阿弥も和歌を重視しているが、禅竹の傾倒ぶりは、世阿弥とは異質であり、特に藤原定家への心酔ぶりは、当時それほど一般的ではなかったはずの『拾遺愚草』から歌を引用していることからもわかる。〈姨捨〉にも後シテ登場の段の冒頭に「明けばまた秋の半ばも過ぎぬべし傾ぶく月の惜しきのみかは」をほぼ一首のまま引用している（点線部「今宵の」に変更）。これも作者禅竹作を邪魔するものではない。この歌は定家撰の『新勅撰和歌集』にも選ばれている。

後場の見せ場に置かれる曲舞では、『観無量寿経』で説く、月の本地仏を大勢至菩薩とする説を主とし、極楽浄土の描写には『阿弥陀経』の一部を利用したり、特に一つの典拠には定められないが、月の世界を讃える内容である。仏教色に偏ることなく、歌語を利用しただけの叙景に陥ることもなく、神々しい世界が醸し出されている。本説の姨捨伝説からかけ離れた月世界の描写は美しく、今はこの世界にシテは居るのだと、「クセ」を見ているとそう感じてしまうような仕掛けになっている。そして舞の後に「返せや返せ、昔の秋を」と、懐旧の情を吐露する場面へと展開し、さらに「夜もすでにしらしらと」明けて取り残される終曲部へと直結している。具体的な説明はないので、切実にも、悲しそうにも、懐かしそうにも、肉付けできてしまう。曖昧模糊としているとよく評される禅竹らしい、漠然とした内容ということもできるし、演じ手によってどのようにも肉付けできる幅のある表現であるともいえる。

いずれにしろ、老いに対して、捨てられるという事実に対する切実さは、能の詞章には現れていない。三十前の若い禅竹が、和歌的理解を背景に、観念的に作り出したのならば、ふさわしい特徴を備えている。

おわりに

以上のように〈姨捨〉は禅竹二十代前半の作能である可能性が高い。三老女として重んじられるようになると、演者としては最高に重い位の能で、老境に達し円熟した芸を獲得した者だけが演じるべき特別の能という認識になっていくので、内容的にも高等で若輩者にたやすく書けるわけがないと考えられがちであろう。しかし世阿弥の確立した形式に則り、伝統的な和歌の世界を上手く利用して、陰惨な姨捨伝説はあからさまに語らないで間狂言に任せるという手法を用いることで、多くを語らない表現法を用いている。それは暗示的であり、余情を重んじた表現ということも可能であろう。まさに藤原定家が新古今歌風の確立において『近代秀歌』などで主張した、余情妖艶の表現法に通じる。

〈姨捨〉が若い頃の禅竹作であるとなると、和歌に対する、特に定家に対する造詣の深さは、かなり早い時期からであったことが想像できる。

注

（1）最新のところでは『能楽大事典』（筑摩書房　二〇一二年一月）で「世阿弥作」とする。

（2）表章、岩波日本思想大系『世阿弥 禅竹』解説。

（3）〈姨捨〉禅竹作は、「山本順之の會特別公演」（二〇一一年一〇月二二日　宝生能楽堂）のための座談会で話題にし、パンフレットに掲載された。今回論文として論述し直した。

（4）拙著「〈小塩〉の間狂言」『歌舞能の確立と展開』「禅竹の物まね論」（ぺりかん社　二〇〇一年二月）参照。

（5）落合博志「能と和歌――〈姨捨〉と姨捨山の和歌について――」（『国文学　解釈と鑑賞』至文堂　二〇〇七年五月）において、「伝統的に詠み継がれてきた姨捨山の和歌を離れてはありえなかった作品」と指摘している。

初出一覧

第一章　世阿弥と禅竹

一　言葉の魔術師、世阿弥――〈砧〉――（NHK『日本の伝統芸能』「能・狂言鑑賞入門Ⅶ」日本放送出版協会、二〇〇一年四月（前半部分）／『対訳で楽しむ〈砧〉』「この能の魅力」檜書店、二〇一五年一月（一部）／「能の現代⑯〈砧〉二つの花心」『花もよ』第16号、二〇一四年一一月）。

二　耽美派、禅竹の能――〈野宮〉と〈定家〉――（NHK『日本の伝統芸能』「能・狂言鑑賞入門Ⅶ」日本放送出版協会、二〇〇一年四月（後半部分）。『対訳で楽しむ〈定家〉』檜書店、二〇一〇年一月（一部）／「能の現代㉞〈野宮〉後場の不思議」『花もよ』第34号、二〇一七年一一月）。

第二章　創生期の能の魅力

一　夢と現の間（「創生期の能の魅力――夢と現の間――」『観世』八十巻九号、二〇一三年九月）。

＊交錯する現在と過去〈融〉（「能の現代④〈融〉交錯する現代と過去」『花もよ』第4号、二〇一二年一一月）

＊言葉では表されない事柄〈浮舟〉（能の現代㉘〈浮舟〉言葉では表されない事柄」『花もよ』第28号、二〇一六年一一月）

＊夜の明ける瞬間〈西行桜〉（能の現代㊳〈西行桜〉夜の明ける瞬間」『花もよ』第38号、二〇一八年七月）

二　類型化以前の霊験能――〈田村〉を中心に――（『能と狂言』12号、二〇一四年八月）。

三　禅竹のもたらした能の革新性（『能と狂言』14号、二〇一六年九月）。

第三章　世阿弥の言語感覚

一　世阿弥は『源氏物語』を読んでいたか――〈浮舟〉〈頼政〉〈班女〉を検討する――（『観世』七五巻六号、二〇〇八年六月／同七五巻七号、二〇〇八年七月）。

二　「雲となり雨となる」（「研究十二月往来」二二〇、『銕仙』五〇六号、二〇〇二年九月）。

三　もみちに冷淡な世阿弥――能作者の横顔――（『中世文学の回廊』勉誠出版、二〇〇八年三月）。

四　〈砧〉に用いられる「水かけ草」（「研究十二月往来」三二五、『銕仙』六四一号、二〇一四年一一月）。

五　能の中の大和、共存する歌枕と実世界――〈布留〉と〈野守〉――（『観世』七七巻五号、二〇一〇年五月）。

六　〈融〉の引き歌考（『文学』第三巻第五号、二〇〇二年九・一〇月）。

七　〈融〉三五夜中の新月の色（「能の現代㊴　〈融〉三五夜中の新月の色」『花もよ』第39号　二〇一八年九月）。

八　舞を生む歌語――能における和歌の力――（『文学』第六巻第四号、二〇〇五年七・八月）。

九　動き出す言葉（『能と狂言』12号、二〇一四年八月）。

十　歯車となる言葉（「世阿弥の作詞法――歯車となる言葉――」『世阿弥の世界』京都観世会、二〇一四年一〇月）。

第四章　世阿弥における能楽論と能作の実態

一　修羅能のシテに撰ばれた武将たち――〈清経〉〈敦盛〉そして〈朝長〉――（『日本文学』60号、二〇一一年九月）。

二　軍体と砕動風――『拾玉得花』我意分説をめぐって――（『能と狂言』4号、二〇〇六年八月）。

三　力動風再考（「研究十二月往来」三五二、『銕仙』六七〇号、二〇一七年五月）。

四　佐渡における世阿弥（『國文學』學燈社、五四巻四号、二〇〇九年三月）。
五　『申楽談儀』世阿弥が語ったこと、語らなかったこと（『能と狂言』11号、二〇一三年五月）。
六　住することなき世阿弥（「研究十二月往来」三二二「世阿弥生誕六五〇年記念企画」、『銕仙』六二七号、二〇一三年七月）。
七　世阿弥の能楽論と死生観――世阿弥と元雅――（『国文学　解釈と鑑賞』73巻3号、至文堂、二〇〇八年三月）。

第五章　禅竹の世界
一　六条御息所の変貌――能と物語の間――（『文学』第四巻第四号、二〇〇三年七・八月）。
二　〈野宮〉の作者――身にしむ色――（「〈野宮〉の身にしむ色」、「研究十二月往来」一〇六、『銕仙』三八五、一九九〇年一〇月）。冒頭加筆。
三　「飽かぬやいつの寝乱れ髪」（「飽かぬやいつの寝乱れ髪――禅竹の考えた玉葛像――」、「研究十二月往来」二四九、『銕仙』五四八、二〇〇六年七月）。
四　一条兼良と金春禅竹（『中世文学』四八号、二〇〇三年六月）。
五　〈定家〉と『百人一首』（「金春禅竹の能小考――〈定家〉と百人一首・〈姥捨〉の作者――」『国語と国文学』一〇七九号、二〇一三年一〇月（前半部分））。
六　〈姨捨〉の作者（同右（後半部分））。

あとがき

前書『歌舞能の確立と展開』のあとがきで次のように書いている。「横道（萬里雄）・表（章）先生の大系本（岩波日本古典文学大系『謡曲集』）というお釈迦様の手のひらの上で、伊地知（鐵男）・藤平（春男）両先生の二本の剣を振りまわして、能の大軍と戦っていたようなもの」で、「この論文集が完成した暁には、そろそろこういう状態を抜け出して、一人歩きしなければならない」と。確かにそう書いたことは記憶にあるのだが、今回改めて読み返すまで忘れていた。読んで愕然とした。一人歩き、出来ているのだろうか。

前書とはかなり視点も研究方法も変わってきているし、少しは独自性も出せているかも知れないという気はするのだが、お釈迦様の手のひらと剣は、手放してはいない。まあそれでも良いではないかと思う。先人達は偉大で、その偉大な師から教えを受けたこと、影響を受けたことは、それ自体で貴重なことだ。今はそんなことは気にせず、自分が面白いと思うことを一番大切にして、日々を過ごしている気がする。

前書ではまた、論文を作り出す作業は「岩から水を絞り出すような」ことだと、書いている。これについては、今はそんなに苦労はしていない。ひらめきは連鎖反応するので、芋づる式に次々と出て来るし、岩を絞ってまで水が欲しいとは思わなくなってしまった。前書と異なって、学会誌への投稿が少なくなっているのはそのためもあろうか。自分から積極的に何かを手掛けたいという意欲が減少していると思う。これは研究者としてはいけないことかもしれない。しかしその分、依頼していただく原稿が多くなった。与えられたテーマについて挑戦する楽しさ、あるいは機会があったら追求したいと温めていた事柄が、与えられたテーマにピタリと結びつく面白さ。

この約二十年間は、多くの有難いご縁の中で、いろいろ考えたり、自分なりに新しい発見があったり、それらが自然とまとまったものになっていった。その意味で幸せな二十年であったのだろう。

前書では歌舞能が如何にして確立されたかについて、主にその形式化・類型化の過程や、共通性について検討していた。一応の結論を得たのち、つまり本書掲載論文での新しい興味は、それまで類型的把握をして済ませていた夢幻能が、実は固定的ではないということであった。第二章「夢と現の間」はそれについて体系的に論じたもので、『観世』における、観阿弥生誕六八〇年・世阿弥生誕六五〇年を記念しての「能の大成者たち」という特集への依頼原稿であった。実はそれ以前に能楽学会で口頭発表したものをまとめたものである。世阿弥の夢幻能は、必ずしも夢幻能ではないという発想で、二〇〇〇年代に入って少しずつ考えていたことなのだが、学会発表の段階ではまだ未消化で、論文化することができなかったものである。ちょうどよい統一テーマをいただき、論考としてまとめることができた。第二章の「類型化以前の霊験能」「禅竹のもたらした能の革新性」などは、その発展的継承で、本書の柱となる中心的テーマの一つとなっている。

岩波書店の『文学』に幾つもの論考を発表させていただいたことも、本書の構成上、重要なことである。第三章における中心的なテーマ「舞を生む歌語」「動き出す言葉」は、いずれも『文学』の論考から出て来た。

また第五章に収めている「六条御息所の変貌」は、初めての本格的な『源氏物語』への挑戦なのだが、山のようにある先行研究を尻目に、おずおずとものを言ったという思い出がある。ただ「『源氏物語』と能」というのが私の卒業論文のテーマだったので、学部時代から『源氏物語』は研究材料であったことも事実である。ようやくそのころからの取り組みが、言語化できたということでもあった。また本務校の横浜国立大学では、教育学研究科の大学院生たちと、演習の時間にずっと『源氏物語』を読んできたことでもある。昨今は学生たちが面白い成果を色々発表してくれるようにもなり、嬉しい限りである。

この他に『文学』には「泉鏡花の文体と能――『草迷宮』の場合」（五巻四号、二〇〇四年七月）や、論文ではなく対談で、「人間国宝・松本恵雄氏に聞く」（三巻三号、二〇〇二年五月）、「人間国宝・三川泉氏に聞く」（七巻四号、二〇〇六年七月）なども掲載していただいた。テーマに合わないので本書には収められなかったが、いずれも私にとっては大事な仕事であった。せめて紹介だけでもと思い、ここに記させていただいた。『文学』が廃刊になってしまって、残念というよりほかに言葉がない。

本書最後に収めた「〈姥捨〉の作者」は、自分で言うのは気が引けるが、結構評判の良い論考であった。『国語と国文学』への依頼に応じたものである。ずっと暖めてきたテーマではあったのだが、能楽の専門家だけではなく多くの研究者に読んでいただける発表の場をいただけたのは、幸せなことであった。

ところで檜書店から「対訳で楽しむ能」のシリーズを少しずつ刊行している。二〇〇〇年から始まったのだが、なかなか進まない。けれどもこれが最も本気で取り組んでいる仕事である。言葉に興味があるという私の傾向が、本書にも濃厚に出ているのだが、一曲一曲丁寧に読み込み、現代語訳的に理解していく作業は、困難だが面白くもあり、ここから多くのことを気付くことができた。能の詞章の意味は一つに限定できない場合がある。言葉は様々な意味やニュアンスを入れた大きな器であって、演じ方・受け取り方により変幻自在である。そのことを想定しつつ作能されている場合もありうると、近年は考えている。現代語訳で意味を限定する作業と一見相反するようであるが、厳密な言葉の分析を行って初めて、変化する可能性にも対応できるのだと思う。そのことを確信したのが現代語訳の作業であった。古文の理解に、必ずしも現代語訳は必要ないと、古典教育に携わる私は考えているのだが、そう思いつつ、現代語訳の作業を一度は経ないと、厳密に言葉の分析はできないのも、厳然たる事実である。本書に所収した諸論考は、すべて対訳の仕事と並行して手掛けたものである。

また二〇一二年五月から隔月で刊行されている『花もよ』に、「能の現代」と題して小考を掲載させていただいている。その時々に面白いと思った能について、ただの解説ではなく、何か新しい指摘があるようにと決意して取り組んでいる。一般の方にもわかりやすくと心がけてはいるのだが、一頁という字数制限と毎回格闘している。お陰で短くまとめる文章力は少し磨けたかもしれない。一頁は直ぐ書けるので、だから毎号続いたのではあるが、書き出してみるととても一頁では語り尽くせない。本書にも幾つか掲載しているが、ここから面白いテーマに結びついたことも多いし、もう少し親切な説明を加えて、写真なども掲載して、一冊にまとめたいと考えている。

『文学』の吉田裕さん、檜書店の小林久子さん、柳内妙子さん、『花もよ』の小林わかばさん、そのほか多くの方々のお力によって、書くことができた論考ばかりである。そして前書同様、ぺりかん社から刊行していただけることとなった。本文中に掲載した舞台写真は今回も吉越研さんにお世話いただいた。編集担当の小澤達哉さんは、今回も精力的に編集を進めてくださり、細部まで細かくチェックをしてくださった。皆さまに心より感謝いたし、お礼申し上げる。

二〇一九年一月六日

本書は二〇一八年度日本学術振興会科学研究費補助金（研究成果公開促進費 18HP5034）学術図書の交付を受けている。

す

せ

そ

た

ち

つ

て

と

曲名索引

＊本文中の能の曲目を取り上げた（但し 90・91 頁は省略）。

著者略歴

三宅 晶子（みやけ あきこ）

横浜国立大学教育学部教授。愛知県生まれ。東京女子大学文理学部日本文学科卒業。早稲田大学大学院文学研究科博士課程後期単位取得後退学。博士（文学）。日本中世文学、特に能楽専攻、主な著書に『世阿弥は天才である』（草思社、1995年）、『歌舞能の確立と展開』（ぺりかん社、2001年）、『教育の国際化と学際化に向けて――広域科学としての教科教育学――』（共著、東京学芸大学出版会、2018年）他、現代語訳の謡本（「対訳で楽しむ」シリーズ、檜書店）を刊行中。

装訂――高麗 隆彦

歌舞能の系譜
―世阿弥から禅竹へ―

2019年2月20日　初版第1刷発行

著　者　三宅 晶子

発行者　廣嶋 武人

発行所　株式会社 ぺりかん社
〒113-0033　東京都文京区本郷1-28-36
TEL 03(3814)8515
http://www.perikansha.co.jp/

印刷・製本　閏月社＋モリモト印刷

Printed in Japan

ISBN 978-4-8315-1528-5

和歌史の「近世」	大谷俊太著	四〇〇〇円
江戸の文学史と思想史	井上泰至・田中康二編	二八〇〇円
小津久足の文事	菱岡憲司著	五四〇〇円
本居宣長の国文学	田中康二著	六八〇〇円
啓蒙の江戸	西田耕三著	三五〇〇円
芭蕉の正統を継ぎしもの	中森康之著	五四〇〇円

◆表示価格は税別です。

歌・かたり・理	野崎守英著	三八三五円
小林秀雄と〈うた〉の倫理	出岡 宏 著	二六〇〇円
止観的美意識の展開	三崎義泉著	一九〇〇〇円
禅からみた日本中世の文化と社会	天野文雄監修	四八〇〇円
日本人の価値観	立花 均 著	二二〇〇円
主人公の誕生	西田耕三著	三二〇〇円

◆表示価格は税別です。